호텔정보시스템

HOTEL INFORMATION SYSTEM

양창식 · 박충희 공저

백산출판사

머리말

기업의 환경은 급속도로 변화하고 있다. 그 변화의 중심에는 정보화라는 이름의 거대한 물결이 주류를 이루고 있음은 익히 알고 있는 일이다. 정보화시대의 기업경영방식은 물자가 중심이 된 종전까지의 생산자 또는 공급자 위주의 '상품판매'에서 탈피하여, 고객의 입장에서 사고하는 '가치판매' 중심의 경영이 이루어져야 한다. 그리고 지식에 대한 개념에서도 '개인소유지식' 차원에서 '전사지식 경영'으로 바뀌어야 한다.

호텔산업에 영향을 미치는 수많은 요인들 중에서도 그 중심에 있는 것은 정보시스템이라고 할 수 있다. 최근 들어 호텔정보 시스템은 조직의 생존과 성공을 위한 혁신과제 중에서도 가장 핵심을 이루고 있는 요소로 작용하고 있다. 따라서 대부분의 호텔들은 환경적, 조직적, 기술적 요인들이 고객이 중심이 되는 경쟁적인 기업환경을 창출하고자 부단한 노력을 기울이고 있는 실정에 있다.

과거에는 건물과 시설이 얼마나 훌륭한가에 따라 호텔등급을 거론하였지만 현대호텔의 기본은 정보시스템이 어느 정도 갖추어졌느냐에 따라 서비스 기능의 고급화를 판단하게 되었다. 훌륭한 객실과 부대시설은 이미 보편화되는 추세에 있기 때문에 고객의 입장에서는 신속하고 정확한 서비스와 비즈니스에 도움을 얻을 수 있는 부가서비스의 질에 관심을 가지게 된 것이다.

따라서 이 책은 '호텔정보시스템'이라는 책명에 충실하고자 호텔정보시스템에 관련된 핵심적인 분야만 다루고 있으며, 실무분야에서도 참고할 수 있도록 이론적인 면보다는 현실적이고 현장적인 내용을 주로 다루었다. 또한 하드웨어 부분은 관심도가 낮고 실무에서도 전문적인 분야이므로 소프트 위주인 운용 측면에서 중점을 두었다.

이 책은 모두 7장으로 구성이 되어 있다. 1장에서는 기업환경과 정보시스템에 대한 문제제기를 시작으로 IT에 관한 기초지식과 최근 국내 주요 호텔들의 정보화 현황을 설명하였다.

제2장에서는 호텔산업을 이해하기 위한 간단한 설명과 세계적인 체인호텔들의 트렌드를 살펴보고자 향후 예상되는 9가지 트렌드를 비교 설명하였다.

제3장에서는 이 책의 가장 중요한 부분으로서 호텔정보 시스템을 구성하고 있는 프론트오피스 시스템, 인터페이스 시스템, 백오피스 시스템으로 크게 세 부문으로 나뉘어 영업 및 관리 분야 실무에서 운용하고 있는 실제상황을 이론적인 측면과 결부시켜 상세히 설명하였다.

제4장에서는 호텔전략정보 시스템의 활용 부문으로서 고객정보관리에 대한 고객정보 포인트, 적정고객 수의 고려, 정보 활용에 대한 기본 이해와 마케팅지원 시스템, 글로벌 예약시스템, 시설・설비관리 시스템, 가격정책 지원 시스템 그리고 멀티미디어와 인터넷에 관련한 전략을 강조하였다.

제5장에서는 호텔정보 시스템의 과제와 방향을 경영자 관점에서 살펴보고, 호텔정보 시스템의 발전방향에 있어서 시스템의 지능개발에 대한 설명과 네트워크화 할 수 있는 몇 가지 시스템 모델 중 객실내 퍼스널컴퓨터, CD 팸플릿, 개인인식시스템, 클라이언트서버시스템 등을 제시하였다.

제6장에서는 호텔정보 시스템 교육훈련계획에 관한 사례를 들어 교육과정과 유지보수계획 등 실제내용을 살펴보았다. 제7장에서는 호텔정보전략계획(ISP) 수립 사례를 추가하여 실제적으로 호텔에서 정보전략계획을 수립하는 과정을 설명하였다.

모쪼록 이 책이 호텔정보 시스템에 관한 이론과 실무를 이해하는데 큰 도움이 되기를 바라는 마음 간절하다. 또한 이 책을 만들면서 자료를 수집하고, 정리하고, 집필하고, 수정하는 과정에 많은 도움을 주신 분들께 깊은 감사를 드린다. 끝으로 이 책을 출판하는데 도와주신 진욱상 회장님과 원고편집과 제작에 참여한 백산출판사 직원들에게 감사드린다.

2015년 7월

양 창 식

C·O·N·T·E·N·T·S

제1장 기업환경과 정보시스템

제2장 호텔산업의 이해 & 트렌드

제3장 호텔정보 시스템의 운용

제4장 호텔 전략정보시스템의 활용

제5장 호텔정보시스템의 과제와 방향

제6장 호텔정보시스템 교육훈련계획 사례

제7장 호텔정보전략계획(ISP) 수립 사례

제1장

기업환경과 정보시스템

제1장

기업환경과 정보시스템

제1절_ 기업환경의 변화

21세기는 본격적인 정보화사회가 될 것으로 예상되며 많은 사람들이 이를 두고 '정보세기'라 부르고 있다. 정보화는 다음의 두 가지 측면에서 사회를 크게 변화시켜 나갈 것으로 본다.

첫째, 즉시성 그리고 대량 데이터의 고도처리라고 하는 정보통신의 특성을 살려서 사회의 각 부분에 있는 비효율성을 없애는 '효율화'의 측면이다.

둘째, 기업이 필요한 때에 필요한 정보를 입수하거나 풍부한 커뮤니케이션을 통해 기업활동의 '질'의 향상 또는 '새로운 가치창조'를 지원하는 측면이다.

바꾸어 말하면 정보세기에 있어서는 사회의 효율화가 추진되는가 하면, 기업도 선택의 자유가 넓어짐과 동시에 스스로의 책임으로 자신의 길을 결정해 가는 사회라고 할 수 있다. 이와 같은 사회에서는 기업의 의사결정에 필요한 정보가 손쉽게, 값싸게 받고 보낼 수 있는 기반이나 룰을 정비하는 것이 불가결해질 수밖에 없다.

최근 들어 기업의 환경은 하루가 다르게 변화를 거듭하고 있다. 그것은 기업의 세계화, 기술혁신, 사회 및 정치경제의 변화 그리고 고객의 인식과 요구의 증가 등으로 이어지고 있다. 이러한 변화는 어려운 기업경쟁환경을 조성함으로써 모든 기업들은 그들의 생산성, 서비스의 품질, 그리고 경쟁능력을 향상시키기 위한 방법을 모색하지 않으면 존재할 수가 없게 되었다.

기업에 영향을 미치는 수많은 요인들 중에서 그 중심에 있는 것은 바로 정보시스템이며, 또한 정보시스템은 조직의 생존과 성공을 위한 혁신의 핵심이기도 하다. 따라서 대부분의 기업들은 환경적·조직적·기술적 요인들이 고객이 중심이 되는 매우 경쟁적인 기업환경을 창출하고 있다. 더욱이 이런 요인들은 매우 신속하게 변화하고 있으며 때로는 그 변화의 방향과 속도를 예측할 수도 없게 만들고 있다.

이에 따라 기업은 새로운 기업환경에서 야기되는 문제(Problems)와 기회(Opportunities)에 대해서 수시로 그리고 신속하게 대응할 필요가 생겼다. 경쟁적인 기업환경에서 불확실성의 정도와 변화의 속도는 점점 가속화되기 때문에 호텔은 보다 적은 양의 자원을 사용하여 생산을 극대화해야 하는 부담을 가지고 경영을 하고 있다.

이러한 기업환경의 변화는 기업이 생존하고 성공하기 위해서 비용절감과 같은 전통적인 경영활동을 수행하여야 할 뿐만 아니라 종업원 권한부여(Empowerment)와 같은 혁신적인 수행활동도 수행하여야 할 것이다. 이와 같은 혁신적인 활동을 주요 대응활동(Critical Response Activities)이라고 하며, 급여처리와 주문입력과 같은 일상적인 업무에서 회사인수와 같은 전략적인 업무에 이르기까지 수행되어질 수 있다.

대응활동은 이미 존재하고 있는 기업환경에 대한 대처일 수도 있고, 미래의 기업환경 변화에 대한 조직보호를 위한 수단이 되기도 한다. 또한 대응활동은 변화하는 상황에 의해서 야기된 기회를 활용할 수 있는 활동이 될 수도 있다. 그러므로 기업조직은 정보시스템의 활용을 통해서 대부분의 대응활동을 용이하게 수행할 수 있어야 한다.

〈그림 1-1〉 기업환경의 변화

Business 환경의 변화

20세기 경제환경(Legacy World)	21세기 경제환경(Electronic Age)
상품판매	가치판매
물적자산 및 자본에 의한 진입장벽	지적자본과 관계에 의한 진입장벽
좋은 업종/좋은 상품	좋은 고객/좋은 파트너
신속한 진입(Fast Follower)	최초진입(First Mover)
업종내 경쟁자	예측할 수 없는 경쟁자
전면동시개발(장시간 소요)	점진반복개발(신속한 개발)
종신고용	부가가치 창출기간 고용
개인 소유 지식	전사 지식 경영
LAN 및 Laptop	Internet 및 Multiple Device Type
Software Application 구매	Rental/Outsourcing
Used By Sales Representatives	Used By Customers
ROI(Return on Investment)	ROR(Return on Relationship)

자료 : 한진정보통신, IT Business

제2절_ IT혁명과 기업환경

Ⅰ. IT의 개념

IT(Information Technology)란 정보를 축적, 전달, 처리하는 기술을 말한다. 정보를 축적하고 처리하는 기술은 함께 사용되는 경우가 많은데, 대표적인 예로 컴퓨터를 들 수가 있다. 문서를 컴퓨터에 보관하기 위해서는 축적하는 기술이 사용되며, 필요에 의하여 워드프로세서로 수정하기 위해서는 처리하는 기술이 사용된다. 이러한 기본적인 원리는 컴퓨터가 고가모델이건 저가모델이건 변함이 없고, 기업에서 사용하고 있는 대형컴퓨터에서도 마찬가지이다. 그러므로 정보를 축적하고 처리하는 기술을 컴퓨터기술이라고 말할 수도 있는 것이다.

정보를 전달하기 위한 기술을 통신기술이라고 하는데, 가장 간단한 통신기술로는 전화를 들 수 있다. 가정용 전화는 구리선에 전기신호를 흘려보내 정보를 전달하고 있으며, 휴대전화는 전파를 통해 정보를 전달하게 된다. 이와 같이 전기나 전파를 이용한 전달기술이 통신기술인 것이다.

사무실내의 컴퓨터들 사이에 문서나 프린터를 공유하기 위해 사용하는 LAN(Local Area Network)도 통신기술의 일종이라 할 수 있다. 이것은 컴퓨터간의 정보전달을 통해 문서공유 등이 가능해지기 때문이다. LAN도 전화와 같이 선으로 연결하는 방식과 휴대전화와 같이 무선으로 연결하는 방식이 있다.

IT를 활용하기 위해서는 정보를 축적, 전달, 처리하는 기술 이외에도 정보를 화면에 표시하거나 인쇄하는 기술도 필요하다. 구체적으로는 액정 디스플레이와 컬러프린트 등이 있으며, 이리한 출력장치가 없으면 아무리 뛰어난 IT라 해도 이용하지 못할 것이다.

컴퓨터기술과 통신기술을 함께 이용한 IT의 예로는 은행 등에서 사용하고 있는 ATM(Automatic Teller Machine)과 호텔영업장이나 소매점에서 사용하고 있는 POS(Point of Sale)을 들 수 있다.

Ⅱ. IT혁명으로 인한 환경변화

IT혁명이란 정보기술의 진보로 사회에서 이용할 수 있는 기회가 현저히 증가하고 그로 인해 세계의 상황이 크게 변화하는 것을 뜻한다. IT는 새로운 시대에 기업경영전략을 가장 빠르고 효율적으로 실현하기 위해 꼭 필요한 도구이며, 아직 정형화할 수 없는 인간의 지적인 면에서의 기업활동을 지원해주는 강력한 도구이다.

IT를 잘 활용하는 기업은 '보다 빠르게', '보다 넓게'라는 경영전략을 최대한 활용할 수 있을 터이고, 반대로 IT를 잘 활용하지 못하는 기업은 자신이 가진 꿈을 실현하지 못할 것이다. 따라서 IT를 경영전략 속에서 중요한 하나의 축이 될 수 있도록 이끌어야 하며, 이것을 더욱 잘 활용할 수 있는 기업이야말로 미래의 문을 열 권리를 가진 기업으로 성장할 것이다.

IT의 대량 보급으로 인하여 일어나는 사회변화에는 여러 가지가 있을 수 있으나, 여기서는 그 중에서도 가장 중요한 5가지를 정리한다.

1. 생산성의 향상

IT혁명, 즉 IT의 보급으로 일어나는 사회변화 중 가장 먼저 생각할 수 있는 변화는 기업의 생산성을 기대할 수 있다는 점이다. 기업이 IT 이용을 증대시키는 것은 그에 따른 플러스효과가 있기 때문이다. 그러나 어떤 기업은 생각보다 효과를 얻지 못해 IT 도입 투자비용의 회수조차 어려워지는 기업도 발생할 수 있으나, 경제전체로 생각할 경우에 IT 보급은 생산성향상에 공헌할 것이다.

그렇지만 생산성향상이라는 좋은 면의 이면에는 적은 인원으로도 동일한 정도의 생산활동이 가능해지기 때문에 고용감소와 이에 따른 실업자가 증가할 위험성이 있다.

2. 경기변동의 감소

경기변동이 발생하는 이유 중 하나는 누적된 재고로 인해 생산량을 감소시켜야 하기 때문이다. 따라서 IT를 이용하여 판매량과 동일한 수준만큼의 생산을 하면 재고변동이 소실되어 경기변동을 감소시킬 수 있다. 이렇게 경기변동이 소실된 경제를 뉴이코노미(신경제)라고 한다.

예를 들면 IT가 갈수록 진보하고 있는 미국이 뉴이코노미로 진보하면서 경기변동이 소실되었는지에 대한 여부는 명확하지는 않으나, 상당히 장기간에 걸쳐 지속적으로 미국 경기가 확대되고 있는 것은 사실이다. 이로 인해서 IT 이용의 진보에는 경기변동을 소실시키는 효과가 있다는 의견이 나오게 된 것이다.

3. 기업간의 격차확대

IT를 제대로 활용하는 기업과 그렇지 못한 기업 사이에는 경쟁력 부분에서 상당한 차이가 있다고 할 수 있다. 현재 높은 경쟁력으로 주목을 끌고 있는 대부분의 기업들은 IT 이용에 현명하게 대처하고 있다.

IT 분야에서는 기술력과 브랜드인지도 등의 작은 차이가 큰 실적의 차이가 된다고 여기고 있다. IT 이외의 분야라면 실적 면에서는 별반 차이가 없는 두 개 회사라도 IT 분야에서 한쪽 기업은 지속적인 성장을 하고 또 한쪽 기업은 적자를 면치 못하는 상태가 계속될 수 있다.

〈그림 1-2〉 IT의 흐름

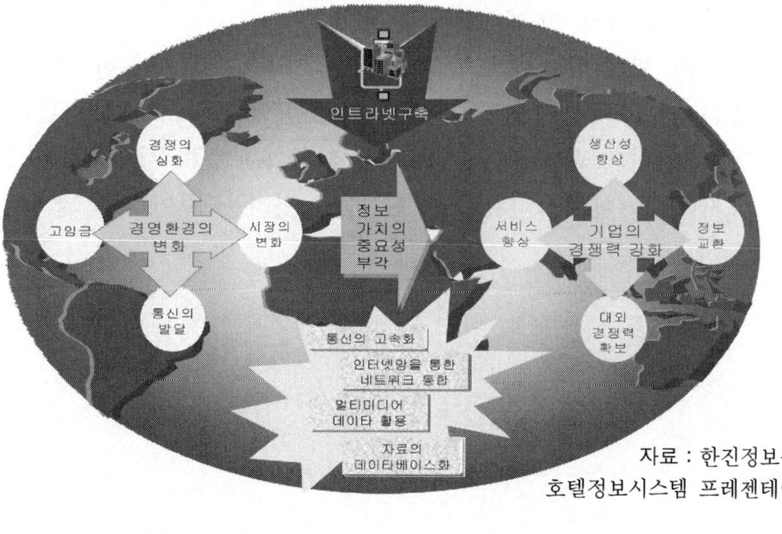

자료 : 한진정보통신, 호텔정보시스템 프레젠테이션.

4. 기업간의 거래변화

소비자가 물건과 서비스를 구입하기 위해 IT를 이용하게 되는 것과 같이 기업이 물건과 서비스를 조달하는 경우에도 IT를 이용하는 경우가 증가하고 있다. 소비자에 비하면 기업은 지금 IT를 유용하게 이용하고 있다고 볼 수 있다.

IT혁명은 기업간의 거래에서 단순히 IT의 이용이 증가했다는 것 이상의 영향도 줄 것이다. 이를테면 오랫동안 지속되어 왔던 거래상의 관행이 사라지는 것과 같은 질적인 변화가 생길 수도 있을 것이다.

5. 새로운 비즈니스모델의 출현

비즈니스모델이란 비즈니스의 방법이라는 의미로서 그 중에서도 특히 이익을 창출하는 방법에 대해 생각할 경우에 등장하는 말이다. 예를 들면 맥도널드의 세트메뉴도 하나의 비즈니스 모델이라 할 수 있다. 복수의 상품을 함께 주문하면 낱개상품을 주문할 때보다 가격이 저렴해진다는 원리이다. 이러한 비즈니스모델을 사용함으로써 음식점에서는 매출과 이익이 증가한다는 효과가 발생하였을 것이다. 당연히 이용자도 비용이 줄어드는 이점이 있기 때문에 새로운 비즈니스의 모델이라 할 수 있다.

물론 세트메뉴를 도입하는데 반드시 IT가 필요한 것은 아니지만, IT를 이용하지 않으면 실현 불가능한 비즈니스모델도 많다. 예를 들면, 개인간의 물건판매를 실시간에 중개해주는 서비스에서 IT를 이용하지 않고 실현시킨다는 것은 매우 어려운 일이라고 할 수 있다.

〈그림 1-3〉 IT혁명의 전체 이미지

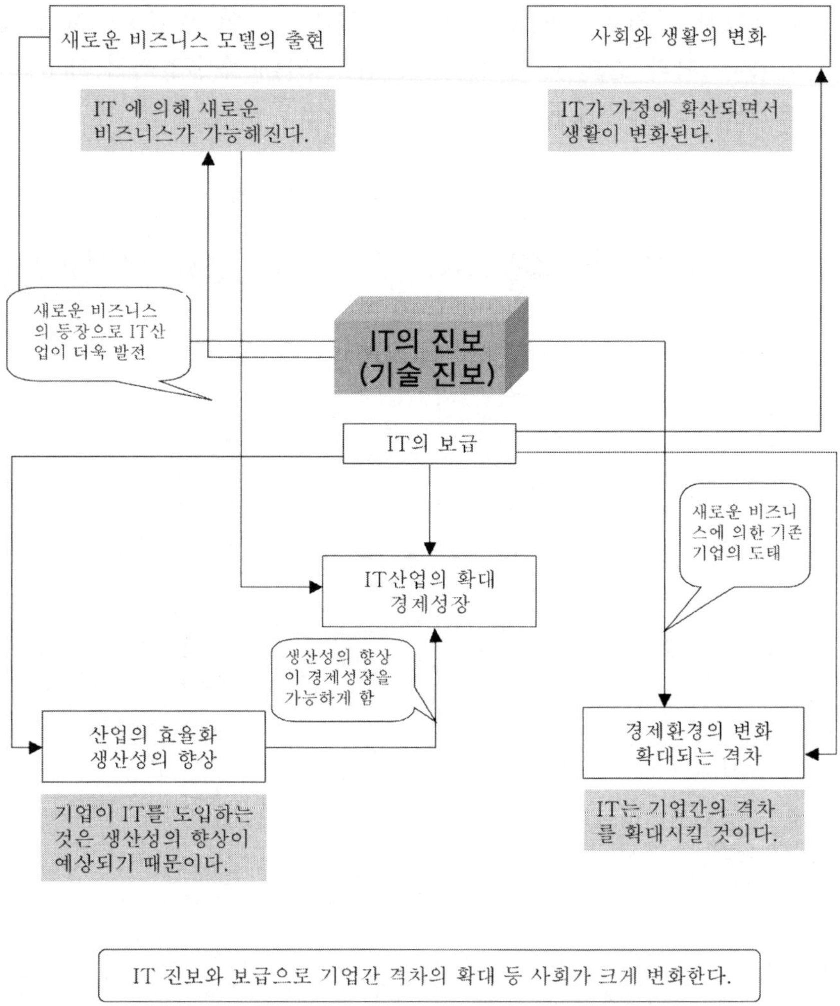

자료 : 후지종합연구소(박선영 옮김), 손에 잡히는 IT Business.

Ⅲ. IT의 기대효과

산업혁명은 방적기계나 수력, 증기기관 등의 동력원의 개발로 18세기 후반 영국에서 시작되었다. 방적기계의 등장으로 그때까지 농가에서 수작업으로 뽑아내던 실을 공장에서 생산하게 되었다. 이로 인해 농촌에서 일하던 사람들이 대도시로 모여들어 임금노동자로 일하게 되었다. 이와 같이 산업혁명은 소규모 가내 수공업에서 대규모 공장생산으로 경제체제를 바꾸어 놓았다.

〈그림 1-4〉 산업혁명과 IT혁명의 비교

산업혁명		IT혁명
■ 방적기계 등의 기계기술의 진보	원인	• 컴퓨터, 인터넷등 정보기술의 진보
■ 비교적 늦다(100년 정도). ■ 국가에 따라 시기가 다르다.	변화속도	• 매우 빠르다. • 전세계에서 동시에 진행된다.
■ 생산자	기술의 직접이용자	• 소비자와 생산자 모두
■ 주로 기술자	혁명의 공헌자	• 기술자이외에 새로운 용도를 고안해 내는 것만으로도 크게 공헌
■ 물질적인 풍요가 중심. 단, 임금노동에 의한 착취문제가 발생	소비자가 받는 변화	• 문화적인 변화를 포함한 질적인 변화 • 소비자의 교섭력 상승
■ 대폭상승	물건의 생산성 향상	• 산업혁명정도의 상승은 아니다.
■ 가내수공업에서 기계공업으로 ■ 프롤레타리아의 출현 ■ 산업자본체제의 성립	경제체제의 변화	• 산업혁명정도의 구체적인 변화는 예측되지 않고 있다.

자료 : 후지종합연구소

산업혁명은 경제체제를 완전히 바꿔 놓기는 했지만 매우 급속하게 발전된 것은 아니다. 손으로 실을 짜던 작업이 거의 사라지게 된 것은 산업혁명이 시작된 지 100년쯤 후의 일이며, 영국 이외의 독일이나 미국이 산업혁명을 경험하게 된 것도 약 1세기 이후의 일이다.

IT혁명은 산업혁명과 달리 경제체제를 바꿔놓을 혁명은 아니다. 또한 IT혁명은 산업혁명만큼 생산성을 향상시키지도 못할 것이다. 산업혁명 때는 사람을 대신하여 기계가 물건을 만들게 되면서 생산성이 급격히 향상되었다. 그에 비해 오늘날의 공장들은 정보기술을 이미 광범위하게 사용하고 있기 때문에 물건생산에는 그다지 효율적으로 변하지는 않을 것이다. 하지만 변화의 속도는 산업혁명에 비해 매우 빠르다.

IT의 기대효과를 세 가지 측면에서 보면 다음과 같다.

(1) 업무처리의 효율화 측면

- 자료 공유로 인한 시간적·공간적 절약 가능
- 인트라넷이라는 정보통로를 가짐으로 해서 회사가 보유할 수 있는 다양한 정보와 자료들을 DB화하여 업무전산화의 기초를 마련할 수 있음

(2) 경영효율화 측면

- 전 세계에 분산된 정보의 자유로운 접근을 통한 정보활용능력 강화
- 낮은 망 이용료와 유지보수로 비용절감
- 고객과의 가시적·지속적인 접속으로 즉각적인 피드백, 의견수렴이 가능

(3) 대외 경쟁력 강화 측면

- 가상 공간을 이용한 새로운 비즈니스 창출
- 전 세계에 흩어져 있는 고객을 위한 홍보 및 서비스 가능
- 경영여건과 정보기술의 변화에 효율적으로 대처
- 인터넷 Web 페이지 개설 자체로 첨단화·정보화 이미지로 회사 신뢰도 상승

Ⅳ. IT키워드의 새로운 등장

지금까지 기업정보시스템의 개념을 표현하는 다양한 키워드가 등장했지만, 언제부터인가 사용하지 않게 되었다.

거슬러 올라가서 1960년대 중반부터 1970년대까지의 MIS(Management Information System : 경영정보시스템), 1980년대 중반부터 1990년대까지의 SIS(Strategic Information System : 전략정보시스템) 등 시대마다 잇달아 새로운 IT 키워드가 등장했다. 하지만 그것들로는 기대한 만큼의 효과를 얻지 못했다.

극단적인 경우로 IT 메이커의 판매촉진에만 기여했을 뿐이라는 말조차 생겼을 정도다. 도입하지 않으면 경쟁사에 뒤질 것이라는 판단에서 IT를 도입했기 때문에 별 성과를 올리지 못한 경우도 많았던 것이다.

이러한 상황이 발생한 원인은 당시의 IT가 아직은 이용자의 필요성을 충족시킬 정도의 기능을 갖지 못했거나 사용하기 불편했다는 점에 있을 것이다. 목표하는 방향성과 제공하려는 기능의 차이는 없지만 현실적으로 그것을 실용화시킬 수 있는 수준까지는 미치지 못했던 것으로 쉽게 말해서 시기상조였다고 할 수 있다. 하지만 그러한 상황은 근래의 IT 진보에 의해 상황이 바뀌었다. 개념만 앞서고 있던 상황에서 기술과 이용환경이 개념의 수준까지 도달하게 된 것이다. 여기서 대표적인 IT 키워드 5가지를 소개하려 한다. 그것은 KM(지식관리), CRM(고객만족), SCM(공급체인관리), ERP(기업자원계획)이다.

1. 지식관리(Knowledge Management)

KM이란 조직 내에서 새로운 지식과 지혜를 창조하기 위한 구조 및 그것을 실현시키기 위한 경영수단을 뜻한다. 이것은 개인이 갖고 있는 노하우를 회사 전체로 확대시키거나 기존 노하우에서 새로운 노하우를 개발하는 등의 지식과 지혜를 활용하기 위한 구조를 형성하려는 사고방식에 바탕을 두고 있다.

KM은 지식경영 IT에 의해 성립되는 부분과 그렇지 않은 부분을 동시에 갖고 있다. 먼저 IT의 필수부문으로는 회사 전체의 온라인화된 데이터베이스를 꼽을 수 있다. 사원 각자가 자신들의 노하우를 데이터베이스에 등록할 수 있어서 노하우나 고객의 요구사항 등을 다른 사원들이 참조할 수 있게 하는 것이다. 또 한편으로 각자가 가진 노하우를 유용하게 활용하기 위해서는 개개인 간의 커뮤니케이션이 간단하게 이루어질 수 있는 구조를 형성하는 것도 중요하다. 이것들은 IT에 구애받지 않고 조직의 상황에 따라 적절한 방법으로 대처할 수 있다. 정보를 쉽게 교환할 수 있는 공유공간을 갖추는 점등이 대표적인 예라고 할 수 있다. KM의 기능을 유효하게 활용하기 위해서는 두 가지를 동시에 실현시키는 것이 중요하다. 사람들이 만들어낸 지식을 IT에 축적하고 그곳에서 다시 사람들이 지식을 얻는 형태가 가장 이상적이라고 할 수 있다. 이러한 상황에서는 지속적으로 창출되는 새로운 지식이 조직의 경쟁력을 높여갈 것이다.

〈그림 1-5〉 지식관리시스템

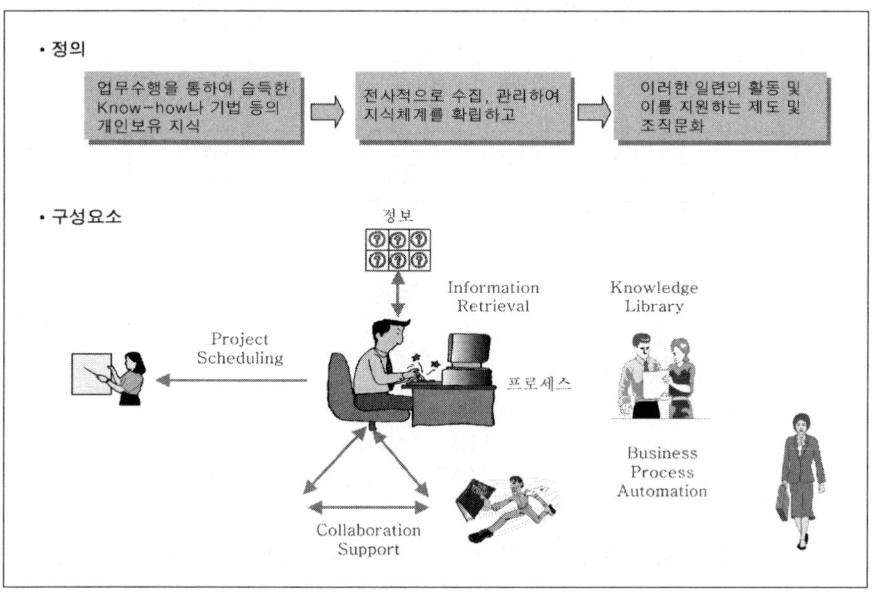

자료 : 한진정보통신

2. 고객관계관리(Customer Relationship Management)

CRM은 고객에 대한 정확한 이해를 바탕으로 고객이 원하는 제품과 서비스를 지속적으로 제공함으로써 고객을 오래 유지시키고 결과적으로 고객 평생가치를 극대화하여 수익성을 높일 수 있는 통합된 고객관계관리 프로세스를 말한다. 즉 고객이 선택한 대면접촉, 전화, FAX, 인터넷, e메일, POS 등 모든 접점을 통해 일관된 서비스를 제공하는 것이다. 구체적으로는 거래정보 등 고객에 관한 정보를 일원화시켜 관리하면서 이것을 판매, 선전, 서비스 등에 반영시킨다.

CRM은 기업가치가 고객으로부터 나온다는 기본인식에 기초하는 것으로서 마케팅패러다임이 제품판매 중심에서 기존의 우수고객을 유지하고 이탈고객을 최소화하는 관계마케팅으로 이동하고 있음을 의미한다. 여기에는 전산시스템의 변화뿐만 아니라 경영전략, 조직·프로세스, 고객접점 채널상의 모든 변화를 총칭한다. CRM의 실현에는 영업부문, 서비스부문, 제품개발부문, 콜 센터 등 사내의 각 부문에서 필요한 정보를 공유하고 활용하는 구조가 필요하다.

〈표 1-1〉 고객관리의 시대적 변천

구분	판매 (1970년대)	CS (1980년대)	DBM (1990년대)	CRM (90년대 후반)
대고객 관점	수동적 구매자	선택적 구매자	개성화, 다양화된 구매자	능동적 파트너
고객과의 관계	전체시장에 일방적(배급)	고객만족도 측정, 일방적 관계	그룹화된 고객과의 일방적 관계	개별고객과 쌍방향의사소통
고객관리	단순 영업 위주	영업과 판매 위주 서비스	IT기술팀 위주	전사적 관리

주 : CS = Customer Satisfaction, DBM = Database Marketing,
CRM = Customer Relationship Management

고객을 중시하는 생각은 비즈니스의 기본이다. 물론 기존의 방식인 사원교육 및 사원들의 창의적인 아이디어로 뛰어난 고객대응을 실현하고 있는 기업도 있으나, 이와 같이 사람에만 의존하는 방법만으로는 일정 수준 이상의 서비스를 제공하는데 한계가 있다. 그래서 종래의 방법에 IT를 도입하여 활용함으로써 사원의 자질에 의존하지 않고도 필요한 정보서비스를 제공하는 구조를 갖춘 CRM이 주목을 받게 된 이유이다.

〈그림 1-6〉 CRM의 개념

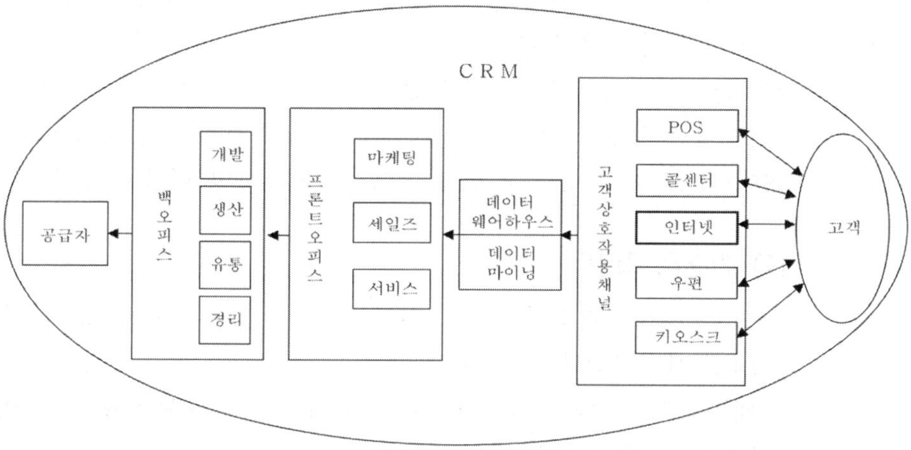

자료 : 삼성경제연구소, 인터넷시대의 고객관계관리

3. 공급체인관리(Supply Chain Management)

SCM이란 공급자로부터 최종 수요자까지의 모든 공급체인상에서 정보, 물자, 현금의 흐름에 대해 총체적인 관점으로 각 체인 간의 상호관계를 조절하고 관리함으로써 효율성을 최대화시키기 위한 전략적 경영기법이다. 따라서 이것은 기업의 틀을 넘어 고객의 고객과 공급자의 공급자까지도 자사를 중심으로 통합하여 하나의 가상기업으로 상정함으로써 모든 부가가치 자원의 흐름을 투명하게 하고, 효율성을 제고시킬 수 있도록 최고의 경쟁역량과 자원들을 개발하고 평가하여 지속적으로 발전시키는 새로운 경영사고라고 할 수 있다.

쉽게 말하면 SCM은 거래기업 간에 수주와 발주계획과 재고현황,

판매계획 등의 정보를 공유하여 사내에서뿐만 아니라 제품유통과정 전체를 최적의 상태로 제어하기 위한 경영수단인 것이다. 예전부터 일부 기업들이 도입하고 있는 'Just In Time' 등도 SCM의 일종이라고도 할 수 있다. 그러나 SCM의 진정한 효과는 정보공유로 참가기업 모두가 이점을 얻을 수 있다는 점이다. 즉 자사는 물론 거래처의 기업정보도 이용할 수 있기 때문에 생산과 판매에서 높은 정확도로 장래를 예측할 수 있게 되어 그들 기업이 가진 재고를 줄일 수 있는 점이 특징이라고 하겠다.

SCM의 실현에는 IT가 중요한 역할을 담당하고 있으며, 복수기업이 신속히 정보를 공유하기 위해서는 네트워크와 데이터베이스가 필수적이다. SCM의 등장하게 된 배경을 요약하면 다음과 같다.

(1) 기술적 측면

· 정보기술의 발전에 의한 기업 내부의 전체적인 정보화 수립 : ERP(기업자원계획)
· 네트워크 기술의 혁신적인 발전에 의한 정보공유의 용이성 : Internet, Web, EC(전자상거래)

(2) 경제적 측면

· 부가가치의 60~70%가 제조과정 외부의 공급과정상에서 발생
· 불확실한 외부 변동에 대한 저비용에 의한 적절한 대응
· 가격결정권의 이동 : 기업(공급자) → 고객(수요자)

(3) 사회적 측면

· 공급과정상의 정보공유와 상호협력 요구 증가
· 경쟁의 세계화로 합리적 물류관리의 중요성 대두
· 고객의 다양한 요구에 따른 생산방식의 변화 : 소품종 대량생산 → 다품종 소량생산
· 단축되는 제품생명주기 : 제품 출시 속도가 시장점유율을 좌우

〈그림 1-7〉 SCM의 구조

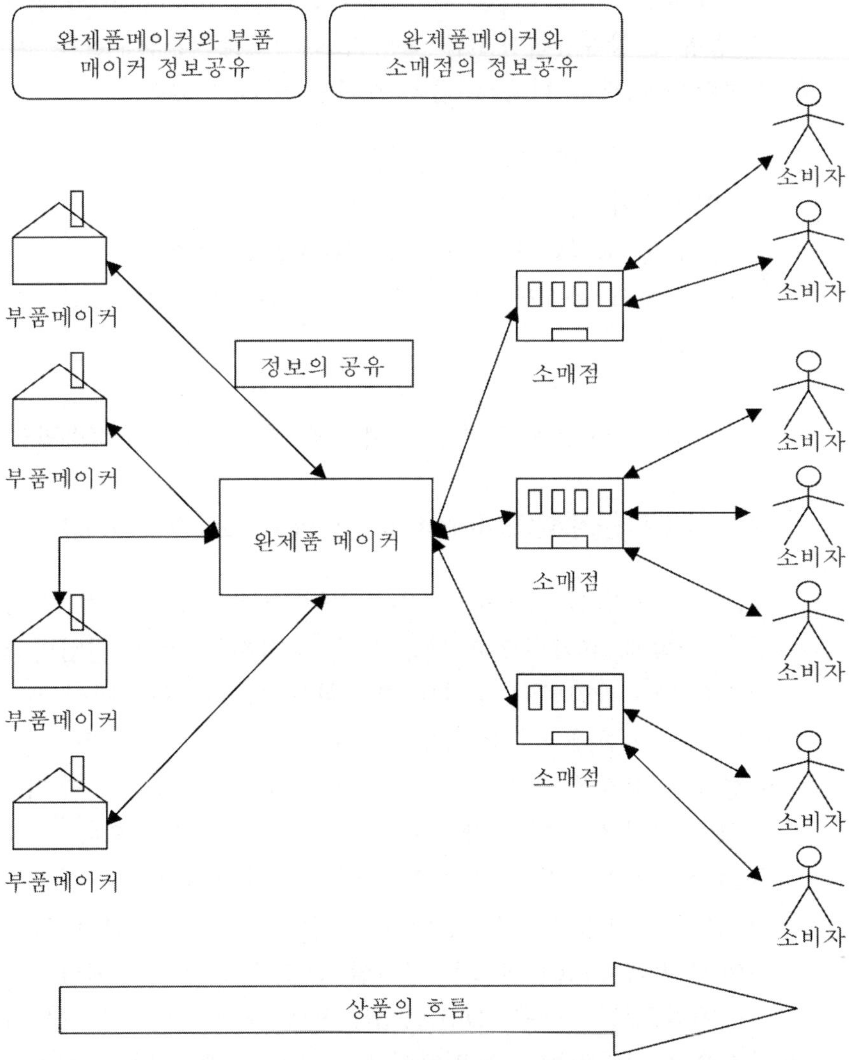

완제품 메이커에 의한 SCM의 한 예, 완제품메이커는 부품 데이터와 정보를 공유하여 생산과 재고를 효율적으로 관리한다. 또한 소매점과 정보를 공유함으로써 수요를 예측하여 생산계획에 반영할 수 있다.

자료 : 후지종합연구소

SCM은 원래 대단히 방대한 개념이다. 제품이 고객에게 전달되는 시점에서부터 거슬러 올라가 유통, 물류, 생산 그리고 부품이나 원재료 공유의 상류공정까지를 하나의 라인으로 파악해 모든 과정을 최적화하는 것으로 다음과 같은 효과를 노리고 있다.

· 생산과잉이나 재고의 위험을 낮추고
· 불량품에 의한 기회손실을 막고
· 물류를 최적화하는 것으로 물류비용을 낮추고
· 생산에서 판매까지의 시간을 최단화하는 것으로 현금흐름을 개선한다.

즉, 경영의 중요한 부분을 한꺼번에 효율화하는 관리방법인 것이다.

4. 기업자원계획(Enterprise Resources Planing)

ERP란 기업이 소유하고 있는 인력, 설비, 자금, 정보 등의 경영자원을 어떻게 효과적으로 활용할 수 있을까를 전체 기업의 관점에서 일괄적으로 관리하여 경영의 효율화를 도모한다는 방식 및 그 실현방법을 의미한다. 기업이 처한 상황을 경영자가 신속히 파악하여 정확한 의사결정을 내릴 수 있다는 것이 큰 이점이라고 할 수 있다.

ERP 방식은 그다지 새로운 것이라고는 할 수 없으나, 실제로 ERP를 실현시키려면 IT의 본격적인 이용이 불가피해진다. 상호간에 복잡한 관계로 얽혀져 있는 방대한 데이터를 단일 데이터베이스로 통합하여 정확하고 효율적으로 처리할 필요가 있기 때문이다.

구체적으로는 수주, 생산, 물류, 판매, 회계 등의 다양한 업무를 일괄적으로 처리하는 소프트웨어를 필요로 하게 된다. 여기에는 소프트웨어회사가 ERP 패키지로 판매하고 있다.

〈그림 1-8〉 ERP 패키지

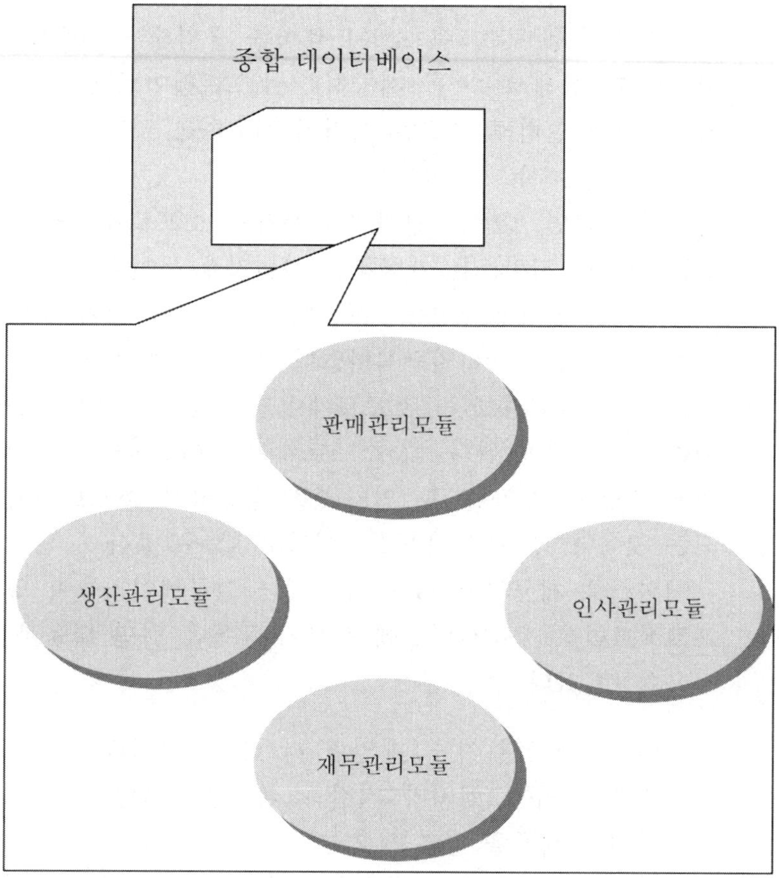

ERP 패키지는 기업의 다양한 업무를 각각의 모듈로 관리한다. 각 모듈의 데이터는 종합데이터베이스 안에서 일괄관리하고 있어 경영자원의 최적화가 더욱 간편해진다.

자료 : 후지종합연구소

5. 어플리케이션 서비스 프로바이더(Application Service Provider)

ASP란 응용프로그램 소프트웨어를 구입해 각 PC에 설치하는 것이 아니라 상용서비스를 제공하는 소프트웨어 공급자가 서버에 응용프로그램을 설치해 놓으면 서버에 접속하는 것만으로 프로그램을 이용할 수 있는 시스템이다.

다시 말하면 ASP는 인터넷을 통해서 소프트웨어의 기능만을 대여하는 형태로 서비스를 제공하는 사업자를 뜻한다.

종전에는 소프트웨어를 새롭게 개발하거나 패키지화한 것을 구입하여 사용하는 것이 일반적이었다. 이에 비해 ASP는 ASP업체의 컴퓨터 속에 갖춰져 있는 소프트웨어를 일정기간 동안 이용할 수 있는 권리를 구입하게 된다. 즉 소프트웨어를 대여하는 서비스로서 이용기업은 ASP와 계약한 후 인터넷을 경유하여 소프트웨어를 대여하게 되는 것이다. 일종의 아웃소싱이라고 할 수 있다.

서비스를 제공하고 있는 ASP에는 그룹웨어기능이 있다. 부나 과, 프로젝트별로 ASP사이트에 사용자 등록을 하면 다음과 같은 기능을 사용할 수 있다.

- 커뮤니케이션 기능 : 메일링 리스트나 게시판 등
- 스케줄 기능 : 멤버가 직접 스케줄을 입력할 수 있으며, 메일을 통해 스케줄을 알리는 기능
- 공유 폴더 기능 : 회원들이 열람할 문서를 공유 폴더에서 관리할 수 있는 기능
- 멤버 연락처 기능 : 멤버의 주소, 전화번호, 메일주소 등을 등록할 수 있는 기능

현재 ASP는 특히 외부와의 연결이 중요한 프로젝트에서 많이 활용되고 있다. 또한 회계나 판매관리 등에서도 대표적인 소프트웨어 회사와 연대한 ASP서비스가 검토되고 있다. 지금은 구입하는 것이 당연한 회계소프트웨어도 앞으로는 빌리는 시대가 될 것이다.

〈그림 1-9〉 ASP의 개념

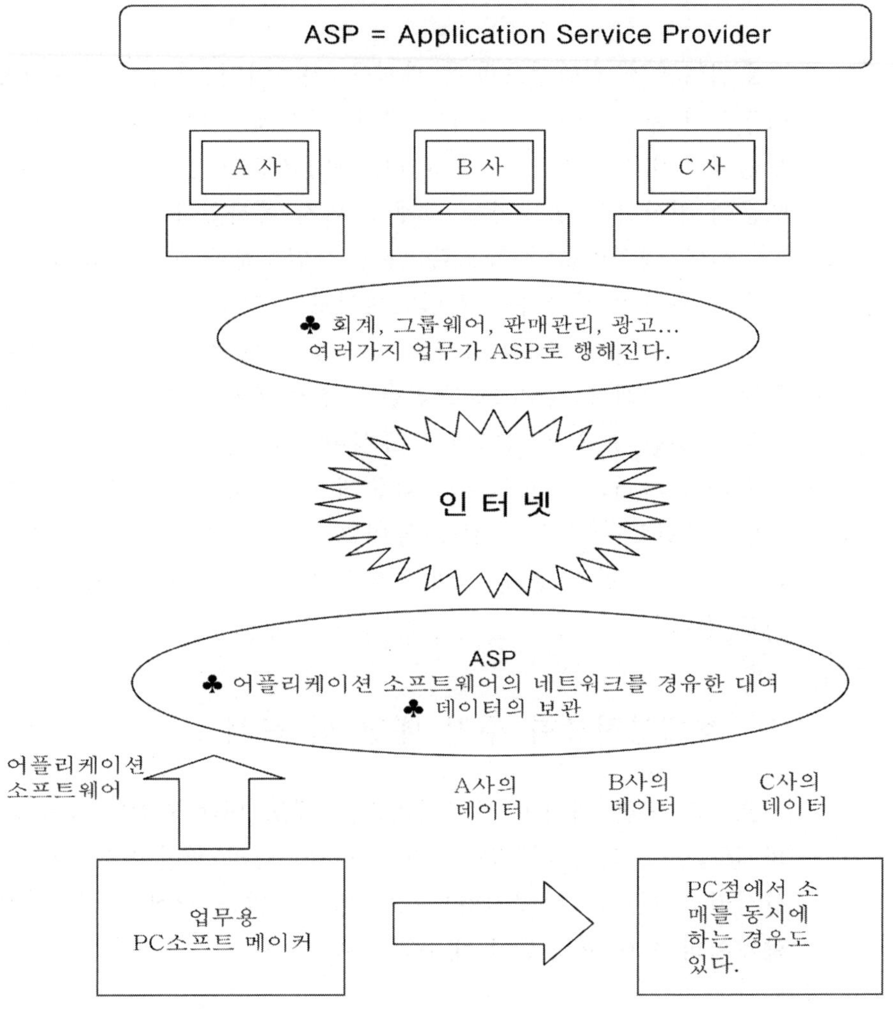

자료 : 후지종합연구소, 손에 잡히는 IT Business

제3절_ 호텔업 정보화 현황

호텔업에서 호텔정보화에 관심을 기울이기 시작한 것은 1960년대 이후로서 짧은 역사를 가지고 있다. 당시에는 다른 제조업에 비해 업무성격이 비정형화되어 있는데다, 사업규모가 상대적으로 소규모였기 때문에 전산화의 필요성을 크게 느끼지 못하였다.

그러나 제조업을 주축으로 다른 산업부문에까지 적용업무 프로그램을 사용하기 시작하자 호텔업에서도 효과성 및 채산성 측면에서도 긍정적인 평가가 이루어지기 시작하였다. 호텔업은 다른 산업에 비해 우발적인 거래가 많고 그로 인한 오류발생이 잦기 때문에 업무의 표준화를 통한 효율적 경영의 필요성이 대두되었다.

최근에 와서는 관광인구의 급증에 따른 호텔의 대형화로 말미암아 호텔정보화로 서비스의 질을 높이고 합리적 호텔운영에 기여하고 있는 추세이다. 먼저 현재 국내 호텔업계의 주요 정보화 현황을 살펴보기로 한다.

Ⅰ. 호텔업정보화 추진 배경 및 목적

호텔의 근본 개념인 고객서비스 외에도 대내/외적인 호텔경영환경의 급속한 변화에 대응하기 위한 호텔운영의 생산성 및 효율성을 향상시키고 새로운 사업기회를 창출할 수 있는 중장기적인 정보화 전략계획의 수립 필요성이 대두되었다.

〈그림 1-10〉 호텔경영의 대내/외적인 환경변화

외부환경의 변화	내부환경의 변화
· 호텔 간 고객유치 경쟁심화 · 외국계 호텔의 국내 잠식 · 관광산업의 급속한 시장확대 · 선진 호텔과의 연계 · 인터넷 기반 정보화환경 확대	· 경영층의 정보요구 증대 · 신규전산 개발요구 증대 · 고객만족도 및 경영업무 효율성 증대 필요 · 마케팅활성화를 위한 CRM도입 요구 증대 · KMS, ERP, SCM 도입 활성화

환경변화에 대한 대응책 마련

중장기 정보화전략 계획 수립 컨설팅

또한 호텔의 정보화 추진 목적은 업무생산성, 효율성 및 수익극대화를 도모하기 위한 정보화전략 컨설팅을 수행함으로써 궁극적으로 경영합리화 및 경쟁우위를 확보할 수 있는 중장기 정보화 추진전략 수립에 있다.

따라서 모든 호텔들은 사업전략과 부합되는 정보시스템 구축을 위하여 경영전략, 기업모델, 현 시스템 및 정보기술 등에 대한 다각적인 분석을 통해 최신 정보시스템으로의 전환방안, 시스템과 추진사업의 연계를 통한 시너지 확보방안 및 인터넷 기반의 정보체계 구축방안을 도출하는데 노력을 기울이고 있다.

〈그림 1-11〉 정보화 추진 목적

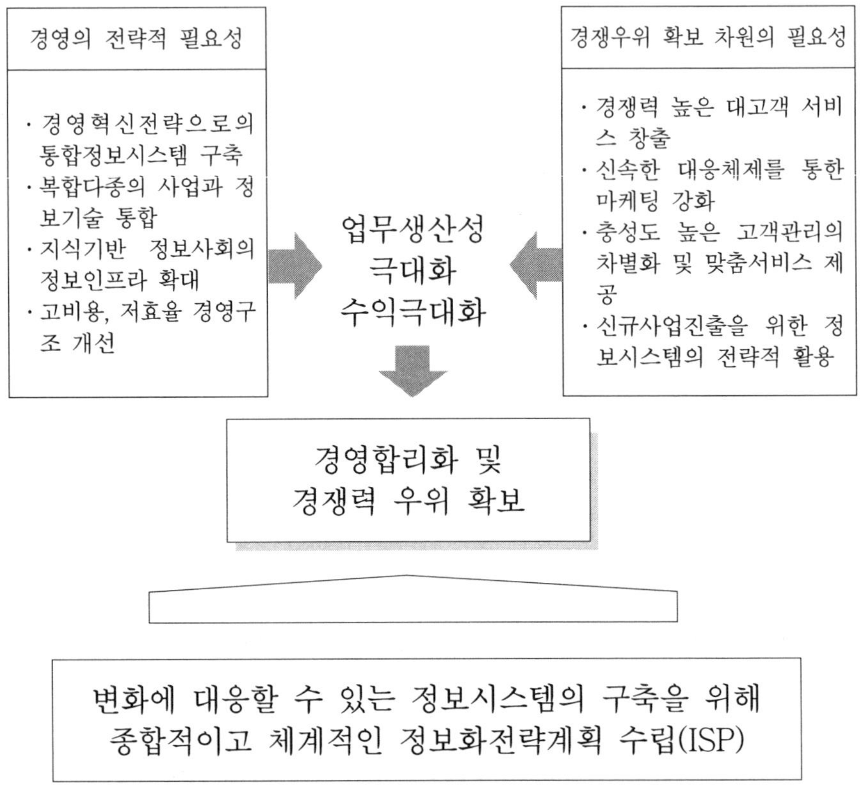

Ⅱ. 호텔업 정보화 추진 현황

1) 인터넷/e-business로 고객 서비스 및 이를 통한 수익모델 창출

· 보다 폭넓은 비즈니스를 향한 전자상거래 추진
· 제휴, 별도 법인 등을 통한 본격적인 e-business 구성
· 사이버 사업을 위한 특허제출 및 아웃소싱
· 전자상거래를 통한 수익사업계획

2) 객실 정보화를 통한 고객서비스 강화

· 인터넷환경 구축으로 고객서비스 강화

3) 호텔업무 개선과 정보화

- 정보시스템을 차별화 및 경쟁우위 확보를 위한 무기로 활용
- 통합시스템, 정보전략계획 등을 통해 CRM · KMS · SCM · DW 추진

Ⅲ. 호텔별 정보화 추진사례

1) 그랜드하얏트

- 통합시스템을 IT부문 강화
- 노츠로 메일시스템/전자결제시스템 구축
- CRM 지향 및 CTI 콜센터 도입 추진

2) 리츠칼튼

- 홈페이지 강화
- 전자상거래를 통해 뷔페 티켓 판매
- CRM 도입 고려
- 그룹웨어 사용

3) 프라자호텔

- 사이버면세점 개설/별도 법인설립 예정
- 아웃소싱을 통한 웹서버/홈페이지 관리로 고객서비스 강화
- 그룹차원의 오라클 ERP 도입 추진과 이를 통해 CRM 구축 예정

4) 소피텔앰버서더

- e비즈니스팀 구성/인터넷 관련 사업전담
- 인터넷을 통한 자재물품 구매
- 홈페이지 강화
- 통합관리시스템으로 소피텔 앰버서더/노보텔 등 3개 호텔시스템 통합/CRM

5) 쉐라톤워커힐

- IT 인프라를 통한 경쟁력 강화 추진
- 은행/카드사와 연계한 전자상거래
- 김치 특화 판매
- 호텔정보화로 KMS 개발준비
- CTI 콜센터와 DW 도입계획

6) 롯데호텔

- 홈페이지 강화
- 그룹웨어 사용
- CRM 도입 검토

7) 신라호텔

- 새천년기획팀 구성, 노블닷컴 사이트 개설 및 해외진출 모색
- 회원제 정보 제공
- 그룹차원의 B to B 전략추진/DW 강화
- EC 추진, CRM/SCM/KMS 도입

8) 웨스틴조선

- 인터넷을 통한 면세점, 상권소개, 여행 등 정보 제공
- 신세계 물류망과 연계한 전자상거래
- CRM 구축 및 임원정보시스템 완료
- DW 지향

Ⅳ. 정보화에 따른 기대효과

1) 대고객 서비스 향상

- 신속 정확한 예약 및 Check-In/Out
- 고객 특별 주문에 대한 정확한 처리
- 감동을 통한 철저한 고객관계 관리

· 고객 충성도 확보

2) 수익증대

· 효율적인 영업/회계/재무관리
· 시설이용률 증대
· 영업력 증대
· 효율적 관리를 통한 영업지원
· 매출 누수 방지

3) 관리효율화

· 중앙집중관리 체제확립
· 경영정보 적시 공급으로 전략경영체제 확립
· 각종 기회손실 사전 배제
· 정보시스템관리 효율화
· 조직의 Slim화/고객지향 조직화

〈그림 1-12〉 정보화 효과

대고객 서비스 향상

• 신속 정확한 예약 및 Check-In/Out
• 고객 특별 주문에 대한 정확한 처리
• 감동을 통한 철저한 고객관계관리
• 고객 충성도 확보

수익증대

• 효율적인 영업/회계/재무관리
• 시설 이용률 증대
• 영업력 증대
• 효율적 관리를 통한 영업 지원
• 매출 누수 방지

관리 효율화

• 중앙집중관리체제 확립
• 경영정보 적시 공급으로 전략경영체제 확립
• 각종 기회손실 사전 배제
• 정보시스템 관리효율화
• 조직의 Slim화/고객지향 조직화

V. 정보화 솔루션 구조

- 포괄적인 기능으로 업무전체를 실시간으로 통합
- 글로벌업무 대응(다통화/다언어)
- 업종별 솔루션 연계 통합
- 전사기간업무를 망라하여 구축
- 전부문 동시설계와 개발
- 경영진을 효율적으로 지원

〈그림 1-13〉 정보화 솔루션 맵

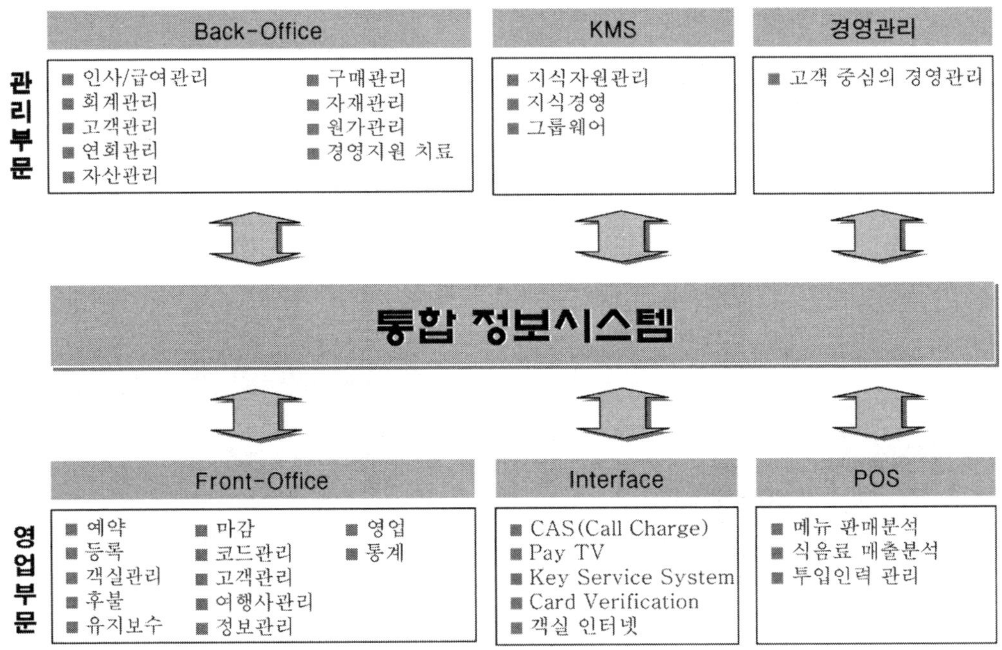

제2장

호텔산업의 이해 & 트렌드

제2장
호텔산업의 이해 & 트렌드

제1절_ 호텔의 기능

과거 숙박과 그리고 식사를 위주로 판매하던 호텔의 기능이 최근에 들어 전천후적인 시설을 갖추어 경영을 하면서 도시 또는 지역의 총아가 되고 있다. 개인적인 만남의 사교의 공간에서 사업상담의 비즈니스 공간, 음악회 또는 전람회 등의 문화공간, 국가간 회담장소로서의 외교공간, 컨벤션 개최지로서의 정보공간은 물론, 요즘 들어 부쩍 관심이 많아진 휘트니스센터 이용 등 건강공간으로서도 최첨단을 걷고 있을 정도이다.

국제교류의 확대, 지역간의 이동량 증가 및 여행인구의 증가로 인한 사회·문화·경제여건의 변화는 호텔을 이용하는 고객들의 수요추세에 많은 변화를 가져오고 있다. 어느 나라에서나 전체 여행시장은 내국인의 국내여행, 외국에서 입국하는 해외여행객으로 구성되어 있다. 따라서 호텔시장은 내국과 외국시장의 상호 중요성과 휴가, 비즈니스, 컨벤션, 기타 목적의 여행 등 고객 구성요소의 두 가지 특성을 지니고 있다.

호텔을 이용하는 대상고객을 보면 FIT, Group, 컨벤션고객, 비즈니스 등의 다양한 고객층이 있으며, 고객층을 성별로 분류하면 최근 들어 여성이용고객이 계속 증가추세에 있다. 이것은 여성의 사회적 진출이 가져다주는 세계적인 변화라고 볼 수 있을 것이다.

지난날 호텔의 개념은 하나의 사기업으로서의 숙박과 음식을 제공하는 시설로서만 이해되어 온 것이 사실이나, 오늘날에 와서는 단순한 사기업이 아닌 영리를 목적으로 하면서 지역사회에 기여하는 하나의 공익사업의 성격을 띠고 있다고 볼 수 있다. 뿐만 아니라 어느 특정한 계층의 고객만이 아닌 불특정 다수의 일반 대중을 대상으로 하는 복합사업체적인 성격을 가진 대규모 기업으로 성장해나가고 있다.

사실 과거만 하더라도 상품을 선택하는 시대로서 그 상품의 영역을 확대시킨 호텔이 시장에서 우위를 점한다고 여겨왔으나, 이제는 시설과 서비스의 품질차원에서 개별 시스템의 구축이 요구되고 있는 실정이다. 때문에 호텔경영에서 건물이나 시설능력의 가치도 중요하지만 종사원의 서비스수준과 상품의 내용에 대한 가치가 더 중요하다는 인식이다.

호텔시설의 성격은 호텔이 제공하는 상품기능의 조합과 서비스 수준에 의해 결정된다고 할 수 있으며, 기능면에서도 숙박과 식사서비스 제공에서 벗어나 복합화된 서비스기능을 제공하고 있다. 그러므로 호텔경영은 기업의 가치적 의미에서 이익추구라는 자본가의 단일 목적보다는 복합적으로 연결되어 있는 고객과 종사원 그리고 채권자와 같은 여러 이해자집단의 이해관계를 조정하여야 한다. 따라서 호텔의 목적은 기업의 최종 목적인 기업의 존속과 성장에 있는 것이며, 이러한 목적을 달성하기 위하여 호텔은 종합적인 목적을 가져야 할 것이다.

제2절_ 호텔영업의 흐름

호텔은 주상품인 객실과 식음료 이외에도 다양한 편의시설과 부대업장이 갖추어 있어서 고객들이 수시로 거래를 발생시키고 있다. 고객들이 각 업장에서 상품과 서비스를 구매하는 시점에서 발생시킨 거래내역을 장소에 따라 POS를 통해 프론트 서버에 제공된다. 다시 말하면 호텔이 고객에게 상품을 판매한 시점에 그 데이터가 전산에 등록되어 관리된다.

고객순환주기는 고객이 호텔에 체크인하여 상품과 서비스를 제공받은 대가로 계산을 치른 뒤 호텔을 체크아웃할 때까지의 전체기간을 말한다. 따라서 POS는 고객이 호텔로부터 상품과 서비스를 이용한 뒤 거래가 발생되는 시점을 말한다. 고객주기는 호텔에 도착(Arrival), 체재(Stay) 그리고 출발(Departure)하는 과정을 단계별로 구분하여 이해할 수 있다.

고객순환주기는 서비스관리와 연관시켜 Before-Service, In-Service, After-Service로 나뉘어지며 각각의 서비스상태와 시점에 따라 호텔영업상 운영상태가 달라지게 된다. Kasavana는 호텔영업에 대한 고객주기의 구성요소들을 시간적 순서의 흐름과 연관하여 다음과 같이 설명하고 있다.

〈그림 2-1〉 호텔고객주기 구성요소와 Flow

판 매 전 →	판 매 시 점 →	판 매 후
(예약관리 시스템)	(판매관리 시스템)	(판매후 고객관리 시스템)
· 예 약 (Reservation)	· 객실배정 (Assignment of Room)	· 고객계정명세서 (Statement of Guests)
· 선 불 (Prepayment)	· 투 숙 (Occupancy)	· 계정액의 대조 (Reconciliation of Account)
· 고객계정의 개설 (Initialization of Guest Account)	· 상품과 서비스의 구매 (Purchasing of Goods and Services)	· 지급완료 (Zeroing Out Balance)
· 도 착(Arrival)	· 고객계정에 전기된 외상액 (Charges Posted to Guest's Account)	· 체크아웃 대장작성 (Guest History File)
· 등 록 (Registration)		

제3절_ 호텔산업의 트렌드

Ⅰ. 호텔산업을 형성하는 주요 동향

1. Strategic Trends

- 세계화와 통합화
- 세분화(Segmentation)
- 다각경영

〈그림 2-2〉 체인호텔의 성장추세

미국, 유럽, 아시아의 체인호텔시장 점유율	세계적인 체인들이 입점한 국가들의 수
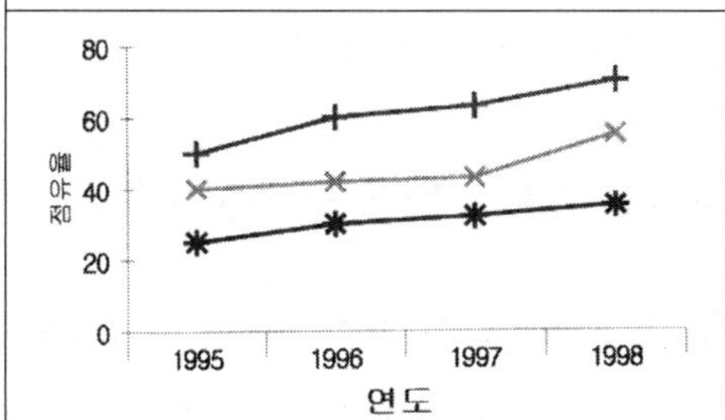	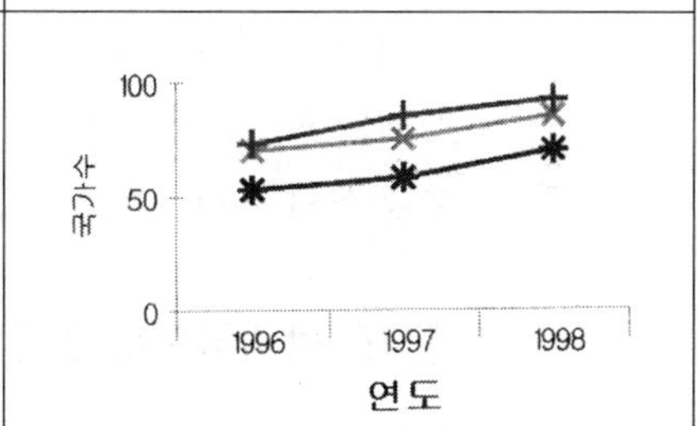

※ 자료 : Conference on Global Trends in the Hotel Industry (St. James Court Hotel oct. 1999)

2. Operational Trends

- 마케팅
- 고객서비스
- 직원 개발
- 지원/관리운영

3. External Factors

· 관세
· 법적인 이슈
· 정치적/경제적 안정성
· 목적지/인프라 개발
· 이미지 관리

Ⅱ. 호텔산업에서의 향후 9가지 예상 트랜드

1. 세계화와 통합화

1) 체인호텔들의 시장점유율 증가

· 현재 미주지역 내 70%의 호텔들은 체인호텔
· 스페인은 체인호텔이 50%이상
· 프랑스의 선두주자인 Accor 그룹이 업계의 35%차지

2) 현재 세계적으로 진행되는 M&A(Mergers and Acquistion)

· Nomura International은 Le Meridien Group을 2.59억달러에 구입(2001. 5)
· Six Continents(이전 Bass)는 Compass Group의 79 Posthouse 호텔 1.1억달러에 인수-Sox Continents는 현재 약 100개 국가에 3000개 이상의 호텔들을 보유(2001. 4)

2. 세분화(Segmentation)

체인호텔들은 영업확장을 통해 다양한 가격대로 시장진출에 주력하고 있다.

〈그림 2-3〉 체인호텔들의 세분화 시장

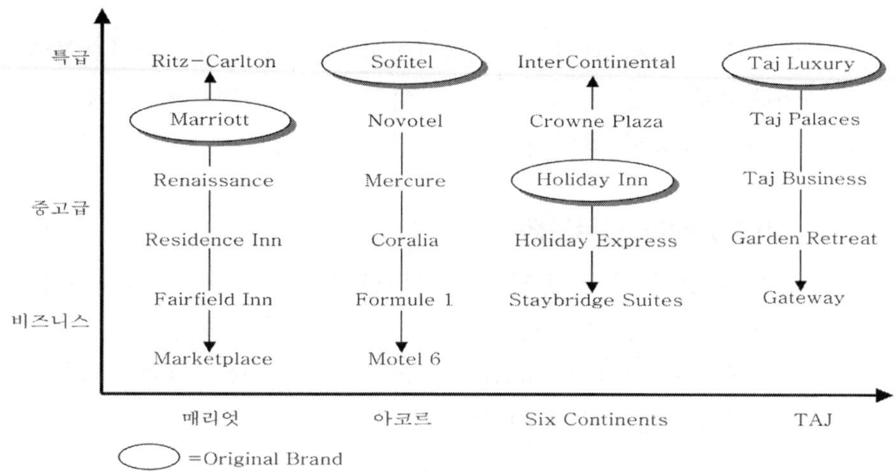

3. 다각화

전통적 호텔운영자 역시 여러 숙박관련사업과 연계하여 새로운 영역으로 다각화에 노력하고 있으며, 멀티브랜드이미지의 효과를 충족시킬 수 있는 호텔관련사업에 역점을 두고 있는 추세이다.

〈그림 2-4〉 전통적 호텔들의 사업다각화

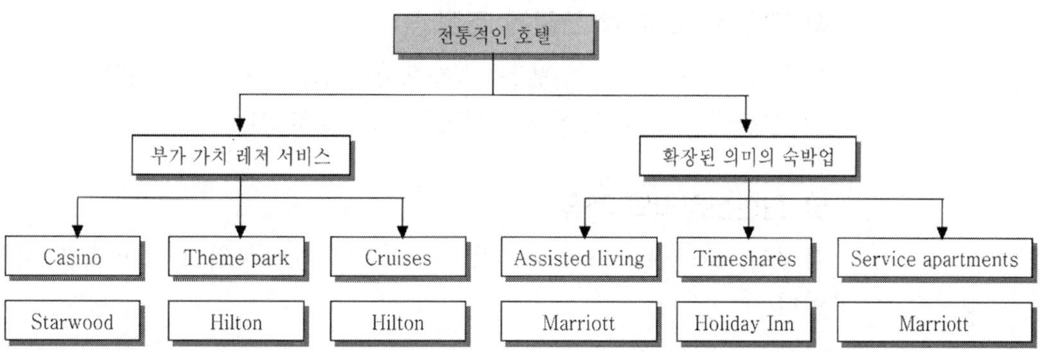

4. 마케팅/세일즈

유수한 호텔체인들은 호텔산업의 경쟁력 대응 및 시장확대가 더욱 가속화될 것으로 예상하고 다양한 층의 손님들의 구매를 촉진하기 위한 차별화된 마케팅 · 세일즈전략을 개발하는 데 부심하고 있다.

1) Loyalty 프로그램

체인호텔들은 로열티 프로그램을 보유하고 있는 상태이다.

· Marriott은 14만명 이상의 멤버를 보유하고 있다.

· Starwood의 Preferred Guest Program은 실행 첫해 1.3만명의 Extra 멤버를 초래하였다.

2) Novelty 프로그램

늘 특이하고 신기한 경험을 쫓는 비즈니스와 관광 손님들은 위해 업계는 새로운 목적지와 테마 장소를 개발하고 마케팅 한다.

3) Niche(틈새시장)마케팅

Wyndam 호텔은 비즈니스 여행객의 38%를 차지하는 여성 여행객의 욕구를 충족시키기 위한 프로그램을 개발하였다.

4) 개인에 초점 vs 그룹에 초점

뉴욕의 The Pierre 호텔은 그룹보다는 Rack Rate를 지급할 수 있는 개인판매로 그들의 Sales Mix를 재편성하였다.

5) 관련산업과의 제휴

항공사, 렌터카, 오락, 여행사 등의 호텔 관련산업과의 제휴를 시작하였다.

5. 고객서비스 전략

호텔들은 좀더 나은 고객서비스를 위해 지속적으로 연구하고 있으며, 고객정보관리의 과학화와 고객만족을 위한 끊임없는 변신을 거듭하고 있다.

1) 통합된 고객정보관리

Inter Continental 호텔의 국제마케팅과 고객정보 Data base "Global 2000"을 선보이고 있다.

2) 100% 고객만족 보증

Promus Hotel 그룹사는 서비스에 만족하지 못하는 손님에게 100% 현금으로 보상하는 "Money-Back Guarantee"를 실시하고 있다.

3) 24시간 Check-in/Check-out

최고급 호텔에서의 24시간 Check-in/Out 서비스를 제공하는 추세에 있다.

6. 인력개발

교육된 직원들이 고객만족의 주요 결정요인으로서 일관성, 고객서비스에 대한 태도의 변화로 내부 종업원들에게 흥미와 인센티브제도를 활성화하고 있다.

1) 일관성

Four Seasons은 혁신적인 5단계 채용/교육과정으로 회사의 신입사원들이 의욕에 차 있으며 회사의 서비스수준을 유지하는가를 확실히 한다.

2) 태도의 변화

Promus는 사원 인센티브 프로그램을 통해 고객에게 다가가는 서비스를 실천하는 직원을 인정해주고 그 공적에 대해 포상한다.

7. 효율적인 운영

체인호텔들이 확장함과 동시에 서로들 간의 원가절감과 스탠다드의 향상을 목적으로 각 업체들은 규격화하고 통합화하는데 심혈을 기울이고 있으며, 호텔수익성을 높이기 위한 다양한 운영기법들이 추구되고 있다.

1) 구매운영의 통합화

Hilton은 HPMS-2를 사용하여 구매방식을 응축하기 위해 FDI, EDL, POS와 같은 기술을 사용하고 있다.

· FDI : Food Distribution Interface
· EDI : Electronic Data Interface
· POS : Point of Sales

2) Standard Operating Procedures(SOP's)

대부분의 체인들은 통합된 SOP 매뉴얼로 지속적으로 높은 질과 모든 직무의 효과적인 운영을 유지

8. 정보기술(Information Technology)

효과적인 IT의 사용은 호텔경영에서 중대한 요소로 작용하고 있다.

1) 마케팅/세일즈

· Centralized Reservation System(CRS)
· Global Distribution System(GDS)
· Online Reservation System

2) 고객정보 시스템

· Centralized Customer Information Service

· Global Marketing Databases

3) 운영통합

· Wide Area Network(WAN)
· Corporate Intranets
· Corporate Extranets

4) 객실내 IT 설비

· TV Based Information Services/Surveys/Check-Out
· Fax/Copier/Printer
· Internet Access/email
· Dual Phone Lines
· PC Computer

9. 외부요소 관리

과거와는 다른 환경에서 산업이 성장함에 따라 여러 형태의 외부요인의 관리가 중대한 영향을 미치고 있다.

〈그림 2-5〉 외부요소 관리

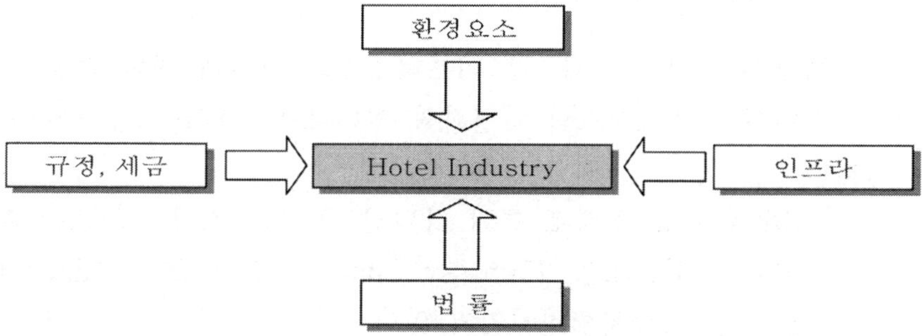

Ⅲ. 글로벌 호텔체인들의 전략

1. Starwood Hotel

차별화되고 변형화된 고객 로열티 프로그램. "Preferrde Guest Program"을 고안하여 사용중이다.

- 세계 전역에 위치한 Westin, Sheraton, St. Regis, Four Points, W Hotel, Caesar's Casino를 이용했을 때 1달러당 2포인트를 적립시킨다.
- 포인트들은 무료 숙박, 비행기표, 물품, 휴가패키지로 상환이 가능하다.
- 여러 항공사들과 협력관계를 맺으며 프로그램의 가치를 높인다.

2. Inter-Continental Hotel

고객정보 Database "Global 2002"를 개발하여 Guest History 업무에 관한 한 업계 최고를 지향한다.

- 치밀하고 자세한 Guest History와 소비성향 등을 세계 100여개 이상의 자회사로부터 정보를 수집한다.

3. Hilton Hotel Group

새로운 가격대와 새로운 비즈니스로의 확장에 대한 경영의욕을 과시하면서 호텔브랜드의 차별화와 멀티브랜드효과를 동시에 추구하고 있다.

- 6개의 주요 호텔로 크게 나눠짐. 최고급 호텔 'Waldorf Astoria', 고급 스위트호텔 'Embassy Suite', 중간가 호텔 'Hilton Garden Inn' 등으로 차별화시키고 있다.
- 'Park Place Entertainment Corp.'을 통해 도박업으로 사업영역을 확정하였다.

Ⅳ. 국내 호텔들의 차별화전략

1. Sheraton Walker Hill

정통 상류 레저호텔을 지향한다.

· 프라이버시를 중시하는 격 높은 사교활동의 장으로서의 입지를 구축한다.

· 최근 Starwood의 초특급 호텔 "W Hotels"를 오픈하였다.

· 여러 비즈니스 특급호텔과는 달리 Walker Hill은 오락, 예술, 기술의 개념을 택하여 차별화한다.

2. Grand Hyatt

Grand Hyatt의 브랜드 가치를 최대화할 수 있는 Business Executive 호텔 이미지를 내세우고 있다.

· 현대 서구식 스타일의 분위기를 고수한다.

· 체계적이고 전문적인 서비스 "Regency Club"을 통해 세세한 고객의 욕구까지 충족시킨다.

3. Westin Chosun

정통 고품격 비즈니스 호텔에 대한 자부심을 강조한다.

· 최초의 Western Hotel임을 강조하며 오래된 역사를 통한 경영 노하우를 자랑한다.

· 서울의 중심지에 위치하며 편안하고 Private한 분위기로 비즈니스 층을 공략한다.

· 최근의 대대적인 개·보수 공사를 마친 후 고객 공략층을 더욱 공고히 다지고 있다.

제3장

호텔정보 시스템의 운용

제3장

호텔정보 시스템의 운용

호텔정보 시스템은 크게 세가지 부분으로 나뉘어진다. 즉 영업을 전반적으로 담당하는 프론트오피스 시스템(Front Office System)과 이에 대한 후방지원체제로서의 백오피스 시스템(Back Office System) 그리고 숙박과 식사서비스 외에도 고객에게 필요한 편의성을 제공해주는 인터페이스 시스템(Interface System) 등이다.

프론트오피스 시스템은 객실예약, 프론트데스크, 객실관리, 프론트캐셔, 야간감사, 외상매출금, 여행사커미션업무 등의 시스템으로 구성되어 있다.

인터페이스 시스템은 POS 시스템, 전화교환 시스템, 객실잠금장치 시스템, 에너지관리 시스템, 미니바관리 시스템, Voice Mail 시스템, In-Room Movie 시스템 등으로 구성되어 있다.

백오피스 시스템은 고객관리, 연회고객관리, 인사관리, 급여관리, 구매/자재관리, 고정자산관리, 원가관리, 여신관리, 재무회계, 관리회계, 영업분석 시스템 등으로 이루어져 있는데, 호텔마다 필요한 부분을 개발하여 사용하므로 프로그램이 차이가 날 수 있다.

여기에서는 호텔정보 시스템에서 중심을 이루고 있는 프론트오피스 시스템을 선두로 인터페이스 시스템 그리고 마지막으로 백오피스 시스템으로 구분하여 설명하고자 한다.

〈그림 3-1〉 호텔정보 시스템의 구성

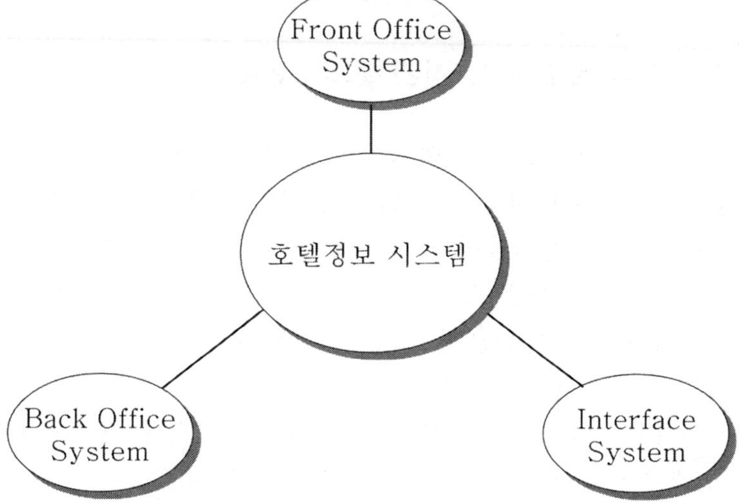

제1절_ 프론트오피스 시스템

Ⅰ. 프론트오피스 시스템의 개요

프론트오피스는 객실영업의 중심이 되는 업장이다. 객실이라는 상품은 오늘 판매하다 남으면 다음날로 미루어 두었다가 판매한다는 것이 사실상 불가능하기 때문에 프론트 직원의 객실판매 기술은 한 호텔의 영업실적을 크게 좌우한다. 따라서 프론트오피스는 호텔을 대표한다고 할 수 있으며, 고객에 대한 서비스와 회계에 대한 정보를 주는 중심부서라고 할 수 있다.

프론트 오피스는 백오피스와의 고객서비스를 연결시켜주는 곳으로서 호텔에서 의사소통과 정보분산을 하는데 중요한 역할을 수행한다. 그러므로 프론트오피스가 고객의 정보를 많이 가질수록 보다 쉽게 호텔업무를 조정할 수가 있다.

프론트오피스 시스템은 투숙객에 대한 전반적인 사항들을 예약, 체크인, 체크아웃 등의 과정을 컴퓨터시스템을 통하여 관리하고 있다.

〈그림 3-2〉 호텔정보 시스템 종합 구성도

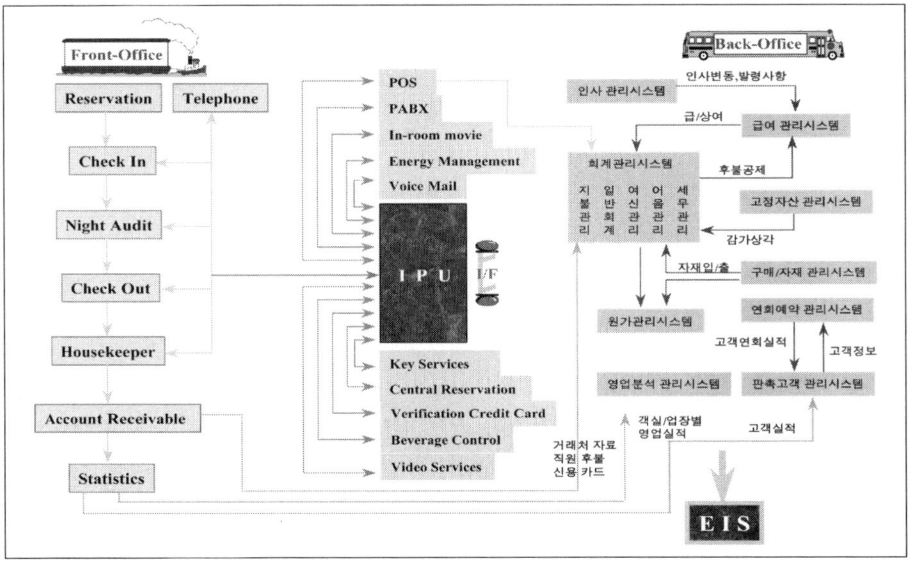

Ⅱ. 프론트오피스 시스템의 구성

프론트오피스는 호텔의 얼굴이자 고객과의 접촉을 하는데 중요한 역할을 하고 있다. 또한 프론트오피스는 호텔 내부의 의사소통과 정보분산을 하는데 중요한 역할을 수행하는 곳이다.

프론트오피스 시스템은 업무처리 내용상 크게 5가지의 주요 업무로 구성되어 있다. 그것은 예약업무, 프론트데스크 업무, 하우스키핑 업무, 프론트수납원 업무, 나이트오디터 업무이다. 그밖에도 여신업무, 여행사 커미션관리기능 업무 등이 포함된다.

〈그림 3-3〉 프론트오피스 전체업무 Flow

1. 객실예약(Room Reservation)

호텔객실을 이용하고자 하는 고객과 객실을 판매하고자 하는 호텔 간에 체결되는 절차를 예약이라고 하며, 예약은 주로 전화나 FAX 그리고 Internet과 직접방문 등에 의하여 이루어진다. 호텔영업에 가장 근원이 되는 객실예약은 객실판매를 통한 매출발생을 비롯하여 고객에게 호텔상품을 PR하고 첫인상을 심어주는 매우 중요한 역할을 수행한다.

따라서 객실예약담당은 객실의 상품지식과 부대시설 이용 등 전반적인 호텔정보를 고객에게 제공하고, Salesmanship을 발휘하여 객실판매를 하며, 판매하지 못한 객실의 가치가 Zero(0)인 점을 고려하여 예약접수 및 판매에 매진해야 한다. 특히 객실매출에 대한 의존도가 높은 리조트호텔의 특성 때문에 객실예약에서의 객실판매효과는 식음료·조리·연회 등 타부서의 영업매출을 동반상승시키는 효과가 있으므로 책임있는 업무수행이 필요하다.

〈그림 3-4〉 프론트오피스 예약업무 Flow

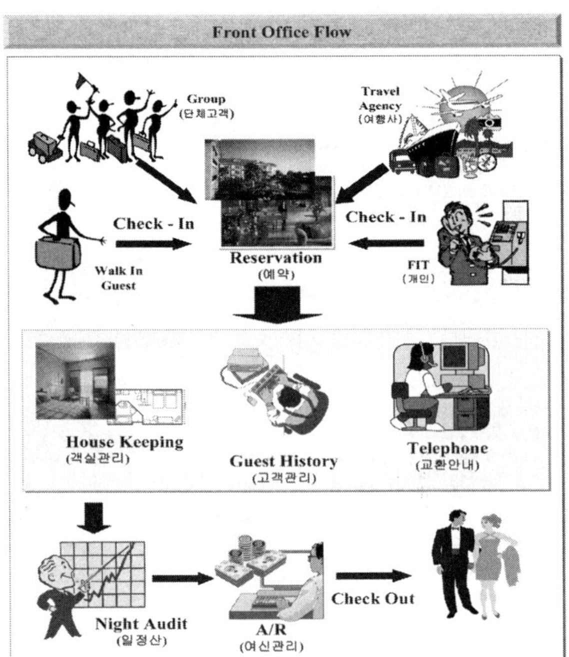

1) 예약접수방법

호텔에서의 예약접수는 통신수단에 의한 방법과 고객이 직접 방문하여 호텔의 직원과 상담하거나 호텔의 상품을 확인한 후 예약하는 직접방문에 의한 방법으로 구분된다. 그러나 호텔의 예약은 통신수단에 의한 방법이 대부분이며, 예약의 형태에 있어서는 개별예약(Individual Reservation)과 단체예약(Group Reservation)으로 구분되고 예약업무의 접수처리방법도 달라진다.

(1) 전화예약

예약의 신청방법으로 가장 많이 이용되는 수단으로써 예약신청자에게 객실예약의 가능 여부를 신속하게 전달할 수가 있다. 예약담당자는 필요사항 및 확인사항을 빠짐없이 기록하고 반복하여 재확인할 필요가 있고, 고객이 예약의 Reconfirm을 원하거나 취소·변경이 있을 때에는 반드시 사전에 연락해 줄 것을 당부해야 한다.

(2) FAX예약

FAX 이용이 보편화됨에 따라 전화예약 다음으로 많이 활용되는 수단이 FAX예약인데, FAX예약은 전화예약시 발생할 수 있는 오류를 방지할 수 있다는 정확성이 장점이다. 특히 해외사무소를 통한 System예약은 국제전화보다 정확성이 높은 FAX예약이 많이 활용되고 있다.

(3) Internet예약

Internet 예약은 최근 정보화시대를 편승한 첨단 예약시스템으로써 급격히 증가하고 있는 Internet 이용인구를 감안할 때, 향후 객실예약의 주종을 이룰 것으로 전망되고 있다.

〈그림 3-5〉 인터넷예약

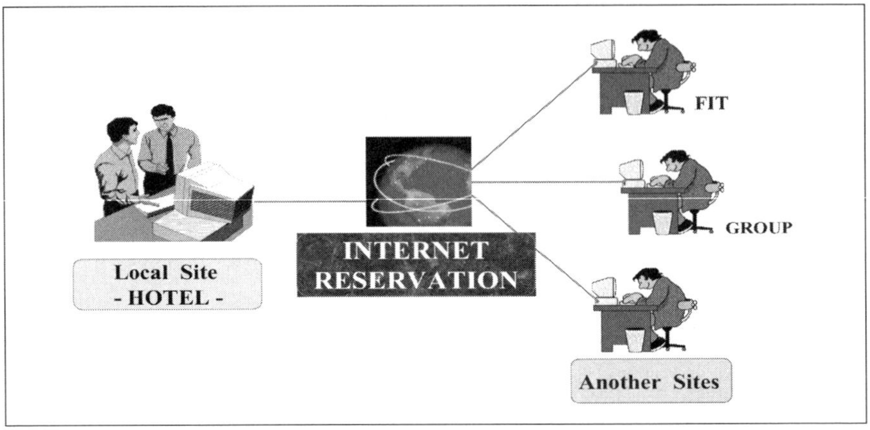

(4) 방문예약

국내외 VIP의 경우와 대규모 행사나 단체의 행사주관자, 비서, 여행사직원 등이 호텔의 객실 및 부대시설 등을 사전답사하고 수용능력, 가격, 시설 등을 점검한 후 예약을 하는 경우가 이에 속한다. 물론 개인이 장기 숙박이나 Deposit 등의 이유로 직접 방문하여 예약하는 경우도 있다.

(5) 기타예약

그 외 텔렉스, 편지, 전보 등에 의한 예약수단도 있으나, 최근에는 거의 사용되지 않고 있다.

2) 예약접수절차

(1) 전화예약

컴퓨터 예약화면의 예약접수 순서로 고객에게 문의하고, 고객의 요청사항을 컴퓨터에 직접 입력한다.

① 고객이 희망하는 숙박일자
② 고객의 Check-Out-Date
③ 고객이 희망하는 객실Type과 객실수
④ 숙박할 고객의 성명과 Title, 국적

⑤ 고객에게 도착 및 출발 예정인 항공번호와 시간
⑥ 고객에게 지급관계와 방법
⑦ 예약의 Source를 구체적으로 분류(대/중/소)
⑧ 객실예약시 접수하는 필수내용을 다시 한번 컴퓨터 예약화면에서 정확하게 확인하고 최종적으로 예약번호를 부여

(2) FAX예약

① 고객(개별고객/해외사무소/여행사)으로부터 FAX로 객실예약 신청을 받는다.
② FAX에 기록된 세부내용을 읽고 고객의 요청사항을 컴퓨터에서 체크한다.
③ 컴퓨터에서 고객이 요청한 예약의 가능 여부를 판단한다.
④ 고객에게 객실예약의 가능 여부를 FAX로 발송한다.
- 등록 당일 날 도착한 FAX는 FAX 접수 즉시 1시간 내로 Return FAX를 보낸다.
- 등록하는 전날에 도착한 FAX는 접수후 3시간 내로 Return FAX를 보낸다.
- 등록 당일 또는 전날을 제외하고 도착한 모든 FAX는 최소한 접수 다음날 오전까지 Return FAX를 보낸다.

⑤ 필요시 고객에게 전화를 걸어서 객실예약의 상황을 설명하고, 고객의 요청사항을 재확인하여 문제가 발생하지 않도록 한다.
⑥ 고객으로부터 접수받은 예약신청서를 FAX가 도착한 순서대로 파일한다.

(3) 인터넷예약

① 고객으로부터 인터넷상의 이메일로 예약신청을 받는다.
② 인터넷 화면에서 하루에 오전과 오후 두 번씩 이메일 예약신청서를 체크한다.
③ 이메일로 접수된 예약신청서를 읽고, 고객의 요청사항을 컴퓨터에서 점검하여 예약 가능 여부를 판단한다.

④ 고객에게 객실예약의 가능 여부를 이메일로 발송한다.

⑤ 당일 접수한 이메일 예약신청서는 당일 처리하는 것을 원칙으로 한다.

· 오전에 접수한 예약은 오전 12까지 회신한다.

· 오후에 접수한 예약은 오후 6시까지 회신한다.

⑤ 필요시 고객에게 전화를 걸어서 객실예약의 상황을 설명하고, 고객의 요청사항을 재확인하여 문제가 발생하지 않도록 한다.

⑥ 고객으로부터 접수받은 예약신청서를 이메일이 도착한 순서대로 파일한다.

(4) 방문예약

① 예약사무실을 방문한 고객을 Reception Desk로 안내한다.

② 컴퓨터 화면을 열고, 고객의 예약 요청사항을 접수하여 객실예약 가능 여부를 판단한다.

③ 고객이 희망하는 객실에 대한 전반적인 객실상황을 친절하고 자세히 설명하고, 그 결과를 컴퓨터에 입력한다.

④ 컴퓨터에 입력된 예약기록을 다시 한번 체크하여 고객에게 재확인한다.

(5) 여행사예약

여행사예약은 인바운드 여행사예약과 국내여행사 예약으로 구분되는데, 인바운드 여행사의 주 대상은 일본지역과 동남아지역의 단체객이며, 국내여행사는 신혼여행객과 골프고객 그리고 일반 단체객을 주 대상으로 한다. 그룹은 5실 이상의 단체물량을 그리고 FIT는 1실에서 4실 사이의 개별물량을 뜻한다.

다음은 여행사예약의 접수처리절차를 말한다.

① 전화 또는 FAX로 해외사무소와 국내여행사로부터 객실예약의 신청을 받는다.

② 예약신청서 양식에 맞게 문서(FAX)로 예약을 신청하도록 권유한다.

③ 컴퓨터 화면에서 객실판매의 가능 여부를 판단한다.
④ 예약 가능 여부를 판단하고 기록하여 Return FAX를 발송한다.
⑤ 컴퓨터에 OK된 객실을 입력한다.
⑥ 컴퓨터에 입력된 예약기록을 다시 한번 체크하여 예약처로 재확인한다.
⑦ 예약처에서 접수받은 예약신청서를 FAX가 도착한 순서대로 파일한다.

〈그림 3-6〉 예약업무 처리경로

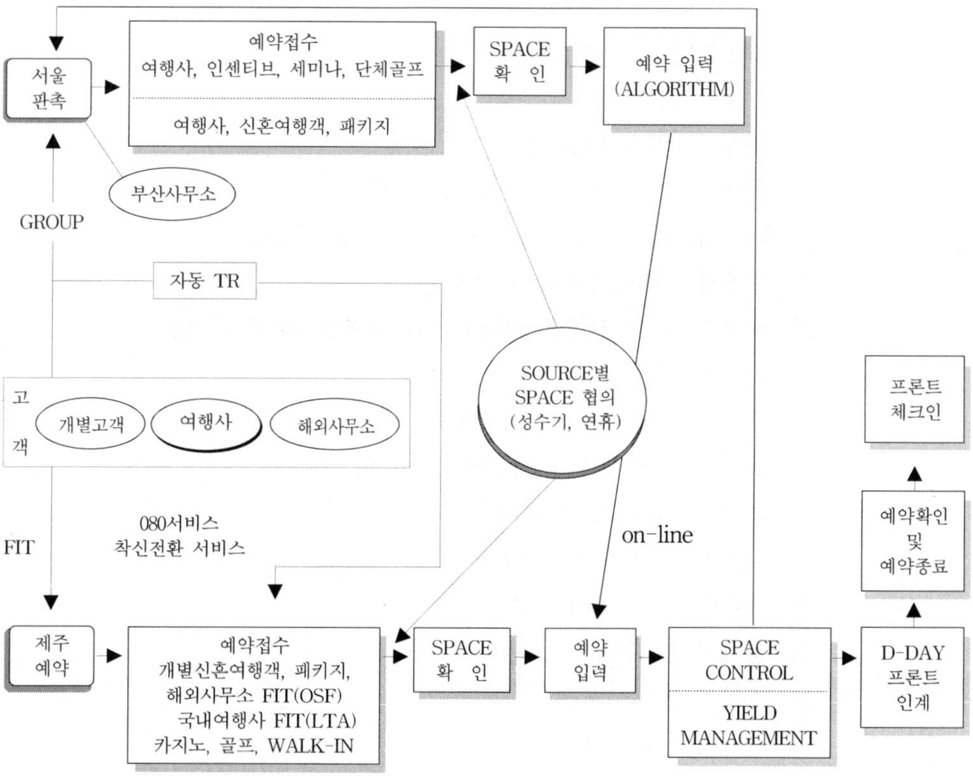

3) 객실예약 접수내용

① 숙박일자(Check-In Date)
② 숙박일수(Number of Night)
③ 퇴숙일자(Check-Out Date)
④ 객실종류(Type of Room)
⑤ 객실수(Number of Room)
⑥ 객실가격(Room Rate)
⑦ 할인율(Discount)
⑧ 숙박인원(Number of Person)
⑨ 보조침대(Extra-Bed)
⑩ 고객성명(Guest Name)
⑪ 고객 직함(Title)
⑫ 고객 국적(Nationality)
⑬ 항공 도착번호(Arrival Flight Number)
⑭ 항공 출발번호(Departure Flight Number)
⑮ 예약자 성명(Person Calling)
⑯ 예약자 연락처(Telephone No of Person Calling)
⑰ 예약선수금(Deposit)
⑱ 지급조건 및 방법(Payment)
⑲ 개런티/커미션(Guarantee/Commission)
⑳ 멤버십(Memebership Card)
㉑ VIP고객(Vip Treatment)
㉒ 무료서비스(Courtesy)
㉓ 실적관리(Mark Code)
㉔ 예약소스(Source)
㉕ 기타사항(Others)

이상은 객실예약을 접수할 때 반드시 필요한 사항으로써 빠짐없이 기록해야 하며, 고객의 호텔이용 기록과 계약요금, 이중예약 등을 확인하고 객실요금을 정확히 알려줘야 한다. 이 업무는 신속하고도 친절하게 진행되어야 하며, 항상 습관적으로 몸에 익숙해지도록 해야 한다.

〈그림 3-7〉 객실예약 화면

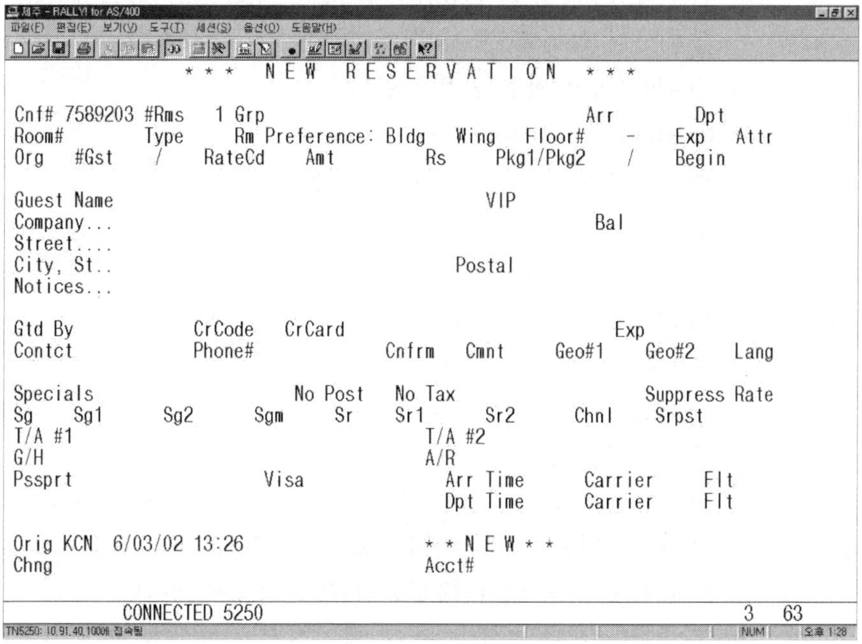

4) 예약정보 컴퓨터 입력방법

① FIT 및 Group을 구분한다

② 투숙기간을 기재한다

③ 고객이 특별히 원하는 View나 층이 있으면 입력한다.

④ 고객성향을 기재한다 : Origin Reason 삽입

⑤ 투숙인원수를 기재한다 : 5/3이라면 총인원이 5명이고 어린이가 3명을 나타낸다.

⑥ 사용코드 4가지 중에서 선택한다.

⑦ 실제 객실요금 총액(Amount)을 입력한다.

⑧ 객실할인 여부를 입력한다 : Discount 삽입

⑨ 고객 이름과 회사, 직책을 입력한다 : 직책영문표기 삽입

⑩ Notice : 특별히 공유해야 할 내용을 기재한다.

⑪ 선수금 기재 여부를 입력한다

⑫ 고객신용도(Credit) : 이는 고객관리에 계속 활용될 자료로서 재방문하였을 경우 Express Check-In을 할 것인지 프론트에서 등록하여 Deposit을 요구할 것인지를 결정한다.

⑬ Credit Card 번호를 입력한다.

⑭ Credit Card 유효기간을 입력한다.

⑮ 예약전화를 준 Source를 입력한다.

⑯ Confirm 여부를 입력한다.

⑰ 국적을 입력한다.

⑱ Special란 : VIP Treatment

⑲ NO Post : 각종 고객매출의 Posting 여부에 관한 사항 입력
NO Tax : 고객의 세금 여부에 관한 사항
세금부과자이면 '0'을, 면세자이면 '1'을 입력

⑳ Suppress Rate : '1'을 걸어두게 되면 Folio상에 Room Rate가 인쇄되지 않는다(예 ; 세미나요금, PKG요금). 물론 그 이외의 Guest는 '0'을 걸어 객실료가 인쇄되도록 한다.

㉑ T/A #1 : 판촉부서 직원의 개인실적을 입력하거나 여행사 이름을 입력한다.

㉒ T/A #2 : 호텔에서 제공되는 PKG 이름이 들어간다.

㉓ G/H(Guest History) : 단골고객인 경우에는 이란에서 개인 고유정보를 끌어들여 올 수 있고 첫 방문인 경우에는 체크인 시점에서 Guest History를 잡아줌으로써 특정고객에 대한 정보를 기록에 남겨둘 수 있게 된다.

㉔ Passport : 여권번호를 입력한다.

㉕ 도착시간, 이용교통수단을 입력한다.

5) 객실배정(Room Assignment)

예약건수별로 개개의 예약에 대하여 객실을 할당하는 것으로 예약 시점에서 예약담당자의 판단으로 Assign을 하기도 하고, 고객의 요청으로 객실을 미리 Block 할 수도 있는데, 객실확보에 따른 고객 보호가 주된 목적이다.

(1) Room Assignment를 해야 하는 경우

① 귀빈 고객(VIP guest)
② 특별 요청 고객(Special Request Guest)
③ 스위트룸 이용 고객(Suite Room Guest)
④ Type Over Room
⑤ Early Check-In Guest

(2) Assignment 방법

Room Assign이 결정되면 컴퓨터 예약화면에 객실번호를 입력하고 예약장부에 기록한 후, 프론트 Key Box에 예약번호가 기록된 Stock Card를 넣어서 프론트에서 이중 객실판매가 되지 않도록 한다.

(3) Assignment 주의사항

예약담당자는 호텔 전 객실의 구조와 특징을 파악하고 있어야 하며, VIP와 Special Request Guest의 경우는 모든 조건에 맞는 적합한 객실을 배정하도록 세심한 배려를 해야 한다. 아울러 상황에 따라서 결함이 발생하는 객실은 피해야 하며, 기 통보된 객실번호가 부득이한 경우로 변경될 때에는 반드시 예약자에게 정중히 사과 말씀과 함께 객실상황을 설명하고 Assignment 방법 순서로 다시 작업해야 한다.

〈그림 3-8〉 객실예약처리방법(Reservation Algorithm)

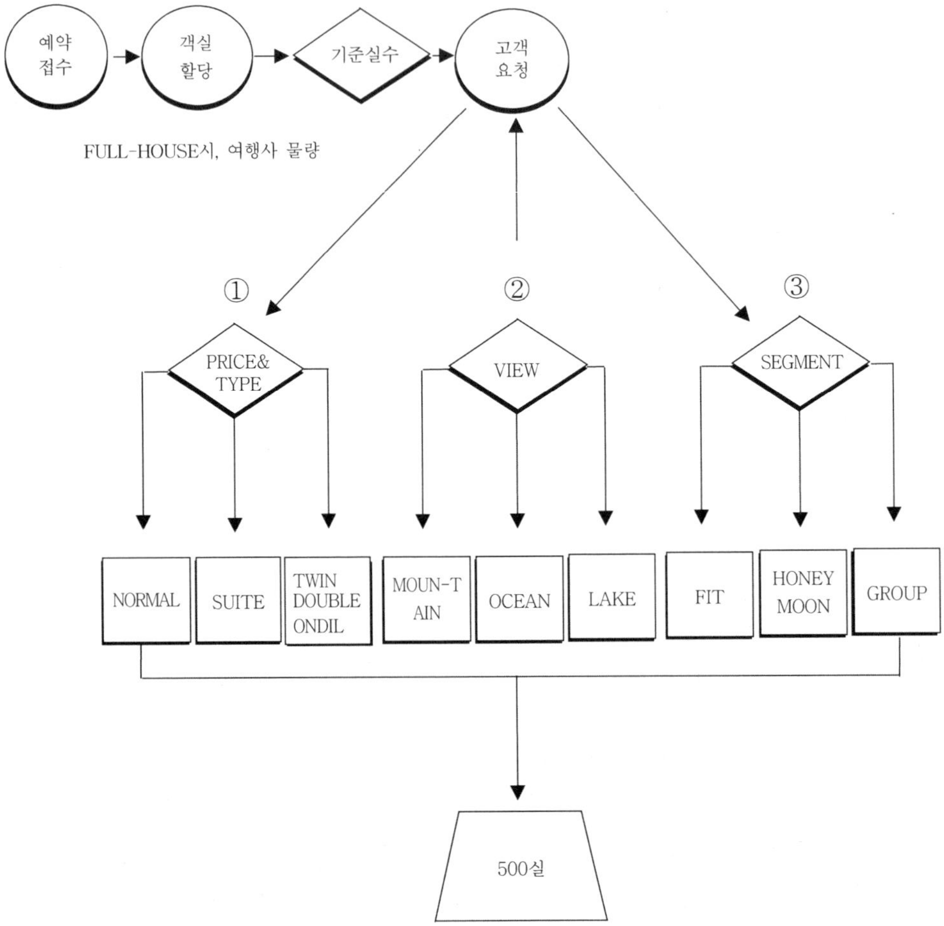

6) 예약선수금(Advance Deposit)

예약선수금은 예약접수와 동시에 고객에게 통지하는 것을 기본으로 하며, 예약금액과 호텔계좌번호, 은행명, 입금기한을 정확히 알려야 하는데, 그 목적은 실질수요를 파악하여 예약취소율을 줄이는 데 있다.

(1) 예약선수금을 받아야 하는 경우

① Full-House(만실)　　　② 연휴기간(일본연휴/한국연휴)

③ 성수기　　　　　　　　④ 주말 예약 고조일자

⑤ 특정기간(세미나/컨벤션/국가행사)

⑥ 예약상 지급관계가 불분명할 때

〈그림 3-9〉 예약선수금 입금화면

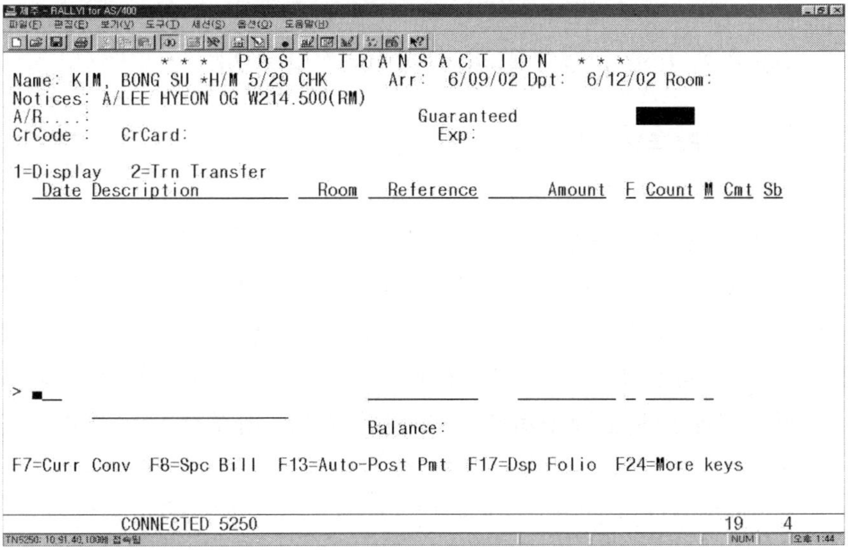

(2) 예약선수금의 입금/확인 및 환급(Refund) 처리

선수금 입금방법은 신용카드는 예약접수시 컴퓨터 예약화면에 카드번호와 승인번호를 입력하고, 현금은 고객이 호텔경리 계좌번호로 입금토록 한다. 또한 선수금의 입금확인방법은 경리담당에서 보내준 은행 확인용 고객 입금리스트를 확인하여 예약화면에 입력한다. 그리고 방문고객은 예약실에서 현금 및 신용카드를 접수하여 프런터로 전달한다. 특히 예약취소에 따른 Refund 발생은 결재용 지급전표를 작성하고 예약취소 Slip을 첨부하여 부서장 결재 후 경리담당에게 전달하고, 경리담당이 다음날 중으로 고객에게 송금토록 한다.

(3) 예약선수금 요청 및 환급시 주의사항

예약담당자는 객실상황을 정확하게 점검하고 예약선수금을 요청해야 하는지를 판단하여 고객에게 요청해야 하며, 고객에게 예약선수금을 받아야 하는 이유를 자세히 설명하여 고객의 기분을 상하지 않게 해야 한다. 특히 비수기와 주중에는 강압적으로 예약선수금을 요청할 필요는 없다. 또한 예약담당자는 호텔매출과 직결되는 예약금을 접하게 되므로 투철한 애사심을 발휘하여 오류가 발생하지 않도록 해야 한다. 고객사정에 의해 입금된 상태에서 예약이 취소된 경우 가능한 신속하게 Refund절차에 의해 처리하여야 한다.

7) 예약 취소 및 변경

(1) 예약취소(Cancel)

예약을 취소하겠다는 연락이 오면 우선적으로 그 예약의 상황을 살펴보고 Deposit이 있는지, Guarantee가 있는지를 확인하여 규정에 의거 예약취소료(Cancellation Charge)를 청구한다. 그러나 대부분의 예약은 사실상 청구하기 어려우므로 신중을 기해야 하는데, 반드시 담당지배인에게 보고하고 처리해야 한다. 객실취소료 부과는 1박 분에 해당되는 요금을 청구하는 것을 기본으로 하고 있으며, 객실 고조일자(Full-House/연휴/성수기주말 등)에는 예약접수와 변경할 때 고객에게 통지해야 한다. 그 외에는 영업성을 감안하여 탄력적으로 처리한다. 또한 예약의 취소통보를 받으면, 그 내용과 취소자의 성명, 날짜 등을 기록하여 컴퓨터에 입력시키고 당일 숙박예정자의 취소는 프론트에 비치되어 있는 등록카드에 'CANCELLED' 스템프를 찍고 별도로 보관한다.

(2) 예약변경(Revise)

예약의 변경에는 고객의 도착일, 출발일, 객실형태, 객실료, 인원수, 지급조건, 교통편, 숙박자명 등을 변경하게 되는데, 고객이 희망하는 변경조건이 가능한지를 우선 살펴봐야 한다. 예를 들어 변경날짜의 객실상황이 Full-House가 아닌지, 아니면 원하는 객실의 종류가 부족하지는 않는지 확인해야 하며, 특히 지급조건의 변경시 반드시 지급할 사람의 승인이 있어야 변경이 가능하다.

예약취소와 마찬가지로 당일의 예약변경은 프론트에 비치된 등록카드와 컴퓨터에 입력된 자료를 동시에 변경해야 한다.

〈그림 3-10〉 예약변경 화면

```
                    *** RESERVATIONS ***

  1. New Reservation           6. T/A Reservation
  2. Change Reservation        7. History Reservation
  3. Cancel Reservation        8. Transaction Audit
  4. Group/Conv System         9. Inquiry
  5. Post Transaction          0. Room Status
        A- Blocking Inquiry
        B- Future Availability
        C- Display Guest History
  Enter Task
  Enter Data
```

Reservation Menu

```
                  *** CHANGE RESERVATION ***
Cnf#  10053# Rms  1 Grp TRW              Arr 113096 Dpt  120596
Room#  type NK Rm Preference: Bldg       Wing Floor# - EXP Att
Org S#Gst 1 / Rate Cd GR Amt 8500 Rs     Pkg1/Pkg2 / Begin

Guest Name     WATTS. DOUG MR        VIP 0
Company...     TRW
Street...      8500 AVIATION BLVD
City. St..     AVIATION, CALIFORNIA       Postal 90224
Notices...     GST TO RECEIVE FRUIT BASKET

Gtd By COMPANY CrCode CrCard           EXP    Bal     .00
Contct     Phone# 02134726947 Cnfrm Cmnt Geo#1 CA Geo#2 Lang

Specials FB          No Post 0 No Tax 0         Suppress Rate 0

T/A# 1                       T/A# 2
G/H                          A/R
Pssprt          Visa          Arr Time       Carrier      Flt
                              Dpt Time       Carrier      Flt
Orig            5/01/02 20:46  Guaranteed
Chng HIS        7/10/96  16:44  Acct#  10053
```

Change Reservation Screen

8) No-Show

(1) No-Show발생

No-Show는 객실취소와 달리 아무런 연락도 없이 객실숙박을 하지 않은 경우를 말하며, 고객이 사정상 비행기에 탑승하지 못했을 때와 예약취소의 통보를 잊고 못했을 때 그리고 천재·지변이 일어났을 때 등의 사유가 해당된다.

No-Show가 발생하면 컴퓨터 예약화면에서 Deposit이나 Guarantee 예약의 유무를 확인하여 규정에 의거 No-Show Charge를 부과하는데, 반드시 담당 지배인에게 보고하고 처리해야 한다. 객실료 부과는 1박분의 해당하는 요금을 청구하는 것을 기본으로 하고 있으며, 객실 고조일자(Full-House/연휴/성수기주말)에는 사전에 고객에게 통지해야 한다. 그 외에는 영업성을 감안하여 탄력적으로 처리한다.

〈표 3-1〉 No-Show Report

REPORT DATE : 2002/05/25				
RUN DATE : 02/06/04(TIME : 09/13/42/92)				
NAME	RMS	TYPE	DEP	NOTICE
(LOCAL & HOUSE) WORLD CUP, DB #66514	1	DB	5/31	RM ₩140,393 *IF KOREAN 10% TAX ADD
SUB TOTAL =====>	1	ROOMS		
GRAND TOTAL ==>	1	ROOMS		

(2) No-Show와 Cancellation 방지책

No-Show는 대부분이 계약자 또는 숙박하는 고객의 무관심과 무성의에 기인하는 경우가 대부분이지만, Cancellation은 예약자의 갑작스런 사정에 의한 경우로 고객이 예약담당자에게 통보하는 경우가 많다. 따라서 예약을 접수할 당시에 고객에게 예약 변경시에는 반드시 예약실로 연락줄 것을 당부해야 하며, 예약실에서 고객의 예약 재확인(Reconfirm)작업을 반복해서 해야 한다.

9) 초과예약(Over-Booking)

객실판매 담당자는 객실판매에 있어서 어떤 수단과 방법을 통해서라도 객실의 가동률을 Full-House로 만들려고 노력한다. 특히 성수기나 주말에는 판매율 100%를 만들면서 평균실료(Average Rate)도 신장시키기 위해 통계적으로 나타나는 노-쇼율(No-Show Ratio) 또는 취소율(Cancellation Ratio)을 감안하여 초과예약을 접수한다. 그러나 일정량의 초과예약을 접수한 이후에는 예약을 Close해야 하며, 오전과 오후 그리고 야간으로 흐르면서 점차 정리되어 나가야 한다. 또한 예약변경, 취소, 당일예약 등으로 시시각각으로 객실상황이 급변함에 따라 수시로 체크하고 통제해야 한다. 그리고 예약담당자는 Yield Management를 항상 염두에 두고 초과예약 발생시 가능한 고가의 Suite Room을 유도판매해야 하며 Segment별로 전체적인 균형을 맞추어서 객실판매를 함으로써 객실단가를 신장시켜야 한다. Close 통보된 이후에 발생하는 객실예약 및 변경의 건은 반드시 담당지배인에게 보고하고 처리한다.

(2) 보고서 작성

컴퓨터 전산자료를 출력하고 영업매출과 객실예측 그리고 객실판매를 분석하여 상사에게 보고한다.

A. Daily Report

① Expected VIP List

등록당일의 주요 VIP List를 선별하여 등록전일 오후에 작성해 놓는다. 내용에는 고객의 Title, Flight No., Courtesy 등 가능한 자세히 기입한다.

〈표 3-2〉 VIP Report(IN HOUSE)

REPORT DATE : 2/05/25								
RUN DATE : 02/06/04(TIME : 09/14/28/69)								
RM #	TP	GUEST NAME	ACCT #	DEPARTURE	STD/RATE	R/C	ROOM REV.	NOTICE
1805	TD	HANG, JAE CHEOL	0433364	02/05/26	400,000		107,500	G/GM 50% ₩118,250(RM) *FR(B), FL(B), SA-2
1809	TT	CHUNG, GEON SEOR	0430989	02/05/26	400,000		107,500	G/GM 50% ₩118,250(RM) *FR(B), FL(B), SA-2
TOTAL VIP ROOM : 2			TOTAL GUEST : 4					

② Weekly Running Count

당일부터 일주일 이내의 객실예약 상황을 일자별로 비교하여 기록한 것으로써 FIT, Honeymoon, Group으로 구분하여 작성하고 각 배부처에 배부한다. 이것은 Space Control을 목적으로 작성되며, 각 부서에서 영업용 참고자료로 활용된다.

B. Weekly Report

① Room Sales Report

주요 경쟁호텔과 비교한 객실판매 현황표를 작성한다.

② Forecast Analysis

객실상황을 FIT, Honeymoon, Group으로 분류하여 객실판매를 예측한다.

③ Special Group & Seminar

특별한 단체나 행사에 관한 현황표를 작성한다.

④ 국적별 판매현황

외국인과 내국인을 분류하여 현황표를 작성한다.

C. Monthly Report

① Monthly Occupancy Status

한달 간의 객실판매 현황을 일자별로 구분하여 작성한다.

② Major Hotel Sold Room Analysis

당월의 주요 경쟁호텔 간의 객실판매 현황을 비교하여 작성한다.

D. 기타 보고서

상사의 지시나 필요에 의하여 수시로 보고서를 작성할 수가 있으며, 항상 자료 확보를 위해 Batch Printer의 활용방법 및 타부서와 타호텔 간의 긴밀한 협조체제를 유지해야 한다.

10) 예약컴퓨터 기능

컴퓨터 예약업무는 단체, 여행사, 고객정보, 개인의 예약들을 항상 가능하도록 준비가 되어 있다. 객실이용률 면에서는 계속적인 예약관리에 의해 정확한 예약처리 및 Peak기간 동안의 적절한 점유율 운영을 유지할 수 있다.

Confirmations와 Registration Card의 자동출력은 불필요한 작업을 없애주며 고객서비스를 향상시켜 준다. 다음은 컴퓨터를 통한 예약기능 중 주요한 특징들이다.

(1) 일반적 특징

① Room Type을 30개까지 구분할 수 있다.
② Origin은 통계목적으로 사용되며 24개까지 사용할 수 있다.
③ 예약을 받을 때에 시스템은 Room Type이 지정된 날짜에 가능한가를 자동적으로 검색한다.
④ 시스템이 Availability를 근거로 하여 예약을 받아들이지 않을 경우에는 날짜, Room Type, 수량 등을 변경할 수 있고 Overbooking으로도 할 수 있다.
⑤ 시스템은 Overbooking상황을 '－'로 표시하여 Overbooking상태를 파악할 수 있다.
⑥ 계속적인 Real-Time Update로 Booking 현황과 Peak기간의 점유율 100%를 제공받을 수 있다.
⑦ 한번 만들어진 예약을 언제라도 고객, 회사의 Group명, Folio

번호, Confirmation 번호, 도착날짜, 출발날짜, 여행사 이름, 객실번호와 삭제번호 등에 의해 갱신할 수 있다.

⑧ 예약은 언제라도 조회, 변경과 삭제를 할 수 있다.

⑨ 예약담당은 금액입력, 특정한 사항, 고객 Master와 어떤 방법으로 예약을 Guarantee했는가를 표시할 수 있다.

⑩ 선수금은 예약에서 직접 입력 가능하며 현재 계정의 상태를 조회할 수 있다.

⑪ 모든 객실요금과 Type이 시스템 안에 분류되어 있으며 요금변경시에는 원하는 날짜에 자동적으로 변경된 요금을 적용할 수 있다.

⑫ Confirmation과 Registration Cards의 자동출력, 고객 Folio의 Posting, Special Billing의 수정과 계정을 외상매출금으로 넘기는 것 등을 예약에서 바로 할 수 있다.

(2) Group and Convention System 특징

프론트오피스 시스템은 Group영업의 적절한 관리를 돕기 위해 편리한 Group and Convention 기능이 포함되어 있다.

〈그림 3-11〉 Group & Convention 화면

*** GROUP MASTER RATE ***

type	singie	double	triple	Quad	Children	extra
CD	192,000	192,000	219,000	192,000	192,000	30,000
CK	192,000	192,000	219,000	192,000	192,000	30,000
DD	192,000	192,000	219,000	192,000	192,000	30,000
HS	192,000	192,000	219,000	192,000	192,000	30,000
JR	192,000	192,000	219,000	192,000	192,000	30,000
KG	192,000	192,000	219,000	192,000	192,000	30,000

Confirmation Rats Printing-group Rate

Group Master Screen Menu

*** GROUP & CONVENTION SYSTEM ***

1 - New Group Master
2 - Change Group Master
3 - Cancel Group Master
4 - Change All Folios
5 - Enter Rooming List
6 - New-reservation
7 - Change Reservation
8 - Cancel Reservation
9 - Inquiry
0 - Group Room Blocking

A - Blocking Inquiry
B - Future Availability
C - Room Status

Enter Task 2
Enter Data ZOO

group & convention system menu

① Single, Double, Triple, Quad, Children의 각각의 다른 요금을 갖는 Group에 대해서 최대 30개의 다른 객실 Type으로 예약이 가능하다.

② 취소 또는 확인전의 일시적인 단체 블럭의 생성과 유지 및 일시적인 블럭을 확정, 블럭으로의 변경하는 유연성을 제공한다.

③ 자주 숙박하는 단체, 항공승무원, 계약된 객실의 할당을 가능하도록 한다.

④ 단체에 대해 Room Type과 객실당 인원을 기초로 하여 특정한 요율을 적용한다.
⑤ 객실 Type에 의한 Availability를 보여줌으로써 Double-Booking과 Overbooking의 발생을 방지한다.
⑥ Group Member들의 쉬운 복사로 계속적인 입력을 가능하게 한다.
⑦ 각각의 고객을 Rooming List를 이용하여 최대속도와 효율성을 갖고 원하는 대로 분류가 가능하다.
⑧ Group and Convention Block의 변경사항 입력은 자동적으로 Group Master에 등록되어지며 화면으로도 보여진다.
⑨ 지정된 요금은 자동으로 Group Billing Folio로 넘길 수 있으며 언제라도 변경이 가능하다.

2. 프론트데스크

프론트데스크는 일정한 지급조건을 갖춘 고객에 대하여 투숙을 위한 등록업무 및 투숙 중 고객의 인포메이션 및 메시지 등을 관장하는 곳이다. 프론트데스크 시스템의 주요 기능은 크게 3가지로 대별할 수가 있으며, 그것은 고객체크인 기능, 투숙관리기능 그리고 객실관리 기능을 말한다.

1) 체크인 기능

(1) 객실상태 조회

체크인 업무는 프론트데스크의 주업무이자 가장 중요한 업무 중의 하나이다. 고객이 체크인을 하는 순간부터 매출이 발생하기 시작하며, Front Clerk은 긴장감을 가지고 객실을 배정하는데 만전을 기해야 한다.

이때에 예약에 의한 객실 제공을 원칙으로 하되, 고객의 편의와 상황에 따라 신속하고도 능동적으로 대처해야 한다. 또한 매출액의 증진에 유념하여 객실을 판매하는 테크닉도 중요하며, 항상 고객의 만족도를 의식하고 영업이 시작되는 중요한 업무라는 것을 인식하여 고객에 대한 세심한 배려가 필요하다.

〈그림 3-12〉 프론트 등록업무

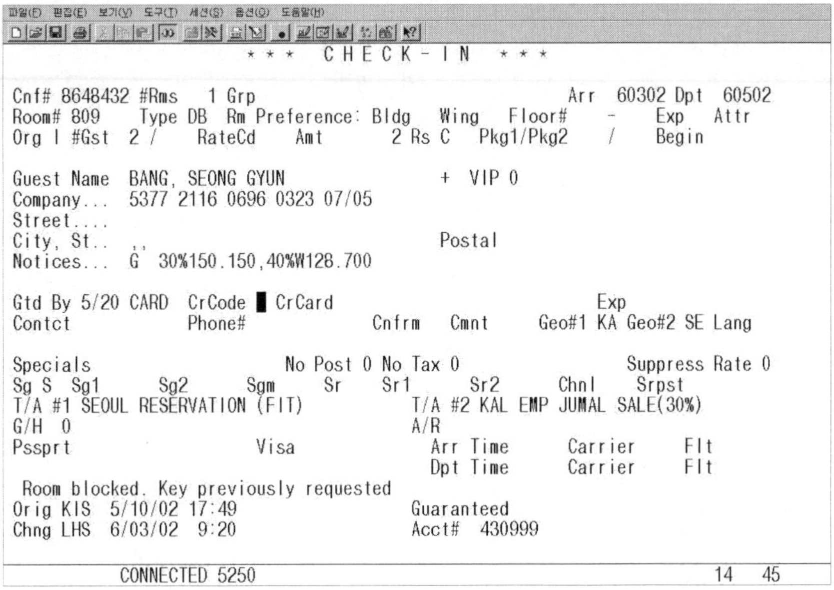

주로 예약고객이 많으므로 사전 예약고객에 대해서는 하루 전에 컴퓨터에 입력된 예약정보를 기초로 등록카드를 인쇄하며, 예약을 하지 않고 오는 고객에게는 빈 고객등록카드를 작성하도록 한다.

등록카드 작성 및 확인이 끝나면 컴퓨터를 통하여 전관의 각 객실 상태를 점검한다. 객실상태 점검은 다음과 같은 방식으로 Room Indicator상에 표기한다.

- Staying(당일) : S
- Check-Out 예정(당일) : D
- Check-Out(Unclean up) : O
- 빈방(청소완료) : V(Vacant)
- Permanent-House Use : H
- Temporary-House Use : R
- Permanent-Out of Order : X
- Temporary-Out of Order : Y

〈그림 3-13〉 프론트 컴퓨터 화면 표시

Front Computer 화면표시

표시방법

1234 호

S | C

B
객실관리로부터 받는 Data

K : 청소완료
C :청소중
D : DND
E : 입실
G : 장소 지시
T : 외출

A
객실관리로 내려줄 수 있는 Data

S : Stay
D : Expected C/O Today
O : Check Out Uncleanup
V : Vacant
H : Pennanent House Use
R : Termporary House Use
X : Temporary Out of Order
G : 청소지시

(2) 체크인 절차 및 방법

프론트데스크는 프론트 고객이 호텔에서 처음 직접 접촉하는 곳이므로 효율적인 프론트데스크의 기능이 필요하다. 당일 도착할 고객의 필요한 모든 정보가 프론트데스크 시스템에서 제공되므로 원활하고 정확한 체크인이 쉽게 이루어지며, 빠르고 효율적인 개인과 단체의 체크인을 통해 향상된 고객서비스를 제공한다.

〈그림 3-14〉 프론트데스크 메뉴

```
*** RESERVATIONS ***

1. Room Status            6. Current Status
2. Check-in               7. Housekeeping Message
3. Group Check-in         8. Transaction Audit
4. Change/View Folio      9. Inquiry
5. Blocking Inquiry       0. Return to Main Menu
      A- Display Guest History
      B- Future Availability
Enter Task ______
Enter Data ____________
Screen
```

체크인 절차와 방법은 호텔에 따라 다소 차이가 있을 수 있으나, 대략 다음과 같은 기능으로 진행이 된다.

① Room Status
객실상태와 객실번호를 입력하여 공실 및 재실, 청소상태, 표준요금 등을 조회한다.

② Check-In
Walk-In, 오늘 날짜로 예약된 고객들, 취소나 No-Show인 고객들과 앞으로 도착할 날짜의 고객을 Check-In할 수 있다.

③ Group Check-In
Group을 전부 한 Group Code로 일부 또는 전부를 Check-In

할 수도 있으며, 도착하지 않은 고객을 빼고서 Check-In할 수도 있다.

④ Change/View Folio
투숙중인 고객의 정보를 변경한다.

⑤ Blocking Inquiry
어떤 기간의 Room Block도 검색이 가능하다.

⑥ Current Status
도착, 출발, 예약과 객실상태에 따른 모든 객실과 고객의 상황을 통계적인 요약을 보여 준다.

⑦ Housekeeping Message
현재의 객실상태와 고객의 특별한 요청을 House keeper와 Front Desk가 Message로 주고받을 수 있다.

⑧ Transaction Audit
Cashier별로 결산마감을 할 수 있으며 System Total과 서류(영수증, Credit Card Slips, 수표)와의 Balance를 맞추어준다.

2) 투숙고객관리(In-house Guest Control)

투숙고객관리는 고객이 체크인하여 객실에 머무르는 동안 고객이 필요로 하는 서비스를 제공하면서 발생되는 정보를 유지하고 관리하는 기능을 의미한다. 고객이 이용하는 영업장 또는 시설에서 발생되는 모든 금액을 정확히 계상하여 실시간으로 프론트오피스 시스템에 전송이 된다.

(1) Change Slip

Change Slip을 이용하는 경우는 프론트데스크에서 빈번히 발생되고 있으며, 활용범위가 큰 반면, 고객의 Information, Room Change 등 투숙객과 직접적인 관계를 취급하는 과정이므로 항상 신속하고 완벽한 처리가 요구된다. Change Slip의 From란에는 투숙객의 현재 시점의 숙박상태 및 조건을, To 란에는 변경되는 상태 및 조건을 항목별로 해당란에 기재하고, Remark란에는 그 동기의 상세한 내용 설명을 간단 명료하게 기록하여야 하며, 활용범위는 다음과 같다.

가. Name Change

일행이 퇴숙하는 경우 및 Single Use였다가 일행의 발생되는 경우, 또는 사용중인 객실을 타인에게 넘겨줄 경우에 작성하여 등록카드와 함께 보관하고 변경된 내용을 컴퓨터상에 즉시 수정한다.

나. Room Change

현재의 객실이 만족스럽지 못한 경우, 또는 Twin Use로 Twin Room을 이용하다가 한 명이 퇴숙하여 Single Room을 희망하는 경우 및 Check-In 당시 예약한 객실이 가능치 않아 Up-Grading Rate로 판매되었던 객실에서 다음날 예약한 객실로 바꾸어야 할 경우 등 그 외 다른 문제로 인하여 객실을 바꾸어야 할 때에 작성된다. 이 경우에 객실요금을 확인하여 특별히 지정된 요금이 Manual로 Input되었을 경우에는 객실요금을 꼭 Manual에 기재하여야 하며, Room Change 되는 동기를 Remarks란에 기술하여야 한다. 이 경우에는 반드시 관련부서에 통보하여야 한다(H/K, R/S, Telephone Operator 등).

다. Billing Condition Change

① Voucher Holder의 숙박기간 만료와 함께 Bill to Voucher에서 본인지급 또는 국내 회사의 요청에 의하여 변경될 경우에 작성되며, 이런 경우에는 투숙객의 숙박료에 직접적으로 관계되는 절차이므로 정확성을 기하여야 하며, Change Slip을 작성하는 동기에 대하여 자세한 기술 및 누구에 의한 요청인지 성명, 전화번호, 회사명 등을 기재하여야 한다.

② 새로 Check-In되는 고객이 Staying Guest의 Bill을 지급하는 경우 및 그 반대의 경우에 작성되며, 모니터에 의하여 확인된 Room No.와 Name을 정확히 기재하고 본인에게도 이의 사실을 통보해 주어야 한다.

라. Tax Condition Change

외국인의 투숙객 중 본인지급조건에서 Local Company Pay로 변경되는 경우로써 호텔이 정한 Code를 사용한다.

① Room Charge만 지급하는 경우

② 숙박료 전액을 지급하는 경우

③ 1, 2의 반대 경우도 같은 요령으로 작성

④ Tax의 지급조건은 법령에 따라 유동적이므로 당시의 법령에 따라 시행

마. Room Rate Change

Walk-In으로 Check-In되어 Full Charge가 적용되었던 객실에 Discount Request를 접수받은 경우로써 이의 경우에는 요청을 받은 날부터 유효하다고 알려주고 수락자 및 회사명을 기재한다.

바. Name Correction

Last Name과 First Name이 서로 바뀌어서 Input되었을 경우 및 Wrong Spelling으로 Input되어 Information이 불가능한 경우에는 고객의 확인을 받아 Change Slip에 의한 성명을 수정하여야 한다.

(2) Guest Information

Guest Information은 고객의 성명, 국적, 객실번호 등에 대하여 외부인으로부터 문의가 온 경우 알려줌을 말하는데, 이는 Hotel Information의 가장 기본적인 것이며 또한 의뢰가 제일 많은 것이므로 항상 최선을 다하여야 한다. 특히 컴퓨터를 이용하여 신속하게 처리하여야 하므로 내국인의 영자표기 규정 및 외국인의 접두어 등을 참작해서 컴퓨터를 사용함으로써 발생하는 문제점을 차단하여야 한다.

◆ Information의 방법

외부인이 전화로 또는 직접 와서 투숙객의 객실번호 등을 문의해 온 경우 외국인은 Last Name(sur-name) 의 스펠링을 물어서 컴퓨터에 조회한다. 이때 여러 명의 Smith가 있으면 다음의 Smith, J. 로 시

작되는 것을 찾아 알려야 한다. 그러나 신속함을 기하기 위해 처음 3, 4개의 Spelling으로써 찾아 낼 수도 있으며, 동명인 경우 국적 또는 도착일자로써 판별하기도 한다.

또한 내국인의 경우에도 같은 요령으로 찾게 되는데, 특히 Kim, Lee, Park, Choi 등 흔한 성일 경우에는 다음과 같이 찾으면 편리하다. 예를 들어 Kim Jung Taek씨를 찾는다고 하면 Kim+○(space)+J 한 후 조회한다.

그러나 내국인의 영문표기가 일원화되어 있지 않아 각기 사용하고 있는 영문의 성이 다른 것을 감안하여 여러 가지 표기법을 준용하여 찾아야 된다는 것도 항상 염두에 두어야 하며, 특히 재외국인 등의 경우 특이한 철자를 사용하는 경우가 빈번하므로 표기기준에 의거 Input하기를 종용하고, 원치 않는 경우엔 규정된 표기법에 의한 Spelling을 2번 또는 3번란에 Inform용으로 입력시켜서 안내하는데 차질이 없도록 하여야 한다.

(3) 메시지 전달

메시지는 외부인으로부터 투숙객에게 전화로 전해지거나 직접 남겨지는 간단한 메모형식의 글을 말한다. 이와 같이 메시지는 크게 두 가지로 나누어지는데, 전화를 수신하여 남겨지는 경우와 외부인이 직접 써서 남기는 것으로 구분되며, 두 가지 모두 신속하고 정확하게 처리되어야 한다.

메시지의 전달방법에는 여러 가지가 있으나, 객실전화기를 통하는 방법과 객실에 있는 CATV의 화면을 통하여 자막으로 전달되는 문자메시지 형식이 있다. 전화기를 통하는 방법은 메시지 램프를 on 시키거나 프론트데스크 화면에서 특정키를 누르면 객실에 있는 고객은 전화기에서 깜빡거리는 불빛을 보고 메시지가 있음을 확인하는 것이다. 문자메시지의 경우에는 고객이 메시지를 읽고 나서 삭제해도 좋다는 확인조작을 해야 지워진다.

〈그림 3-15〉 메시지 전달방법

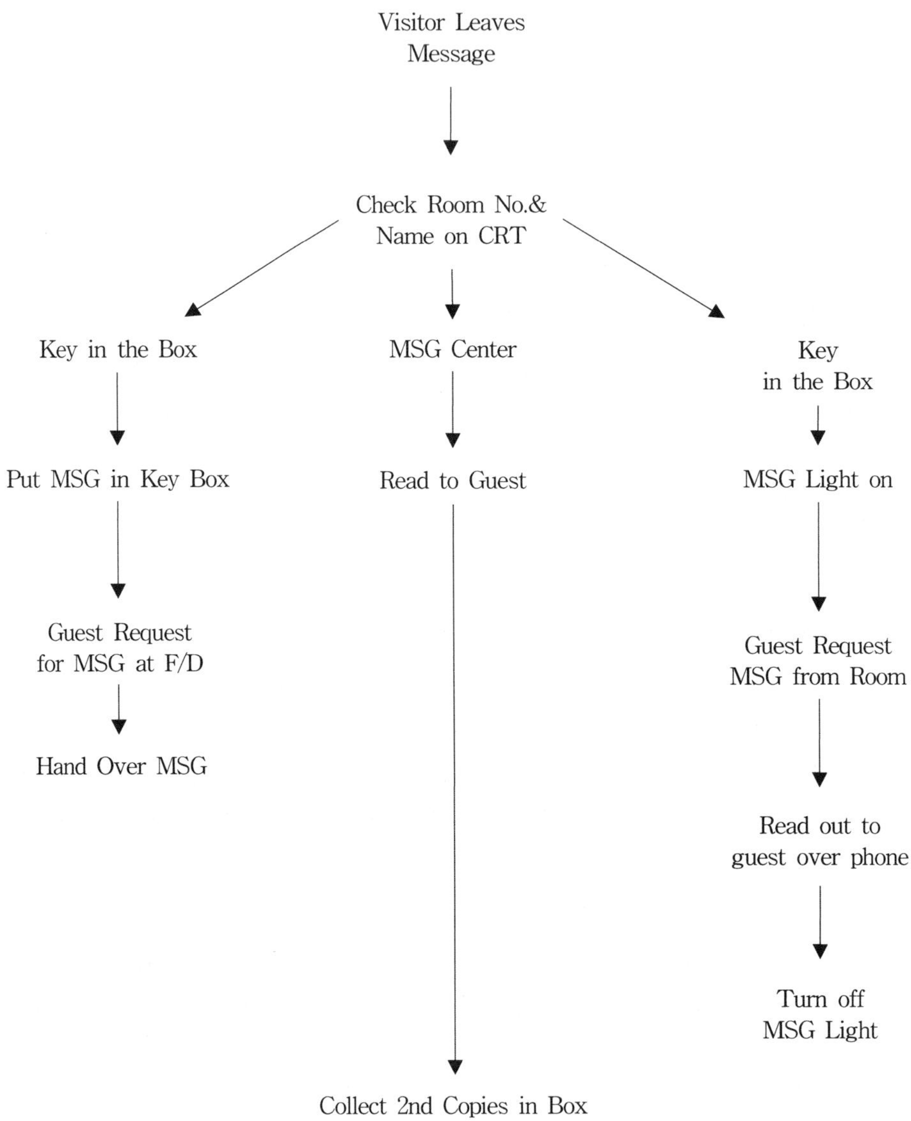

요즘에는 대부분의 호텔들이 투숙객이 객실을 비울 때에는 송신자의 음성메시지를 남기도록 안내하는 Voice-Mail 시스템을 갖추고 있다.

<그림 3-16> 문자메시지 시스템

3) 프론트데스크 시스템의 주요 기능

① 간결하고 적절한 Reports와 인쇄된 Registration Cards는 고객이 기록하는 일을 최소화하여 편리함을 극대화한다.

② 다음날의 체크인 준비를 한가한 야간에 할 수 있으며 미리 출력된 Registration Cards, Check-In시 사용할 봉투 작성, 성명순의 도착 Report등을 특별한 요구 혹은 Services 사항을 포함하여 시스템에서 제공된다.

③ Front Desk직원은 예약을 통해 고객이 요청하였던 것을 능률적으로 처리할 수 있고, 고객은 단지 이름과 지급방법만 표기하면 된다.

④ 객실은 선지정과 자동지정으로 할 수 있으며, 고객이 특별히 요구하는 객실을 선택할 수도 있다.

⑤ Housekeeping으로부터 계속적인 객실상태가 Update된다면, 프론트데스크는 빨리 공실을 처리할 수도 있다.

⑥ 고객이 Check-In시 지정된 금액을 초과하면 System은 자동적

으로 Credit Check Report를 생산한다.

⑦ 객실 Availability와 On-Line객실상태는 계속적으로 Update되며 Walk-In인 경우 Over-Booking인 경우와 상관없이 객실을 판매할 수 있다.

⑧ 객실은 고객 Folio가 새로운 객실로 자동적으로 이전되므로 변경이 가능하다.

⑨ 자동기록기능은 Check-In화면에서 누가, 언제, 무엇을 했는지를 알려준다.

3. 객실관리

객실관리업무는 객실관리 및 정비업무와 투숙객에 대한 고객서비스로 구분된다. 객실관리업무는 객실 그 자체가 호텔에서 가장 중요한 상품이므로 상품의 품질관리라는 관점에서 객실정비가 중점업무가 된다. 객실의 상태를 보다 쾌적하고 청결한 상태를 유지하여 객실을 판매할 수 있도록 하는 것이다. 그러므로 생산공정에 비유한다면 호텔에 있어서 프론트는 객실을 판매하는 곳이며 하우스키핑은 객실을 생산하는 곳이라 할 수 있다.

객실관리 시스템 모듈은 수동으로 운영되는 룸랙과 마찬가지로 모든 객실의 상황을 프론트데스크 근무자에게 수시로 알려주는 기능을 말한다. 프론트데스크에서는 간단하게 키보드로 객실번호를 입력하면 객실현황이 단말기화면에 나타나 객실의 청소상태를 즉시 확인할 수 있다. 또한 하우스키핑에서는 단말기를 통해 투숙준비가 완료되었음을 바로 확인할 수 있으므로 이에 대한 준비사항을 처리하게 된다.

고객이 체크인과 동시에 자동적인 객실배정 및 요금부과가 가능하며, 프론트데스크, 교환대, 관리사무실에 있는 터미널에 고객정보가 나타나게 해준다. 객실관리 시스템의 흐름을 다음과 같이 요약할 수 있다.

1) 객실상태 파악

객실현황에 대한 하우스키핑의 시스템 입력은 판매가능한 객실과 부족상태의 객실현황을 파악하는데 중요한 업무중의 하나이다. 컴퓨터화된 프론트오피스 시스템은 프론트데스크 직원과 하우스키핑 직원 및 예약담당자가 입력시킨 정보를 이용하여 호텔영업에 필요한 커뮤니케이션을 가능하게 해준다. Hotel Key를 사용하여 전체 객실의 상태를 화면으로 파악한다.

〈그림 3-17〉 객실관리기능

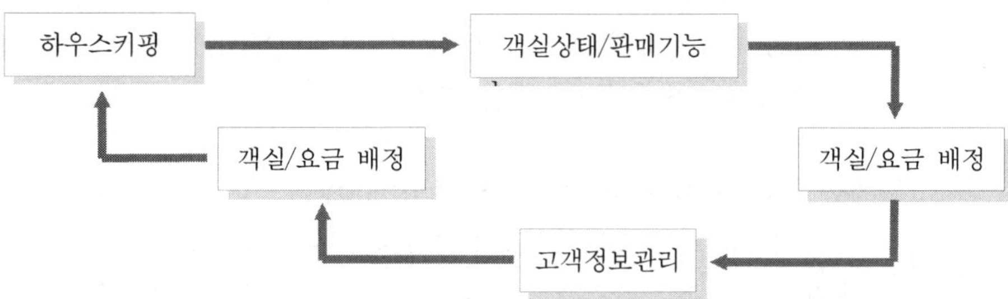

(1) Room Summery

① Total Rooms : 호텔이 보유하고 있는 전체객실

② Rentable Rooms : 판매가능한 객실(O-O-O, O-O-I Room은 제외됨)

③ O-O-O(out of order)

④ O-O-I(out of inventory)

(2) House Keeping Status

① Dirty Room / Occupied

② Dirty Room / Vacant

③ Clean Room / Occupied

④ Clean Room / Vacant

⑤ Out of Order / 수리중인 객실

⑥ Out of Inventory / 객실을 특별한 용도로 사용하거나 비수기시

판매를 하지 않는 객실

(3) Current Status

① Departures Expected : 당일 체크아웃이 예상되는 객실
② Already Departured : 당일 이미 체크아웃한 객실
③ Arrivals Expected/Persons : 당일 체크인이 예상되는 객실
④ Already Arrived/Persons : 당일 이미 체크인한 객실
⑤ Extended Stays Expected/Persons : 투숙연장이 예상되는 객실
⑥ Early Departures Expected : 조기 체크아웃이 예상되는 객실
⑦ Walk-in : 예약없이 당일 투숙한 객실(투숙 중인 객실)
⑧ Day Use : 당일 체크인과 체크아웃이 동시에 일어나는 객실(투숙예정이거나 투숙 중인 객실)

(4) Rooms Status After End-of-Day

야간에 Night Audit 작업이 완료된 후 예상되는 객실상황을 나타낸다.

① Available Rooms : 판매가능한 객 실수
② Occupied Rooms : 사용중인 객실
③ Individual Rooms/Persons : 개인고객
④ Group Rooms/Persons : 단체고객

2) 고객정보서비스 기능

고객정보서비스란 프론트데스크는 물론 각 업장의 지배인, 교환원들이 특정고객의 성명, 객실번호, 구내 전화번호를 단말기를 통하여 신속하게 확인할 수 있는 기능이다. 이러한 기능은 인포메이션 랙, 룸랙, 교환원 등의 업무에 종사하는 근무직원을 줄이는데 기여할 뿐만 아니라 룸서비스의 신속한 주문, 주차장 출입구 관리와 직원의 고객 인지도를 증진시키는데 도움을 준다.

단말기에 의한 고객정보는 각 부대업장에서 투숙객의 후불서명에 대한 확인을 신속하게 파악할 수 있도록 정보서비스를 제공하는 역

할을 한다.

3) 하우스키핑 기능

하우스키핑의 중요한 기능은 청소된 객실 수 예측, 직원들의 스케줄 작성, 근무시간 할당, 창고관리, 생산성 측정 등이 있다. 청소가 필요한 객실은 호텔이 결정란기준에 의하여 각 룸메이드들에게 할당한다.

객실을 배정받은 룸메이드는 객실에 들어오자마자 자신의 신분코드, 객실번호, 객실현황을 확인하는 코드를 객실전화를 사용하여 입력한다. 컴퓨터시스템은 자동적으로 전화에 입력한 시간을 기록하며, 한 객실에서 청소담당이 소비한 평균시간과 근무시간 중 담당한 객실 수를 계산하여 생산성을 분석하는 데 이용된다.

호텔에 따라 객실청소를 마친 룸메이드가 객실상황을 각 층에 있는 단말기를 이용하여 입력시키는 방법도 있다. 호텔정보 시스템의 기술은 하우스키핑 객실상황을 즉시 업데이트하여 프론트데스크 직원으로 하여금 고객에게 신속하고 정확하게 객실배정을 하는데 도움을 준다.

다음은 객실의 청소상태를 조건별로 조회할 수 있는 기능이다.

① 객실번호를 기준한 조회
② 고객이 투숙중인 객실만 조회
③ 비어있는 객실만 조회
④ 당일 고객이 도착예정인 객실조회
⑤ 당일 고객이 체크아웃 예정인 객실조회
⑥ Section 별 조회
⑦ Out of Order Rooms 별 조회
⑧ Out of Iventory 별 조회
⑨ Room Discrepancy 조회 : 객실상황에 대한 하우스키핑 부서의 입력사항과 프론트데스크 단말기의 정보가 차이나는 상황을 말한다.

4) 객실비품 및 소모품 관리

투숙중인 고객에게 필요한 타올 등 린넨류를 객실별로 미리 등록하는 기능으로써 객실을 청소할 때 빠짐없이 교환할 수 있도록 한다. 객실용 비품은 파손 및 망실 상황을 접수하여 비품관리에 주의를 기함은 물론 고객서비스에 착오가 없도록 관리해야 한다.

〈그림 3-18〉 소모품관리 흐름

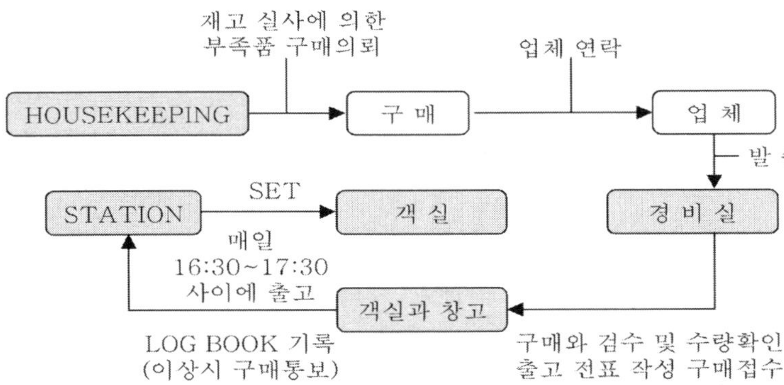

5) 보조서비스 기능

호텔컴퓨터 시스템은 고객에게 메시지 전달과 모닝콜과 같은 보조서비스의 기능을 단순화시킬 수 있다. 컴퓨터에 의한 메시지 전달 시스템은 객실에 있는 전화기나 TV화면을 이용한다. 전통적인 방법은 전화기에 불이 깜빡거리게 하여 주의를 끌게 하고, 전자시스템은 TV화면에 메시지를 표시한다.

최근에는 Voice Mail 시스템을 이용하여 외부고객으로부터 온 전화 메시지를 녹음하였다가 투숙고객이 방에 들어왔을 때 특정 다이얼을 돌리면 들을 수 있도록 하는 기능이 사용되고 있다. 이러한 기능은 직원들이 다른 생산적인 서비스활동에 전념케 하는데 기여하고 있다.

6) 객실관리시스템 주요 기능

① 객실상태 처리 : 고객이 공실에 체크인 하였을 때 자동적으로 재실이 되며, 고객이 하루를 숙박하면 자동적으로 Room 상태가 Dirty로 된다. 또한 Housekeeping 부서가 Room을 청소한 후에 재실 Clean상태로 변경할 수 있고 고객이 Check-Out하면 자동적으로 공실 Dirty로 바뀐다.

청소된 객실에 고객이 잠시라도 재실했을 경우에는 Pick-Up 상태로 되어 감독관의 승인을 받아야 하는 기능도 추가할 수도 있다.

② 객실상태 Update : Housekeeping 부서가 Real-Time으로 객실상태를 Update하므로 일찍 도착하는 고객에 대해 숙박을 제공하므로 수익을 증가시킬 수 있다. 또한 Interface를 통해 객실에서 전화로 객실상태를 Update할 수도 있다.

③ 불량객실 Blocking : 판매할 수 없는 객실은 Out-of-Order/Inventory를 사용하여 제외할 수도 있으며, Out-of-Order/Inventory 객실을 Blocking 하면 시스템에서 자동적으로 체크하여 Blocking을 하지 못하도록 한다.

④ Report : Arrival Report, Departure Report, House-Keeping Report, Maid Worksheet Report, Room Restrictions, Room Discrepancies 등이 있다.

4. 프론트 캐셔(Front Cashier)

프론트 캐셔는 고객에게 제공된 객실, 식음료, 기타 부대시설을 이용한 상품의 대가를 직접 현금으로 받거나 차후에 받을 수 있도록 준비하고 당일 발생된 총매출을 일정한 기준에 의거하여 정확하게 결산하는 업무를 담당한다.

캐셔기능에는 고객이 식당이나 호텔시설물을 이용하고 발생시킨 영수증을 고객원장(Guest Folio Account)에 입력하는 기능과 이를 수정하고 삭제하는 기능이 있다. 고객이 체크아웃시에는 다양한 형태의 Bill을 인쇄할 수도 있다.

근무교대가 불가피한 프론트 캐셔업무 때문에 금전상 책임의 소재와 정확성을 기하기 위하여 중간정산하는 기능이 있어서 정산결과를 기준으로 수입금 인수인계를 한다.

〈그림 3-19〉 체크인 Flow

1) 캐셔기능

① 고객전표 입력기능
② 고객등록 기능
③ 빌 검색기능
④ 계좌분류기능
⑤ 프린트 기능
⑥ Meal Coupon 발행기능
⑦ 예약기능
⑧ 체크인 등록
⑨ 체크인 취소기능
⑩ Bill Transfer 기능
⑪ 인포메이션 기능
⑫ 객실상황확인 기능
⑬ 체크아웃 기능
⑭ 중간정산 기능
⑮ 요금정정 기능

2) 객실 매출의 발생

(1) Folio의 형식

세금계산서는 사업자가 재화 또는 용역을 공급하는데 작성·교부하는 부가가치세법 시행규칙에 의한 계산서로서 입력해야 할 사항은 다음과 같다.

① 일련번호
② 객실번호, 도착일시, 국적
③ 지급조건, 단가와 수량
④ 성명, 인원수, 출발일, 여권번호, 공급품목, 객실요금

(2) Folio 입력의 원리

Guest Folio에는 매출발생의 순서에 따라 채권·채무의 증감을 복식부기 원리에 따라 차변란과 대변란에 구분기장하게 된다.

① 차변기입거래
- 매출(객실료, 식음료 및 기타) 발생
- 봉사료 및 VAT의 부과
- 입체금(Paid Out)의 대출
- 타인의 매출을 이체받는 경우
- Advance Money의 환급
- Correction, Allowance

② 대변기입거래
- Advance Money의 Paid
- Check-Out으로 인한 결재

③ 각종 전표발생

Guest Folio상의 수정사항이 발생되는 경우는 전표(Voucher)에 의거, 상사의 결재를 얻어서 집행하고 사후관리의 근거로 삼는다.

(3) 객실요금의 부과

객실료의 부과는 객실단가와 봉사료에 대한 부가가치세를 가산하여 부과된다. 객실단가는 Room Tariff에 의하여 협정된 요금으로 예약시나 체크인 시점에서 할인이 적용될 경우는 할인액만큼 차감된 금액이다. 또한 Night Room Clerk에 의해서 호실별로 객실수입을 체크하고 Room Revenue Report상에 문제가 없으면 Night Auditor에게 통보한다. Night Auditor는 컴퓨터시스템에 의하여 자동적으로 매출이 부가되도록 한다.

3) 중간지급 및 청구

호텔요금의 지급은 특별한 경우를 제외하고는 체크아웃시에 지급하는 것이 일반적이다. 그러나 체크아웃시에 일괄 수납하게 되면 장기간 투숙하는 고객들의 외상매출금의 과다 발생으로 인한 자금사정의 악화 및 지급불능 또는 불량고객에 의한 위험부담이 생기게 된다. 따라서 자금의 원활한 운용 및 Balance의 적정관리를 위하여 중간지급제도를 운용한다.

(1) 중간지급제도의 목적

① 자금의 원활한 운용
② Balance의 적정관리
③ 불량채권 발생의 사전 예방
④ 신속, 편리한 수납

(2) 중간지급에 대한 청구방법

① Guest Type에 의한 방법
- 예약 Guest, Repeat Guest, Long-Term Guest, VIP Guest로 나누어 기간 또는 금액에 따른 청구제도 운용함
- Walk-In 또는 Pick-Up Guest : Check-In 때 보증금(Deposit) 청구

② 기간에 의한 방법
1주일 이상 투숙하는 고객에 대하여 1주일 간격으로 청구

③ 금액에 의한 방법
일정 금액의 여신한도를 설정하여 운용

(3) 중간지급 청구제도의 운용

중간지급 청구제도의 운용은 자금의 원활한 운용 및 Balance의 적정관리를 위해서는 필수적이고 중요한 업무이다. 그러므로 이 제도는 설정된 기준에 의하여 충실하게 이행되어야 한다. 그러나 이 제도는 Repeat Guest, Long Term Guest 및 VIP Guest에게는 불만족스런 제도로 인식되어 complaint를 유발하기 쉬우므로 탄력있게 운용되어야 한다.

4) Check-Out 기능

체크아웃은 투숙고객이 퇴실하고 숙박료를 정산하는 수속절차이다. Night Auditor는 컴퓨터에 의해서 Expected Departure Guest List를 생산하여 Front Clerk, Front cashier, House Keeping에 배부하여 당일 체크아웃 예정고객에 대한 체크아웃 준비를 하도록 한다.

① 고객이 Room Key를 제시하면 체크아웃 의사를 확인한다.

② Guest Folio Holder에서 모든 자료를 꺼내서 데스크에 놓은 후 등록카드를 보고 컴퓨터를 보면서 고객의 이름을 호칭하여 확인한다.

③ 컴퓨터를 확인하여 미니바 조식을 확인하고 누락되었으면 사용여부를 확인한다.

④ 컴퓨터에 의해서 해당국가의 화폐로 숙박요금을 알린다.

⑤ 지급방법을 확인한다.

⑥ 지급방법에 따라 Folio를 작성한다.

⑦ Folio를 고객에게 제시하면서 예약조건대로 되었는지, 타인의 Bill이 입력되었는지 등의 여부를 확인하기 위해서 싸인을 받는다.

⑧ 지급방법에 따라 회수한다.

⑨ 등록카드의 Guest History란에 고객의 요청사항, 신용카드 번호 등을 기재하여 사후 고객의 요구에 충실히 대응하도록 한다.

⑩ 12시 이후에 Check-Out하는 경우는 고객의 유형에 따라 초과요금(Additional Charge)을 부과한다.

〈그림 3-20〉 Check-Out Flow

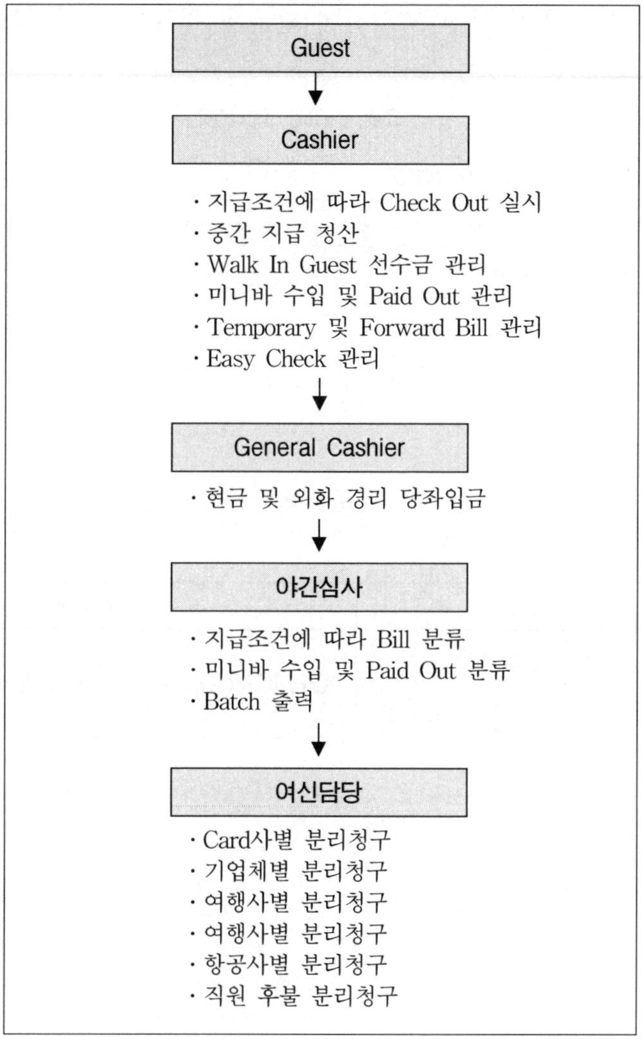

5) 환전업무(Money Exchange)

외국 통화 및 외국과 국내에서 발행한 여행자수표의 매매를 환전이라 하며, 외국인 여행자의 환전편의를 도모하는 한편, 외국환을 조기 집중시키고 외화유출을 방지하는데 그 목적이 있다. 우리나라와 국가적 수교가 되어 있는 모든 각국의 통화는 적절한 환율을 기준으로 원화로 환전이 가능하다. 외화환전 고시율은 수시 달라지므로 외환은행으로부터 매일 아침 조회하여 환율을 컴퓨터에 입력하여야 한다.

〈그림 3-21〉 외화환전 고시절차

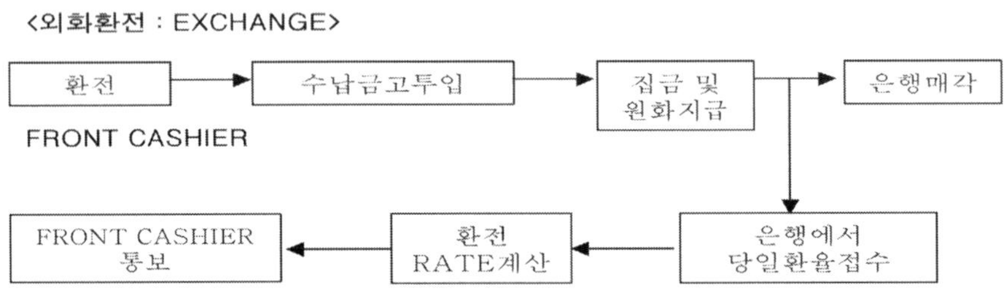

〈그림 3-22〉 환전업무 flow

FLOW	업무내용
고객환전 ↓ F/CASHIER	APPLICATION(환전전표) 작성 후 대고객 환전
고객환전 ↓ F/CASHIER	APPLICATION과 해당 외화
집금 및 원화환전금지급 ↓ 수납	· 캐셔별로 입금된 외화와 APPLICATION을 대조 확인한 후 원화(환전금)지급
환율접수 및 환전 RATE 계산 ↓ 수납	· 외환은행에서 환율 고시됨과 동시에 전산처리되어 호텔환율 접수 · 화폐별 환전 RATE 계산 후 프론트 캐셔에 통보
↓ 은행매각 수납	· 당일 변경된 RATE를 기준으로 매각 RATE 산출하여 매각금액을 은행에 통보 · 매각(오후 3시경 은행에서 내사) · 우대환율 적용 · US$ CASH는 거주자계정(외화예금) 입금

또한 환전업무에는 인가된 규격의 양식에 의하여 다음과 같이 고

객의 신원을 확인한 후 환전이 이루어져야 한다. 용지는 흑색의 외국환매각증명서와 청색의 외국환 매입증명서를 1조로 하고 있다. 외국환매각증명서는 환전상 비치원본으로 사용하고, 외국환매입증명서는 환전상이 서명 날인하여 고객에게 교부하는 증명서로 사용된다.

〈그림 3-23〉 환전업무 입력의 실례

환전상용

KOREA EXCHANGE BANK
외국환 매각신청서
APPLICATION FOR SALE OF FOREIGN EXCHANGE

매각자 서명(Signature) : ①
국적 및 여권번호(Nationality & Passport NO. : ②

*본인은 다음의 외국환을 외국환관리규정에 따라 원화로 매각코자 요청합니다.
* I(We) Hereby Request You To Purchase The Following Foreign Exchange For Won Currency In Accordance With Your Foreign Exchange Regulations.

일 자 Date	외국환의 종류 및 금액 Amount Of Foreign Exchange	적 용 환 율 Exchange Rate	원 화 환 가 액 Won Epuivalent
③	④	⑤	⑥

환전상명 및 취급자 성명(Authorized Signature & Name Of Money Changer) ⑦

① 환전하는 고객의 성명과 서명을 받는다.
② 환전하는 고객의 여권번호를 기입한다.
투숙고객인 경우에는 여권번호가 있을 경우 객실번호만 받아도 무방하다.
③ 환전하는 날짜를 작성한다. 년, 월, 일을 순서대로 기록한다.
④ 외환의 금액을 기록한다(예 : 150달러일 경우 “USD 150” 혹은 “US $ 150”으로 표시한다).
⑤ 환전하는 당시의 환율을 표시한다.
⑥ 원상당 금액을 기록한다.
⑦ 환전받는 직원의 이름과 sign을 한다.

〈표 3-3〉 환전매입보고서

외환매입 증번호	매각인 성명	여권번호	통화의 종류								매입률	지급원화액
			US$		SGD		YEN		기타			
			CASH	T/C	CASH	T/C	CASH	T/C	CASH	T/C		
004394	WI AKIRA	TF44882	0	0	0	0	90,000	0	0	0	956.03	860,427
004395	HANDO RYOICHI	TG15185	0	0	0	0	100,000	0	0	0	956.03	956,030
004396	OKEMOTO YOSHIO	TF15180	0	0	0	0	90,000	0	0	0	956.03	860,427
004397	TAKEI YASHUYOSHI	TF21491	0	0	0	0	171,000	0	0	0	956.03	1,634,811
004398	IKEDA TAKAHISA	TE73323	0	0	0	0	0	20,000	0	0	965.40	193,080
004399	MABUCHI SHIN	TF89110	550	0	0	0	0	0	0	0	1244.43	684,436
일계	6건		550	0	0	0	451,000	20,000	0	0	0.00	5,189,211
월계	88건		1,512	500	0	0	6,379,000	70,000	0	0	0.00	64,224,233

〈표 3-4〉 환전매각보고서

통화의 종류								매각률	매각 원화액	원화 시재금	외화 시재금
US$		SGD		YEN		기타					
CASH	T/C	CASH	T/C	CASH	T/C	CASH	T/C				
550	0	0	0	0	0	0	0	1285.76	707,168		
0	0	0	0	451,000	0	0	0	987.15	4,452,046		
0	0	0	0	0	20,000	0	0	997.22	196,904		
550	0	0	0	541,000	20,000	0	0	0.00	5,356,118	166,907	
1,512	500	0	0	6,379,000	70,000	0	0	0.00	66,231,322	2,007,089	

6) 프론트캐셔 시스템 주요 기능

캐셔기능은 캐셔들의 업무를 빠르고 효율적으로 처리할 수 있도록 하며, Bill 정산과 늦게 발생되는 내용들도 정확하게 처리하여 준다. 프론트캐셔 시스템에서 업무를 능률적으로 처리하여 주는 캐셔기능을 살펴보면 다음과 같은 것들이 있다.

① Folio Print : 필요시 언제라도 FIT나 Group의 정산방법을 다양하게 제공한다.

② Group Billing : 다수의 복잡한 Folio를 쉽게 처리할 수 있다.

③ 일일 계산 : Cashier들은 그들의 금액이 맞을 때까지 대기할 필요가 없다.

④ Information Update : 투숙객의 Balance, Detail Posting 및 고객의 상황 등 고객정보는 계속해서 Update 되어진다.

⑤ Error의 소지를 제거 : 화면을 통해 고객금액이 곧바로 Posting 된다.

⑥ 요금의 자동처리 : Package나 Meal Plan은 요금의 종류, 고객수와 Package에 따라 자동적으로 처리되며, 특별한 요금이나 Package의 사용한도 초과에 제한을 두지 않는다면 모든 금액은 자동적으로 Package계정 Folio로 등록된다.

⑦ Money Exchange : Currency Conversion 기능은 외화에 대해 한화로 환전할 수 있게 한다.

⑧ Special Billing 기능 : 해당되는 금액을 Group Master계정, Permanent계정, 다른 고객계정에 자동적으로 넘겨 기록된다.

⑨ 요금입력 : 고객 Folio정보는 고객이 투숙해 있는 동안 유지되어지며, Cashier는 프론트데스크나 다른 곳에서도 요금을 입력할 수 있다.

⑩ Folio 유지 : 고객이 체크아웃한 후에도 Folio는 이름과 계정번호와 객실번호로 Posting할 수 있다.

〈그림 3-24〉 캐셔 화면

```
*** CASHIER ***

1. Post Transaction          6. Fast Posting
2. Print Folio               7. View Transactions
3. Check-Out                 8. Transaction Audit
4. Group Check-Out           9. Inquiry
5
```

Cashier Menu

Cashier 기능들을 빠르게 처리할 수 있도록 한다.

```
*** POST TRANSACTION MENU ***

Name: HOWSER. HOWARD    ARR: 08/16/02   Dpt 11/21/02 Room:208
Noctice: D/B ALL CHARGES TO GROUP       TO GROUP
A/R....: UNIVERSAL TOUR GROUP    In House      *Share*
1=Display
   Date Description      Room Reference        Amonmt Sb
11/18 LOCAL OCCUPANCY TAX      208    79         1.20 A
11/19 ROOM CHARGE              208    77        60.00 A
11/19 ROOM TAX                 208    78         4.80 A
11/
Ba
F7
```

Post Transaction Screen

고객 Code와 Permanent Folio에 대한 Posting 조회와 취소를 가능하게 하면 Currency Conversion Availbilling, Print Folio도 가능하다

```
*** CURRENCY CONVERSION ***
Name... : HOWSER, HOWARD              Balance:           264.00
BUY:
Currency:
Amoount:
              Blaance:          264.00
Buy:
Currency:
Sell:
Currency: US US DOLLAR
Svc Chg,
Amount:      264.00           New Balance:
Code Description       Buy    Code Description
AD AUSTRALIAN DOLLER  1.258700 MP MEXICANPE
BP BRITISH POUND      1.798700 US US DOLLER
CD CANADIAN DOLLER    1.151600
CN CANADIAN DOLLER     .000000
FI
GI
IL
JY
F9
```

Curreny Conversion Screen

외화에 대한 구내통화로의 환전이 가능하고, 지급도 외화로 가능하다.

```
*** SPECIAL BILLING ***
Name: HOWSER, HOWARD        Arr: 11/16/96    Dpt: 08/21/02
Room: 208
Notices:

A/R...            In  House            *Share*
1 = Select    2 = Transfer    4 = Remove Transfer
Folio         Txfr      Name      F    Dtl

1  A-STANDARD FOLIO

auditor
F9 = Return
```

Special Billing Screen

특정한 Group 의 전 Member 들에게 금액을 Posting 할 수 있다.

5. Night Audit

1) Night Audit의 목적

호텔에서의 거래는 반복적이고 정형적인 것보다는 비정형적인 거래가 많이 발생하게 되므로 Night Audit의 업무는 아주 중요할 수밖에 없다. Night Audit는 야간결산의 뜻으로 하룻동안 발생했던 고객회계에 관한 모든 거래들을 정리 및 마감하는 과정을 말한다.

따라서 Night Audit의 목적은 "모든 고객이 지급할 금액을 정확히 등록·확인하고 고객원장의 결산은 당일거래의 모든 합산과 필요한 통계자료를 갱신하며, 당일의 모든 Report를 출력하고 지속적인 호텔운영을 위해 백업데이터를 안전하게 저장시키는 것"이라고 할 수 있다.

2) Night Auditor의 주요 업무

프론트의 야간업무는 일일 프론트의 모든 업무의 마감과 교환업무를 대행(24:00~06:00)한다. 당일 발생된 객실매출의 수정, 입력, 마감, 그리고 각종 리포트의 작성 및 정리 그리고 배포를 한다. 또한 야간에 발생하는 고객의 필요사항을 접수, 처리, 보고하며, 익일 Early Check Out을 담당한다. 따라서 일일 프론트업무의 최종 마감이므로 정확한 업무가 이루어져야 한다.

Night Auditor의 주요 업무는 다음과 같다.

① 수취계정의 총잔액과 개별원장의 비교 검증
② 발생계정의 정확성 확인
③ 청구액의 이상 유무 확인
④ 야간 Incom Auditor의 업무
⑤ 당일 수입보고서 작성

3) Night Auditor 작업 메뉴

(1) On-Line 메뉴

Night Auditor는 정 근무위치에서 Night Audit의 업무를 수행하기 위해 프론트오피스 시스템을 통하여 Log-On한 다음 호텔메뉴 중 먼저 On-Line 메뉴를 실행한다.

〈그림 3-25〉 On-Line 메뉴

```
*** Front Office System Type Option ***

  1. log on                 6. housekeeper
  2. reservation            7. telephone
  3. front desk             8. account receivable
  4. cashier                9. inquiry
  5. group                  0. more option

A. condo management
B. guest history
C. travel agency
D, Report
```

```
*** More Options Type Option ***

  1. shift manager              5. utilities
  2. manager                    6. configuration
  3. inventory management       7. sales and  catering
  4. night audit                8. concierge

        B. operational assistant
        C. log-off

F3 = Exit      F9 = Return
```

① Log-On/Off : 모든 업무를 수행하기 위해서는 이니셜을 Log-On해야 하고 업무가 끝났을 경우 이니셜을 Log-Off 해야 한다.

② Reservation : 객실의 예약상황을 알 수 있다.

③ Front desk : 예약된 고객을 객실에 체크인 시킬 수 있다.
④ Cashier : 손님이 체크아웃할 경우와 기타 매출을 입력할 수 있다.
⑤ More Option : 관리자 사용화면
⑥ House Keeper : 객실의 청소상태 등을 확인할 수 있다.
⑦ Telephone : 교환을 통하여 외부에서 객실로 전화를 연결할 수 있다.
⑧ Manager : 관리자 사용화면
⑨ Inquiry : 예약 및 투숙고객에 관한 정보를 알 수 있다.
⑩ Guest History : 고객의 인적사항을 알 수 있다.
⑪ Travel Agency : 여행사 관리

(2) Night Auditor 메뉴

Night Audit의 업무를 수행하기 위해 Log-On 메뉴에서 More Option을 선택하면 시스템을 통하여 객실료 입력, 당일매출집계, 마감작업 등을 수행할 수 있다.

Night Audit은 객실료와 Tax를 자동적으로 Posting하며, Hotel Date를 다음날로 변경하는 작업과 System을 사용하면서 체크인, 체크아웃, Posting과 같은 일상적인 업무와 일일마감, 점유율 산정과 수익통계의 기능들을 제공한다.

〈그림 3-26〉 Auditor Menu

*** A U D I T O R ***

1. Post Transaction	6. Close Day
2. Rate Discrepancies	7. View Transactions
3. Post Room/Tax	8.
4. Audit Cut -Off	9. Inquiry
5. Enter Audit Totals	0. Return to Main Menu

Enter Task
Enter Data ______________________

① Post Transaction
잘못 입력된 매출에 대하여 수정, 삭제, 입력 등을 할 수 있다.

② Rate Discrepancies
Room과 Tax을 Posting하기 전 금액을 마지막으로 체크한다.

③ Post Room/Tax
당일 투숙한 손님에 대한 객실료를 시스팀에서 자동으로 입력해주는 작업이다. 또한 자동적 Room과 Tax 요금, Package 요금과 특별한 계정처리를 한다.

④ Audit Cut-Off
당일 프론트와 레스토랑에서 입력한 매출에 대하여 시스템을 통해 마감해주는 작업이다. 이 작업이 완료된 이후 입력된 매출은 다음날 매출에 포함된다.

⑤ Enter Audit Totals
프론트오피스 시스템에 입력된 모든 매출을 실물과 비교하기 위하여 보고서로 산출하는 방법이다. 매출의 수정은 이 부분에서 이루어지며, 통계를 update하기 전에 일일 금액을 마감한다.

⑥ Close Day
실물과 대조된 매출이 정확한지 여부를 확인하고 매출을 확정해주는 작업이다. 이 작업이 완료된 이후 비로소 당일매출이 확정되며 통계자료를 만든다.

Night Audit 작업순서는 호텔마다 사용하는 패키지 유형에 따라 다소 차이가 있을 수 있으나 거의 대동소이하다.

3) Night Audit 주요 기능

① 하루를 결산하면서 System을 중단시키지 않아도 된다.

② 일상적인 기능 즉 요금 Posting과 예약을 하면서도 Audit작업을 할 수 있다.

③ Rate Discrepancy Reports는 객실료가 정확히 책정되었는가를 체크한다.

④ 객실료와 Tax 요금은 투숙된 고객 계정으로 자동 Posting 된다.

⑤ Report는 Rate Discrepancies, Room Rate Edit, Tax Exempt Guest, Posting Journal, Managers Report, Guest Ledger, City Ledger, A/R Ledger 등이 있다.

6. 외상매출금(Account Receivables)

외상매출금은 호텔이 영업활동을 수행하면서 발생하는 외상매출금에 대한 업무를 관리하는 기능으로서 호텔의 자산을 관리하고 경영목표에 접근할 수 있게 지원하도록 설계되어 있다. 시스템은 Advance Deposits Ledger, Guest Ledger, City Ledger, Permanent Folio Ledger와 Accounts Receivable Ledger 등으로 운영된다.

① New Account
새로운 A/R Master를 등록한다.

② Change Account
만들어져 있는 A/R Master를 변경 또는 조회한다.

③ Post Transaction
Invoice처리를 어떤 A/R Master에도 Posting 할 수 있게 한다.

④ Post Payment
완불과 부분지급을 Posting하게 한다.

⑤ Batch Payment Apply
A/R에 있는 Invoice의 지급을 Batch로 하여 사용한다.

⑥ Transaction Audit
각각의 계정에 대해서 심사 Posting을 한다.

⑦ A/R Transfer Menu
계정 Balance를 Clean하거나 Transfer한다.

〈그림 3-27〉 Accounts Receivable Menu

```
*** ACCOUNTS RECEIVBLE ***

1. New Acount                 6. Batch Payment Apply
2. Change Account             7.
3.                               8. Transaction Audit
4. Post Transaction           9. A/R Transfer Menu
5. Post Payment               0. Return
 Enter Task _______
 Enter Data ______________________________
```

Accounts Recelvable Menu

```
*** A/R ACCOUNT ***

Account Number : 4000                          External
Account Name... ARCHITECTURAL DIGEST           Invoices:    1,056.61
Attention.....    ARCHITECTURAL DIGEST         Disputed:         .00
Address Line 1 .. MIKE BRYANT                  Payments:         .00
      LIne 2 .. 1650 PARK AVENUE               Balance:     1,056.61
      LIne 3 ..                                       Cr. Limit:
5,000.00
      LIne 4 .. NEW YORK, NY
Postal Code ...   10091                  Last Charge .. : 1/07/02
Country...                                  Last Statement :
Phone ...    02128279242                 Next Action .. :
FAX ...
TELEX ...
Billing Cycle .. MO MONTHLY STATEMENT Permanent.1(1=Yes, 0=No)
Class ...  CO CORPORATE ACCOUNTS Folio Detail.1(1=Yes, 0=No)
Late Charge ...                           Credit Hold ..0 (1=Yes, 0=No)
Building Co[de]
F9 = Retu[rn]
```

Accounts Recelvable Account Master Screen

```
*** INVOICES ***

Acount Name : ARCHITECTURAL DIGEST        Balance :    1,056.61
Attention ...  : ARCHITECTURAL DIGEST     Disputed :        .00
---------------------------------------------------------------
1 = Display   9 = Dispute/ Undispute
   Date          Invoice Description            Balance
Disputed
 11/03/01     10155 BRYANT, MIKE                 217.90        .00
 11/03/01     10365 GRANT, CINDY                 211.96        .00
 11/07/01     10170 JONES, LYNN MS               323.25        .00
 11/07/01     10813 STEVEVSON, BILL              303.50        .00
 F9 = Return     F12 = Payments
```

Accounts Recelvable Invoices Screen

1) 외상매출금 발생 허용 수단

① City Ledger : 대개는 호텔과 고객 간에 후불계약을 체결하고 있으며, 호텔을 이용하면서 발생시킨 매출액을 순수외상으로 처리하게 된다. 호텔과 거래처 간에 합의된 계약서는 1년에 한번씩 갱신이 이루어지는데, 주요 내용으로는 객실요금, 대금지급기간과 지급방법 그리고 계약기간 등이 포함된다.

② Credit 카드 : 호텔에서 허용되는 각종 Credit 카드로 정산되는 금액을 말한다.

③ Membership 카드 : 매출향상을 위하여 우대 회원들에게 발급한 호텔카드 고객으로부터 발생되는 금액이다.

〈그림 3-28〉 업장 매출회수 Flow

FLOW	업무내용
매출발생 각 업장	· 객실, 연회, 식음, 기타(FITNESS, LINE, BUSINESS/C 등) · 가수금(회비예수보증금, 렌터카 등) · 18업장, POS 26대, · 매출전표작성 경리전달
▼ 회 수 각 업장 ① 현금 ② 카드 ③ 외상 ④ G/L	① 현금 · 각 업장 근무조별로 마감 정산표에 표시되는 현금금액과 실제 현금을 체크한 후 CASH ESTIMATE를 작성 CASH BAG에 넣어 수납금고에 투입 · 외화 : 매일 변동되는 HOTEL RATE를 적용 회수 ② 카드 : 정산표에 표시되는 카드금액과 카드 SLIP과 체크한 후 수납 BOX에 투입 ③ 외상 : ROOM INFORMATION 작성 ④ G/L : ROOM SIGN BILL을 프론트에 전달
▼ 현금처리 수 납	· 각 업장별(CASHIER별)로 입금된 금액을 CASH ESTIMATE와 대조한 후 전체 금액을 영업일보에 표시된 현금 매상분과 대조확인 · 은행 당좌예금으로 입금(은행직원 내사 : 오후 3시경) · 외화 거주자계정(외화통장)에 입금 · 경리에서 필요금액 있을 때 경리전달 · 입금전표 작성 경리전달
▼ 카드처리 수 납	· 각 업장(CASHIER)별로 들어온 카드실물(SLIP)과 영업일보상의 금액과 대조확인 · EDI를 통해 한국정보통신으로 자료전송
▼ 외상처리 수 납	· 각 업장(CASHIER)별로 들어온 외상실물(SLIP)과 영업일보상의 금액과 대조확인 · 외상 BILL 여신전달(집계표 작성)

2) 외상매출금 작업내용(절차)

① 외상매출금 발생 : 각종 외상매출금의 발생

② 외상매출금 청구작업 : 거래처별로 분리하여 지로 또는 청구서를 발송한다.

③ 입금작업 : 회수된 금액을 컴퓨터프로그램을 통하여 처리한다.

④ Balance Report 산출 : 거래처별 전월잔고, 당월발생, 당월입금, 당월잔고금액을 가감하여 월별보고서를 산출한다.

⑤ Aging Report 산출 : 발생된 외상매출금은 언제나 기간 내에 회수되지는 않기 때문에 미회수금액을 기간별로 일목요연하게 정리하여 경영진에게 보고하고, 악성후불이 되지 않도록 관리한다.

〈그림 3-29〉 외상매출금 작업흐름도

체크아웃 → 후불 발생 → 청 구 → 입 금 → Aging Report 산출

· Check-Out 시 후불처리금액 관리
· Check-Out 시 In - House Balance를 City Ledger에 자동기록
· 미 결재금액 A/R Ledger에 자동기록
· 미수금 자동 Check로 30, 60, 90, 120일 단위의 Report 생산

3) 외상매출금 주요 기능

① A/R 기능은 'Open Item'처럼 운영되어 특정금액에 대한 지급을 처리하며, 미결사항은 'Open'으로 처리하여 차후에 지급할 수 있도록 한다.

② 고객과 Group이 Check-Out시에 Folio가 자동적으로 City Ledger로 기입된다.

③ A/R 담당자는 같은 날짜 또는 그 후에 날짜로 Folio가 Copy사용 등 요구되는 자료를 생산할 수 있도록 지원받는다.

④ A/R Class Code에 의해 청구서를 구분하여 생산할 수 있다.

⑤ A/R Master 계정에 대한 모든 미수금이 자동적으로 체크되어 30, 60, 90, 120일 단위의 다양한 Report를 생산할 수 있다.
⑥ 입금 및 지급은 해당되는 계정에 대해 화면을 통해 Posting하므로 모든 미수금액은 현재 시점이며 각각의 거래는 다른 날짜로 Posting되어지므로 정확한 정보를 공유할 수 있다.
⑦ 모든 실행과 처리는 화면을 통해서 이루어진다.
⑧ Report에는 Aging, Account Detail, Account Master List, A/R Ledger 등이 있다.

7. 여행사 커미션(Travel Agent Commission)

여행사 커미션은 여행사를 통하여 예약된 고객들이 이용한 객실료에 대한 일정액의 수수료지급을 의미한다. 호텔과 주거래 여행사는 연초에 수수료지급에 대한 계약을 체결하여 수시로 발생되는 거래여행사별 수수료 분을 월간단위로 정산하여 지급하게 된다. 계약이 이루어지지 않는 일반여행사에 대해서는 관행에 따라 10% 정도의 수수료를 지급한다.

여행사커미션 기능은 여행사별로 정확한 통계자료를 유지할 수 있도록 하여 여행사와의 관계를 증진시킬 수 있다. 때로는 실적이 좋은 여행사를 유치하기 위하여 호텔간 경쟁이 벌어지기도 하는데, 호텔들마다 수수료 지급률과 방법이 달라질 수도 있다.

〈그림 3-30〉 Travel Agency 화면

Tue 02/03/05

TRAVEL AGENCY

U Create/Update T/As
Q T/A Account Inquiry
P Post/Change Commissions
J Posting Journal/Update
K Check Run
M Manual Checks
V Void Checks
N Reconcile Checks
E Period End
T Print 1099s
C Constants
R Reports

F1=Help

Tue 02/03/05

T/A MASTER INQUIRY

T/A ID # : 3
Name : HANJIN TRAVEL AGENT.
Address 1 : MARINE CENTER BUID 9FL
2 : NAMDAEMINRO2GA, 118.
3 : JUNG-GU, SEOUL, KOREA
Postal Code : 102-304
Phone : LEE, BOK
Conn Type : S

Paym
Hol
Sa

SALES STATISTICS

	Rm nights	Room Rev	Other Rev	Avg Rate
last 30 days :	3	230.00	120.00	116.66
90 days :	7	400.00	205.00	86.43
180 days :	8	510.00	4,520.00	628.75
+180 days :		.00	.00	.00
Tatal :	18	1,140.00	4,875.00	334.17

ESC=Exit

1) 여행사 커미션시스템의 코드 구성

여행사를 통하여 투숙한 고객의 객실수입에 대한 커미션 지급을 얼마로 할 것인가 하는 호텔규정에 따라 전산코드화하게 된다. 따라서 커미션 코드에는 커미션을 지급하기 위하여 여행사와 계약한 계산식이 깔려져 있다.

〈표 3-5〉 여행사 커미션 코드 실례

커미션 코드	구분 표시	계산식
NON	커미션 없음	100×100
10	10% 커미션	100×0.1
SPC10	10% 커미션-S	(100+110+120)×0.1
20	20% 커미션	100×0.2

2) 여행사수수료 시스템의 주요 기능

① 여행사의 고객이 Check-Out 시에 수수료와 통계가 자동적으로 만들어진다.

② 여행사를 통하여 예약한 경우는 여행사 내역이 자동적으로 예약정보에 등록되며, 고객이 체크아웃시에 A/R계정으로 자동 Posting 된다.

③ 여행사 수수료는 자동적으로 계산되며, 선급금은 수수료에서 제외된다.

④ Season별로 수수료를 변경할 수도 있다.

⑤ 수수료의 수표 발행에 대한 조회와 취소도 가능하다.

⑥ Check-Out시에 만들어진 수수료 지급은 다음날 저녁 List로 Print된다.

⑦ 여행사정보는 언제라도 조회, 추가, 삭제가 가능하다.

⑧ 각 여행사의 No-Show/Cancel, 투숙횟수, 예약실적, 총영업매출, 총객실수입과 수수료 지급이 매일매일 update되어 월간과 연간 통계자료가 된다.

⑨ 'Status Only'기능을 사용하여 수수료를 제외한 통계자료를 수

집할 수도 있다.

⑩ 여행사를 등급별로 하여 DM을 발송할 수 있다.

⑪ 여행사 수표는 은행 Code에 의해 발행할 수도 있다.

⑫ Report에는 Commission Payable, Period Check Register, Cleared Checks, Out-standing Checks, Prepaied Commissions, T/A Master List 등이 있다.

제2절_ 인터페이스 시스템

Ⅰ. 인터페이스 시스템의 개요 및 구성

인터페이스 시스템은 호텔 정보시스템을 구성하는데 반드시 필요한 부문설비이다. 각 업장에 분산되어 있는 Sub-System을 통하여 모든 데이터가 전산실의 Main Computer에 전송될 수 있도록 연결시켜 주는 기능을 전담한다. 이를테면 투숙객이 객실 내에 설치되어 있는 전화기를 이용하여 통화하였을 때 전화요금에 대한 계산은 교환실의 별도의 인터페이스 시스템을 통하여 전화요금이 자동으로 전송하게 된다.

호텔은 숙박과 식사서비스 이외에도 고객에게 필요한 모든 편의성을 제공하는데 심혈을 기울이고 있으며, 호텔 내의 각종 편의설비와 부대업장은 바로 이러한 측면을 중시하고 있다. 인터페이스 시스템에 의한 자료처리절차들은 시간절약은 물론 자료의 정확성을 기할 수 있어서 대고객서비스의 질적인 향상과 호텔이미지를 제고시키게 된다.

〈그림 3-31〉 인터페이스 시스템

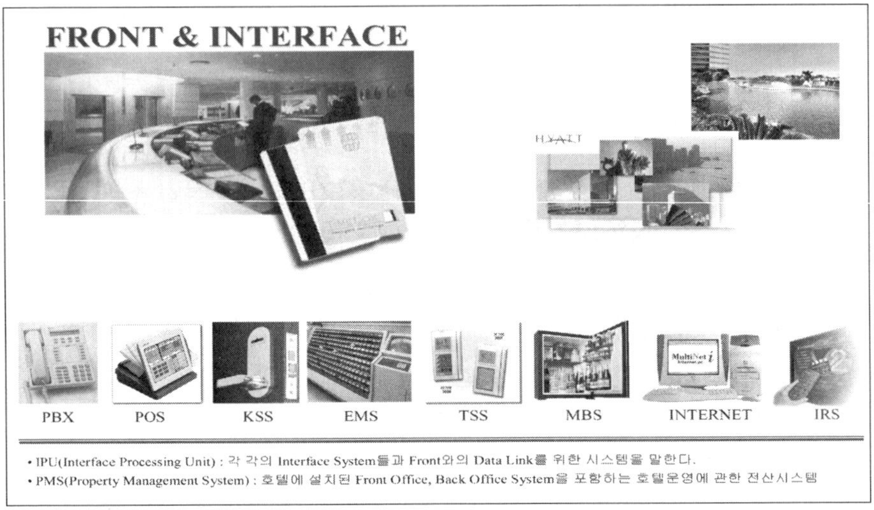

Ⅱ. 인터페이스 시스템의 기능

1. POS 시스템

1) POS 시스템의 개요

POS 시스템이란 "Point of Sales"의 약어로서 '판매정보 관리시스템'이라 불려진다. 각 영업장에서 발생된 모든 현황을 한 시점에서 보고서(Screen 또는 Report) 형식으로 파악·분석할 수 있도록 구성된 관광호텔의 식음료영업장 및 유통관련 업소의 경영관리를 위한 정보기기 시스템이다.

종래의 Key-In방식에 의한 금액관리체제의 레지스터(Register)가 아닌 광학적 자동판독장치를 이용한 레지스터에 의해 상품별 판매정보를 판매즉시 수집하여 컴퓨터에 보관하고 그 정보를 발주·매입·배송·재고 등의 정보와 결합하여 컴퓨터로 가공처리를 함으로써 필요로 하는 부분에 유용하게 활용할 수 있도록 해주는 소매업의 종합정보시스템이라 할 수 있다.

POS 시스템은 종래의 레지스터를 대신하는 POS 터미날은 현금의 보관뿐만 아니라 중앙의 컴퓨터와 온라인으로 직접 연결되어 매장에서 발생되는 데이터를 컴퓨터에 기록하고 기록된 판매정보를 조회할 수 있는 기능을 가지고 있다.

〈그림 3-32〉 POS 시스템

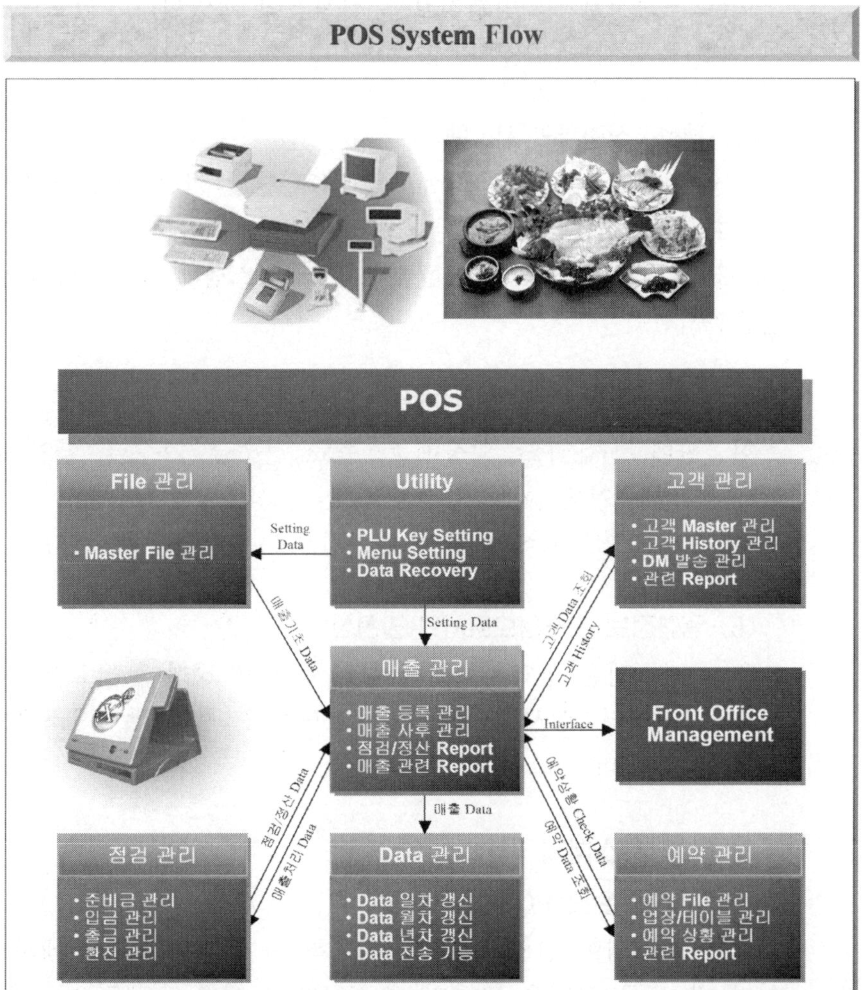

2) POS 시스템의 특징

(1) 온라인 시스템

현장의 각종 발생 데이터를 거래발생과 동시에 직접 컴퓨터에 전달하므로 수작업이 없다.

(2) 리얼타임 시스템

모든 거래정보 및 영업정보를 실시간에 파악할 수 있으므로 정보의 변화에 즉시 대응할 수 있다.

(3) 분산·집중관리 시스템

업장에서 필요로 하는 정보, 즉 POS 단말 가동상황, 고장상황, 정산상황, 각종 판매정보 등은 업장에서 관리한다. 그리고 회계부서에서 필요로 하는 정보는 프론트오피스 시스템에 의해 회계부서에서 집중관리한다.

(4) 거래에 관한 모든 정보파악 가능

현금판매, 신용카드, 외상매출, 주문, 선수금, 가수금, 할인 등 모든 거래와 누가, 언제, 어느 업장에서, 어떤 상품을, 얼마에, 어떤 방법으로 판매되고 있는지에 대하여 실시간으로 파악이 가능하다.

(5) 종합정보 시스템으로서의 발전성

POS 시스템은 영업정보에 국한하지 않고 장래에 필요한 매출데이터, 회계데이터, 인사데이터 등을 포함하는 종합정보 시스템으로 발전시킬 수 있다.

3) POS 시스템의 기능

(1) 시스템 관리(POS Server)

POS 시스템이 원활하게 작동되도록 하기 위해 Server에서 수행되어야 할 모든 작업을 말하며, Server에서 이를 총체적으로 통제·관리한다. 여기에는 자료의 원활한 흐름과 POS장비의 제어를 관장하는 네트워크 및 장비관리가 있으며, 파일의 Access 권한을 통제하는 파일관리, 그리고 정보접근에 제한을 두는 Security관리가 있다.

(2) 메뉴관리(POS Server)

POS Server에서 일괄적으로 메뉴를 입력한 후 이를 각 업장의 단말기에 Download하며, 추가 또는 수정된 메뉴가 발생된 경우 관련된 업장은 작업 POS Server로부터 Download 작업을 해야 한다.

① 일반 메뉴 : 가격이 일정기간 동안 변동되지 않는 단일메뉴를 뜻한다.

② Open 메뉴 : 짧은 기간 동안 판매예정인 메뉴 또는 주문한 Option에 따라 자주 변동되는 메뉴인 경우에는 메뉴코드를 부여하지 않고 특정 Key 또는 코드를 사용하여 메뉴를 인쇄한다.

③ Set 메 뉴 : 주로 양식당 또는 중식당에서 판매하는 코스요리로서 여러 개의 메뉴가 묶여 1개의 Set 메뉴로 구성된다.

④ Special 메뉴 : 계절적으로 취급되는 메뉴이거나 주방장 추천메뉴를 말하며, 별도로 매출을 집계할 필요가 있는 경우에 사용된다.

(3) 업장 판매관리(POS단말기)

각 식당, 연회장, 주방 등 업장에 설치되어 있는 POS단말기에서는 계산서 발행작업 이외에 Slip Printer를 이용하여 업장별 판매집계표와 일일매출보고서를 산출할 수 있으며, POS Server는 각 단말기로부터 온라인으로 전송된 데이터를 이용하여 여러 종류의 매출집계보고서를 산출하게 된다.

POS단말기는 다음과 같은 기능을 가지고 있다.

① 수납원별 중간정산 기능

② 업장간 메뉴 Transfer 기능

③ 당일 환율에 의한 외환 취급

④ Payment 정정 기능

⑤ 메뉴가격 할인 기능

⑥ 인쇄된 Bill Void 처리 기능

⑦ Order Slip 출력 기능 : 주문받은 메뉴가 주방프린터로 출력
⑧ 신용카드 및 수표 조회
⑨ 투숙고객 조회 : 객실번호, VIP코드, 신용카드 한도액, tax 부과 여부 외
⑩ 호텔회원고객 및 직원조회
⑪ 외국인/내국인 Cover수 입력 : 영업분석 기초자료
⑫ 라인장애 등으로 인한 미전송된 전표를 POS Server로 재전송
⑬ 업장별 일일마감작업 및 일일결산보고서 출력

〈그림 3-33〉 CCC 시스템과의 연관도

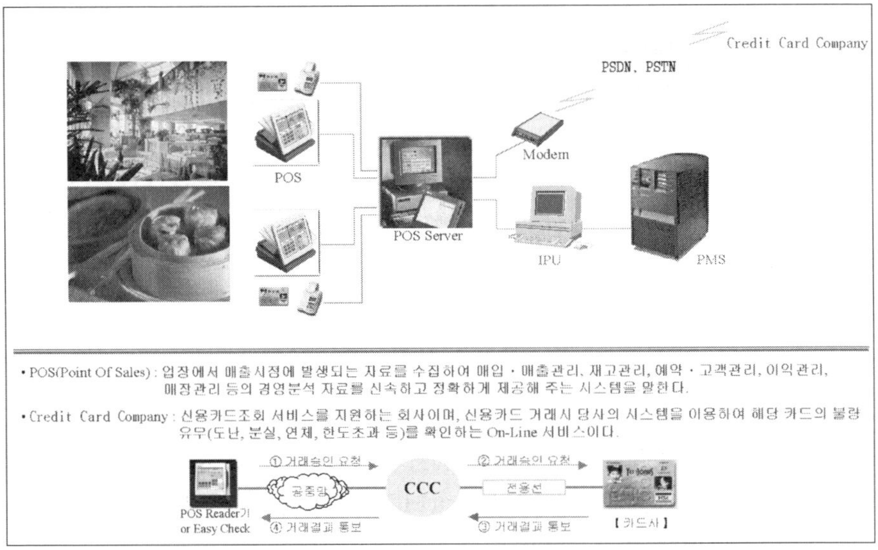

(4) 일일정산관리(POS Server)

업장의 일일영업이 마감과 함께 식음료업장 전체의 결산작업을 할 때 다음과 같은 작업이 필요하다.

① POS Server로 전송된 매출데이터를 이용하여 각종 집계표 산출
② 업장별로 제출된 보고서와 POS Server에서 출력된 자료를 비교(Cross Checking 작업)
③ Cross Checking 작업후 이상이 없으면 데이터 백업작업 수행

④ 일일마감작업 수행 : 데이터 가공, 집계, 삭제작업을 거쳐 각종 통계파일에 매출데이터 업데이트
⑤ 일일정산 리포트 산출

(5) 보고서 출력기능

호텔 특성에 따른 각종 보고서를 산출할 수 있으며, 매출체크용 리포트와 영업보고서용 리포트 구분된다.

① 매출체크용 보고서 : 캐셔별 마감리포트, Bill 번호 체크리스트, Void처리현황, 지급정정 리포트, Bill Transfer 리포트, 미정산 Bill 체크리스트 등
② 영업관련 보고서 : 업장별 일일정산 리포트, Payment별 매출현황, 식사시간대별 매출현황, 업장별 메뉴판매리포트, 신용카드판매명세서, 업장별 이용고객현황, 목표대 실적대비표, 업장별 재료비 분석표, 종업원근무시간 집계표, 기타 보고서

(6) 인터페이스 기능

호텔 전체의 매출을 집계하기 위해서는 객실, 식음료, 그리고 기타 부대시설 부문간 정보를 주고 받을 수 있는 기능이 있어야 한다. 또한 POS 시스템은 프론트오피스 시스템으로부터 투숙고객의 정보를 받고 매출데이터를 전송하게 된다. 이때 고객이 신용카드나 수표로 대금을 지급하는 경우 이를 확인하고 승인받으려면 외부검증 시스템과 연동되어야 한다.

① 프론트오피스 시스템과의 인터페이스 정보 : 고객성명, 객실번호, 신용한도금액, 고객VIP코드, 회사명, Tax부과 여부, 패키지 고객인 경우 패키지 명 등
② 외부시스템과의 인터페이스 정보 : 신용카드번호 획득, 수표 이상유무 등

〈그림 3-34〉 POS System 기능

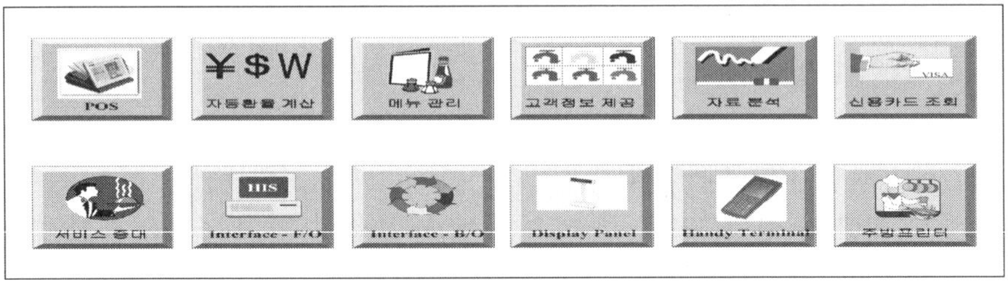

〈그림 3-35〉 POS System 소프트웨어

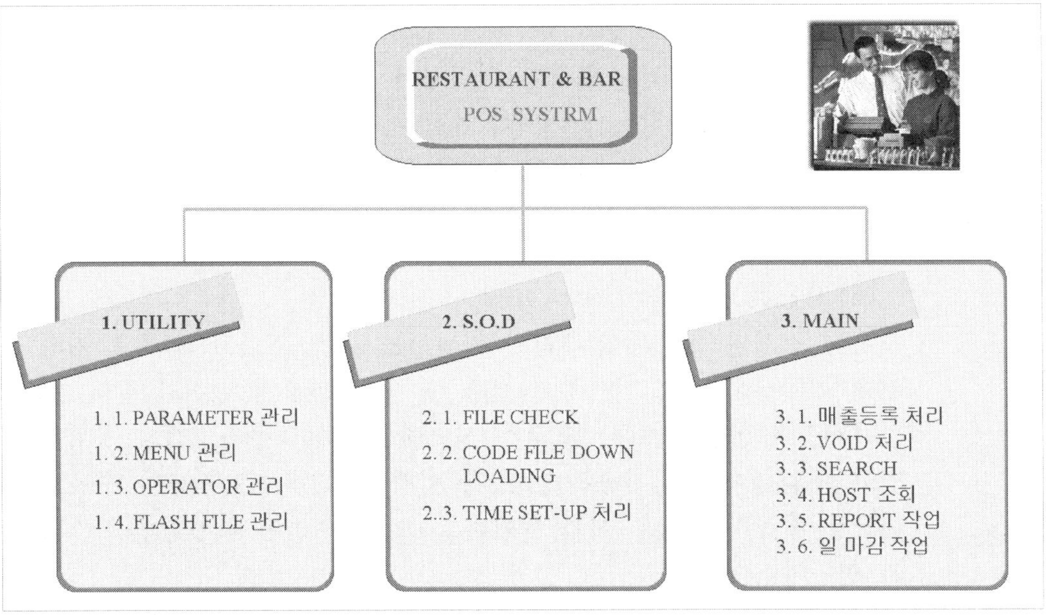

2. 전화교환 시스템 (Private Automatic Branch Exchange)

PABX시스템은 사내 사설전화교환기를 말한다. 여기에는 객실에서 시내전화 · 시외전화 · 국제전화를 거는 경우 PABX에서 프론트오피스 시스템으로 객실번호, 상대전화번호, 사용일자, 통화시간 등의 데이터가 전송되게 하는 CAS(Call Accounting System)가 있으며, 그

외 호텔투숙객에 대한 다음과 같은 편의기능들이 있다.

〈그림 3-36〉 PABX 시스템

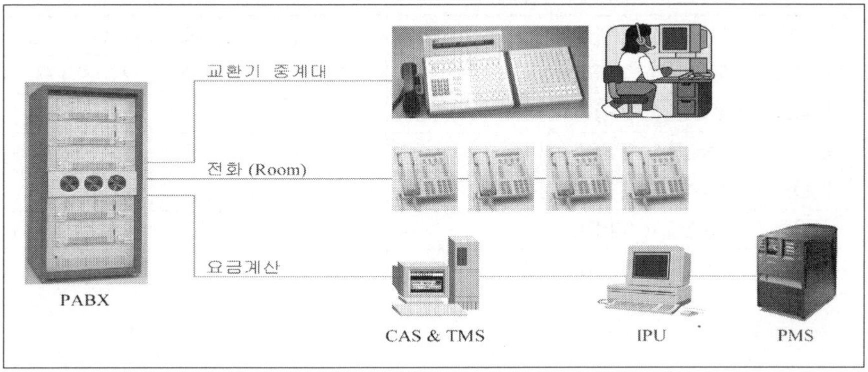

1) CAS(Call Accounting System)

고객이 투숙 중에 이용한 전화의 내용 중 상대방 전화번호, 통화기간, 통화시간, 통화시점 등을 기록하고 고객 Folio에 자동 Posting하는 것으로서, Local Call(시내통화), Long Distance Call(시외통화), Oversea Call(해외전화)로 분류해서 요금을 정산한다.

상거리 직통전화들은 CAS를 통해서 이루어지며 전형적으로 다음과 같은 특징들을 가지고 있다.

① 외부로 거는 전화에 대한 자동확인(AIOD : Automatic Identification of Outward Dialing)
② 자동 루트 선택(ARS : Automatic Route Selection)
③ 최소비용 송달(LCR : Least-Cost Routing)
④ 전화요금 책정 프로그램(Call Rating Program)

〈표 3-6〉 Posting Journal(전화요금)

Acct #	Guest Name		Room #	Folio	Csh	Reference #	Amount
	Telephone Long Distance Phone						
434077	TANAKA, TERINORI	CA	1223	A	$&@	6035813002	₩2,300
434077	TANAKA, TERINORI	CA	1223	A	$&@	6035814005	₩3,164
434077	TANAKA, TERINORI	CA	1223	A	$&@	6035815003	₩2,727
434077	TANAKA, TERINORI	CA	1223	A	$&@	6035816001	₩1,382
434077	TANAKA, TERINORI	CA	1223	A	$&@	6035817004	₩3,509
434077	TANAKA, TERINORI	CA	1223	A	$&@	6035818001	₩1,382
434077	TANAKA, TERINORI	CA	1223	A	$&@	6035819005	₩4,927

2) TMS(Telephone Management System)

프론트에서 발생되는 Guest Information 사항(Check In & Out Guest Inform, Message Inform 등)을 PABX로 전송(Interface)하여 객실에서 사용되는 전화기를 통제하기 위한 시스템을 말하며, Voice Mail의 기능을 포함한다.

3) PMS(Property Management System)

(1) 고객성명 조회

전화교환실에서 전화응대를 할 때 객실번호, 성명, VIP Code, Company 등 투숙객정보를 확인할 수 있는 기능이다. 교환원은 객실에서 전화가 왔을 때 미리 고객의 성명을 부르며 인사를 할 수 있게 되어 서비스의 질을 높일 수 있게 된다. 이러한 조회기능에서 제일 중요한 것은 조회속도이며, 교환원이 수화기를 들자마자 고객에게 인사를 할 수 있도록 즉시 고객정보가 시스템에서 인식되어 LCD Panel에 Display되어야 한다.

(2) 전화기 사용통제

고객이 체크인과 체크아웃 시점을 통하여 해당 객실의 전화기를 사용 또는 사용하지 못하게 하는 기능으로서 프론트오피스 시스템에서 PABX로 정보를 전송한다.

(3) 객실청소 상태변경

하우스키핑에서 객실청소상태를 프론트시스템에 전달하는 기능으로 룸메이드가 객실에서 전화기를 이용하여 입력한다. 주로 숫자를 이용하여 전달되며, 청소가 완료된 방, 혹은 청소중인 방 등을 전화기 번호판을 이용하여 세팅한다.

(4) 메시지 램프 점등

투숙중인 고객에게 외부에서 요청한 메시지를 전달하는 기능이다. 프론트오피스 시스템에서 단말기를 통하여 메시지를 입력하면 객실의 전화기에 부착되어 있는 메시지 램프가 점등하게 된다. 고객은 CATV를 통하여 메시지를 보거나 CATV를 이용할 수 없는 경우에는 프론트데스크에 보관중인 메시지 내용을 확인한다.

(5) 미니바 사용금액 부과

Room Maid가 전화기를 사용하여 "Mini-Bar" 이용금액을 입력하면 해당 고객의 Guest Folio로 Mini-Bar 금액이 전송된다. 이 방식 이외에 Voice Mail System과 PABX 시스템을 서로 연동시켜 Room Maid가 입력한 금액을 음성으로 확인하는 방법이 있으며, 객실상태 입력후 결과를 음성으로 확인할 수 있다.

4) TMS 주요 기능 요약

① 전화는 Slip의 분실, 객실변경 또는 기록 지연의 요소들을 방지할 수 있다.

② 지역전화와 장거리 전화는 Call Accounting System Interface를 통해 자동적으로 고객계정에 Posting된다.

③ 고객 Message는 고객 기록란에 기록되며, 객실의 전화는 Light가 켜진 상태에서 Message가 고객에게 전달되면 Light가 꺼진다.

④ 고객 Message를 객실에 전달하기 위해 자동으로 Print할 수도

있다.

⑤ Front Desk는 Massage를 조회할 수도 있으며, 언제라도 고객에게 Massage를 전달할 수 있다.

⑥ Reservation이나 Front Desk에서 VIP로 지정되었다면 전화교환수의 화면에 표시되어져, 호텔의 고객관리를 보다 더 효율적으로 관리할 수 있다.

⑦ HIS Guest Locator 기능은 고객이 다른 곳에 있을 때 전화를 통화할 수 있도록 지원한다.

3. 객실잠금장치 시스템(Door Rocking System)

전자식 자물쇠시스템(Electronic Rocking System)은 전통적인 열쇠장치를 정교하게 컴퓨터화된 객실통제장치로 바꾸어 놓았다. 전자식 자물쇠시스템은 모든 통제된 객실도어에 연결된 집중식 마스터코드제어판을 통하여 운용된다. 고객에게 Key Card(Vingcard)를 건네기 전에 프론트데스크 종업원이 제어판에 있는 해당 객실위치의 홈에 이미 코드화된 카드를 삽입함으로써 체크인 절차가 행해진다.

그 Key는 유일하게 작동 가능한 객실키가 되며, 동일한 객실에 투숙하였던 키는 무효가 된다. 모든 객실의 출입문은 마스터제어판에 연결되어 있기 때문에 보안기능이 거의 완벽하다.

〈그림 3-37〉 객실잠금장치 시스템

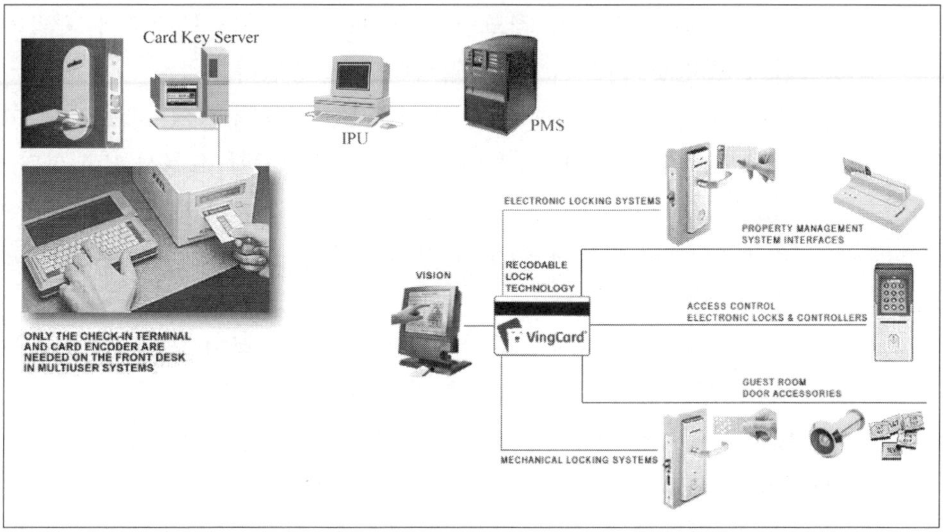

1) Key 관리

객실 Key는 고객의 안전과 프라이버시를 보호하기 위해 투숙기간 동안 고객이 직접 소지하고 있어야 한다. 일반적으로 대부분의 호텔에서는 Card Key 시스템으로 1회용으로 발행되며 고객이 체크아웃할 때 반납할 경우에는 재활용하여 사용하고 있다.

객실 Key는 일반 Guest Key, 한 개 층의 모든 객실을 사용할 수 있는 Floor Key(Pass Key), 전 객실을 열 수 있는 Grand Master Key 등이 있는데, 비상목적 이외에는 사용할 수가 없다. 따라서 Floor Key와 Grand Master Key는 Management Password가 있어야 재발행이 가능하다.

객실 Key 발행시 Key에는 객실번호가 적혀 있지 않기 때문에 반드시 객실번호 및 이름을 확인한 후 발행하여야 하며, 숙박일자도 정확히 체크하여 투숙기간 중 사용하는데 불편이 없도록 해야 한다. 고객이 Key분실을 신고하였을 경우는 다른 사람이 습득후 도용가능성을 방지하는 차원에서 필히 New Guest Key를 발행하여야 한다.

2) Key 발행방법

① New Guest : 고객이 체크인 했을 때 발행하는 Key로서 숙박기간과 발행할 카드의 수를 입력하면 발행된다.

② Guest Copy : 고객에게 처음 발행된 Key를 Copy하는 것으로서 고객이 Key를 객실에 놓고 나온다든가, 추가발행 요청시 발행한다.

③ Single Opening Card : 단 1회만 사용이 가능하며, Room Show를 한다든지 객실에 이상이 생겼을 경우 신분이 확인된 사람에게 발행한다.

④ Read a Key : Key에는 객실번호나 이름이 적혀 있지 않기 때문에 고객의 Key를 읽어낼 때 사용한다.

⑤ Erase a Card : Key에 입력되어 있는 Date를 지울 때 사용한다.

⑥ Groups of Guests : 이 기능을 이용하여 Card를 미리 발행하고자 할 때에는 그룹을 만든 후 카드를 발행하고 체크인, 체크아웃기능을 수행시켜야 한다.

⑦ Multiple Card(New) : 여러 객실을 사용할 경우 하나의 Key로 이들 일행 객실 전부를 열 수 있도록 특별히 발행한다. Room Show시 많이 사용한다.

⑧ Multiple Card(Copy) : Multiple Card(New)로 이미 발행한 것을 Copy할 때 사용하는 기능이다.

3) 주의사항

① Master PC발행기가 사용 중일 때에는 Desk Card발행기로 카드키 발행은 불가능하다.

② Desk에 있는 발행기를 이용할 때에는 체크아웃 날짜와 시간을 정확히 입력한 후 발행하고, Easy Checker로 확인한 후 발행하여야 한다.

③ 고객이 Lost Key 신고를 해왔을 경우 다른 사람이 Lost Key를 습득한 후 도용가능성을 방지하는 차원에서 반드시 New Guest Key를 발행해 주어야 한다.

4. 에너지관리 시스템(Energy Management System)

에너지관리 시스템은 호텔의 에너지 사용을 효율적으로 관리·통제함으로써 에너지 사용비용을 절감하는 역할을 하는 컴퓨터관리 시스템이다. 이 시스템은 사용자로 하여금 에너지장치의 점등과 정상운영의 시점을 정확히 알려준다. 예를 들면 전등이나 에어컨, 난방장치, 수온 등의 자동제어를 통해 효과적인 에너지관리를 하게 한다.

호텔마다 에너지관리 시스템의 특성은 다를 수 있으나 일반적인 기능을 보면 다음과 같다.

1) 수요조절(Demand Control)

수요조절은 규칙적으로 에너지를 절제함으로써 주어진 한계 이하로 사용수준을 유지하는 것을 말한다. 수요조절 프로그램을 내장하고 있는 기계장치는 주변환경의 안락한 온도조건에 영향을 주지 않는 범위 내에서 일정시간 에너지 공급을 중단시킬 수 있다.

2) 작업순환(Duty Cycling)

작업순환은 각 시간마다 일정 시간 순차적인 방법으로 기계장치를 소등한다. 난방·통풍과 냉방(HVAC; Heating·Ventilation & Airconditioning)시스템이 안락한 공간 온도를 유지하면서 에너지 소비를 줄이기 위하여 순차적으로 작동한다. 그러나 이러한 작업순환은 과열하지 않고 빈번하게 점등·소등할 수 없는 대형 모터에는 적용되지 않는다.

3) 객실점유센서(Room Occupancy Sensor)

객실점유센서는 객실의 물리적인 재실상황을 나타내기 위하여 적외선 전등 혹은 초음파를 사용한다. 감지되는 공간에 고객이 들어오면 센서는 전등, 냉방장치, 난방장치 등과 제어할 수 있는 장치를 점등한다. 고객이 객실을 떠나면 센서가 작용하여 10초 이내에 전등을 소등하거나 자동으로 온도를 조절한다.

<그림 3-38> 에너지관리 시스템

5. 미니바관리 시스템 (Mini-Bar Management System)

미니바관리 시스템은 투숙중인 고객이 객실에 비치되어 있는 냉장고에서 식음료 등을 이용하였을 때 자동적으로 Guest Folio에 전송되는 시스템을 말한다. 그러나 이러한 전자동시스템은 막대한 설치비용 때문에 설치를 미루고 있는 호텔들이 많으며, 대부분의 호텔들은 아직도 전화기를 이용한 시스템을 갖추고 있다.

미니바관리 시스템의 주요 기능은 다음과 같다.

① 미니바 품목의 이용여부 감지 : 냉장고에 비치되어 있는 품목이 서버(Server)로 전송

② 미니바 이용금액 계산 : 품목별 금액을 서버에 등록하여 계산

③ 미니바 재고현황 파악 : 전 객실에 있는 미니바 재고현황을 서버에서 파악

④ 미니바 이용금액 전송 : 미니바 서버에서 프론트오피스 시스템으로 전송

⑤ 냉장고 잠금장치 해제 : 고객 체크인과 동시에 프론트오피스 시스템 정보 수신

⑥ 냉장고 잠금장치 가동 : 고객 체크아웃과 동시에 프론트오피스 시스템 정보 수신

〈그림 3-39〉 미니바관리 시스템 실례

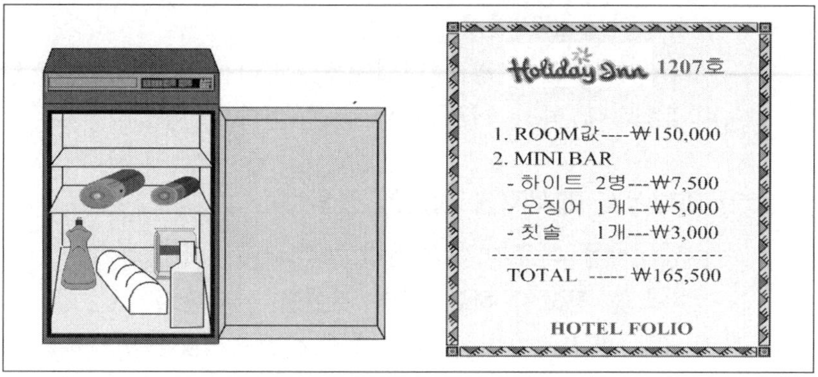

6. Voice Mail 시스템

새로운 개념의 대고객 서비스의 하나로 고객이 외출시에 메시지나 고객의 'Where are you' 등을 고객이 투숙하고 있는 객실의 음성사서함에 남기는 시스템이다. 고객은 필요시 객실 내에서 또는 외부에서 음성사서함을 확인할 수 있다.

〈그림 3-40〉 Voice Mail 시스템

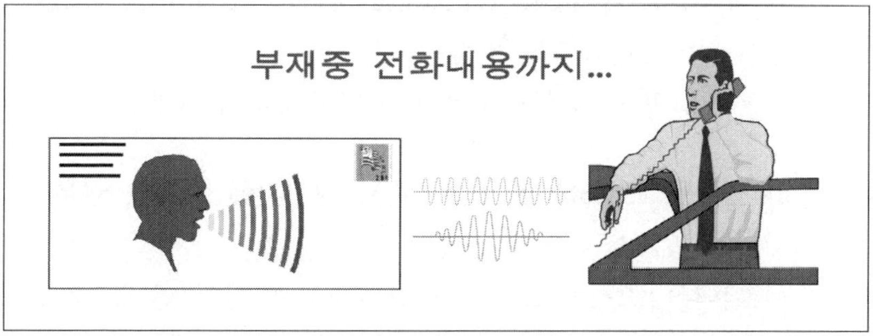

고객의 국적에 따라 자동으로 해당 언어로 안내하게 되어 있으며, 보통 한국어, 영어, 일어 등 3개 국어로 통용되고 있다. 사용방법을 간단히 약술하면 다음과 같다.

1) 객실내에서 메시지를 확인할 경우

- 전화기의 call 버튼을 누른다.
- 비밀번호가 있을 경우 비밀번호 4자리를 누른다.
- 안내방송에 따라 서비스번호를 누른다.

2) 외부에서 메시지를 확인할 경우

- 음성사서함 대표전화로 건다.
- 서비스를 받고자 하는 해당 언어를 선택한다.
- 사서함 번호 5자리를 누른다(객실번호 1902인 경우 71902를 누른다)
- 비밀번호가 있는 경우 4자리를 누른 후 안내에 따라 서비스 번호를 누른다.

3) 메시지 녹음방법(외부인이 투숙객에게 남길 때)

- 전화벨이 6번 울릴 때까지 투숙객이 받지 않으면 자동으로 Voice Mail 시스템으로 연결된다.
- 안내방송에 따라 번호를 누른 후 녹음을 한다.

4) 비밀번호 등록방법(통신보안을 위해 가급적 비밀번호를 입력한다)

- 전화기 Call버튼을 누른다.
- 서비스 번호 3번을 누르고 비밀번호를 입력한다.

5) 프론트데스크와 벨데스크에서 메시지를 남기는 경우

- 객실로 전화하여 음성으로 직접 남긴다.
- 프론트데스크는 Register 화면에서 메시지 칸에 M 코드를 입력하면 자동으로 고객음성사서함에 "프론트데스크에 메시지가 있으니 프론트데스크로 연락해 주십시오"라는 메시지가 남겨진다.
- 벨데스크에서는 House Phone의 단축버튼 14번을 누른 후 7+Room No.와 단축버튼 14번을 누른 후 Recall을 누른다.

7. In-Room Movie

객실 내에 설치되어 있는 영화시스템은 프론트오피스 시스템에 연결시키거나, 아니면 독립된 단독시스템으로 서비스를 제공하게 된다. 인터페이스 시스템을 통한 영화시스템은 TV유료채널로 상영을 하게 되며, 시간측정장치(Timing Device)를 갖고 있어서 채널을 선택하게 되면 해당 고객폴리오에 자동으로 요금을 부과하게 된다.

간혹 체크아웃시에 투숙객과 프론트 직원 간에 채널사용에 대한 문제로 트러블이 생기는데 고객이 미처 사용방법을 몰라 실수하거나, 일행 중에 다른 사람이 보고 나서 커뮤니케이션이 이루어지지 않아 발생하는 경우도 있다.

최근 들어서는 보다 적극적이고 개인적인 프라이버시를 위해 TV와 VCR이 함께 작동하는 기기를 제공하고 있는 호텔도 있다. 장기투숙객 또는 다양한 영화를 보고 즐기는 고객을 위하여 VCR을 함께 제공하는 서비스방식을 도입하고 있는 것이다.

〈그림 3-41〉 In-Room Movie 시스템

제3절_ 백오피스 시스템(back office system)

백오피스 시스템은 영업부문에서 발생된 매출에 대하여 회계결산을 하는 기능을 가지고 있으며, 대고객업무를 전담하고 있는 영업부문을 후방에서 지원하는 기능을 가지고 있다. 프론트오피스 시스템과 마찬가지로 백오피스 시스템도 호텔의 특성에 따라 다양하게 운용되고 있다.

백오피스 시스템은 호텔마다 필요한 부문을 개발하여 사용하므로 프로그램이 차이가 나지만, 운영적인 측면에서는 크게 차이가 나지 않는다.

〈그림 3-42〉 백오피스 시스템의 구성

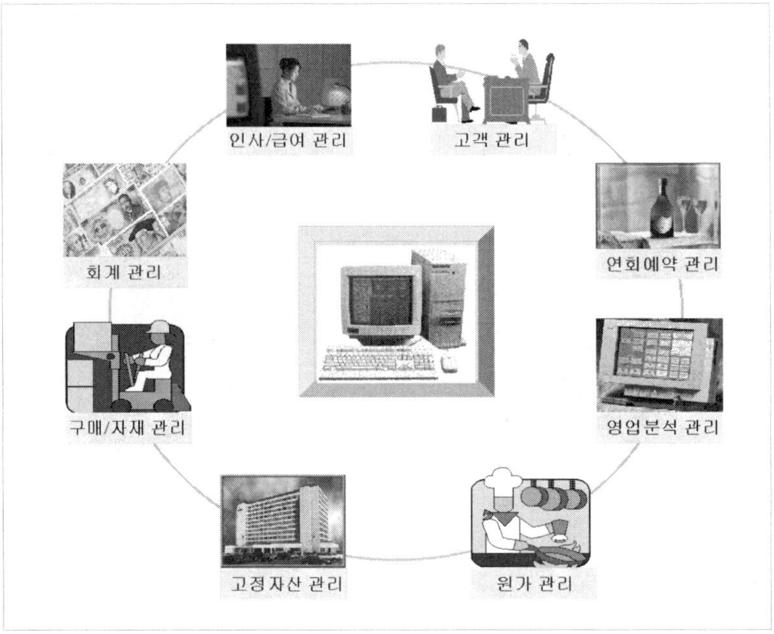

여기서는 다음과 같은 백오피스 시스템에 대하여 집중적으로 살펴보고자 한다.

· 고객관리 시스템
· 연회고객관리 시스템
· 인사관리 시스템
· 교육관리 시스템
· 급여관리 시스템
· 구매자재관리 시스템
· 고정자산관리 시스템
· 원가관리 시스템
· 여신관리 시스템
· 재무회계 시스템
· 관리회계 시스템
· 영업분석 시스템

<그림 3-43> 백오피스 시스템 Flow

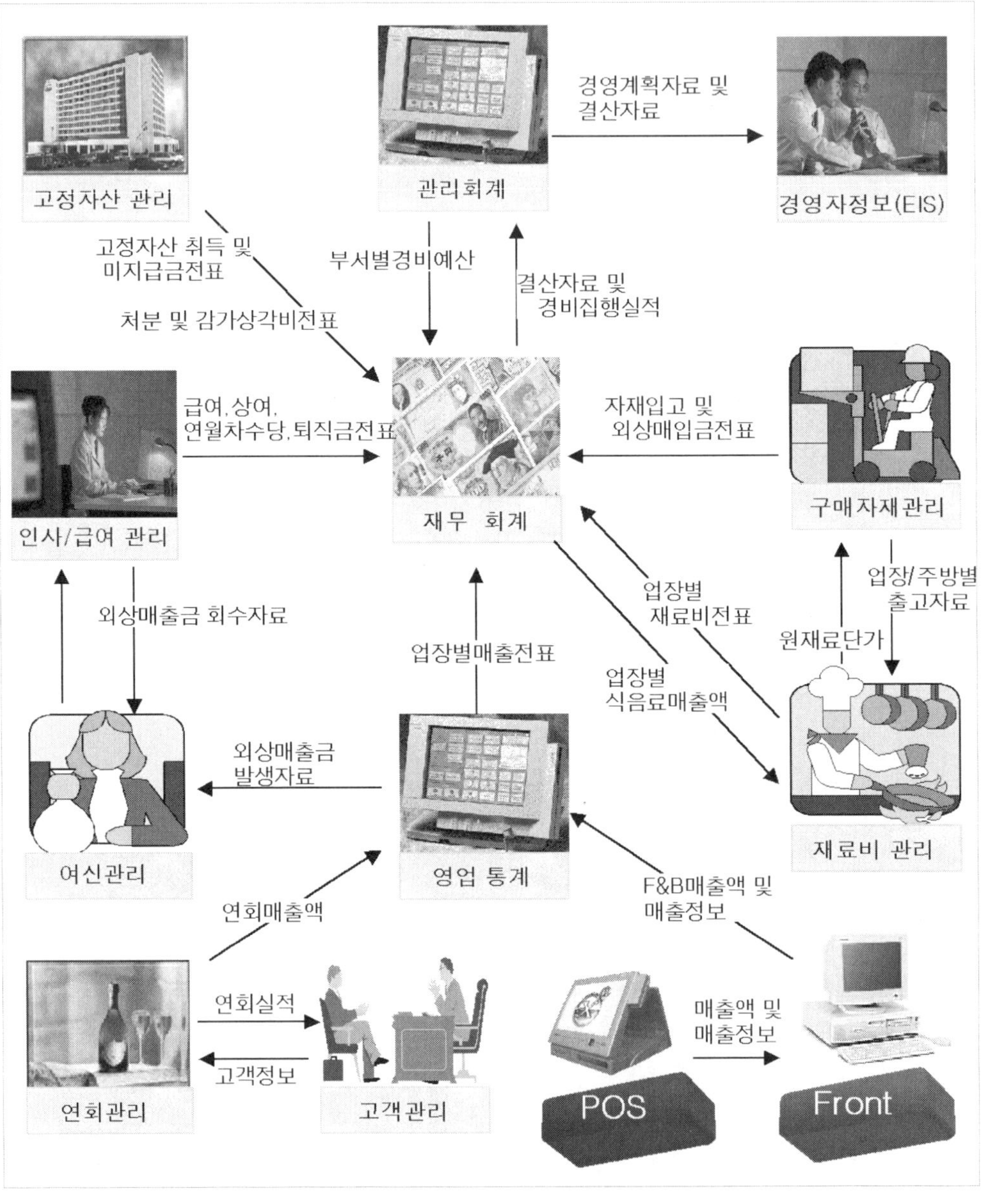

Ⅰ. 고객관리 시스템

1. 고객관리 시스템의 목적

고객관리 시스템은 투숙하였던 고객 내역을 기본으로 고객에 대한 사후관리에 주력하여 각종 집계성 자료를 작성하여 고객의 만족도를 위한 지원정보를 제공한다. 고객관리 시스템의 주요 특징으로서는 고객 재창출에 따른 고객 유형별 분석자료를 기초로 DM발송의 용이성은 물론 고객 체크기능을 강화하여 고객불평을 감소시키는데 있다.

고객관리 시스템의 주요 목적은 다음과 같다.

① 고객 서비스기능의 관리　　② 고정고객의 확보

③ 신규고객의 확보　　④ 고객 동향의 조사와 분석

〈그림 3-44〉 고객관리 시스템 Flow

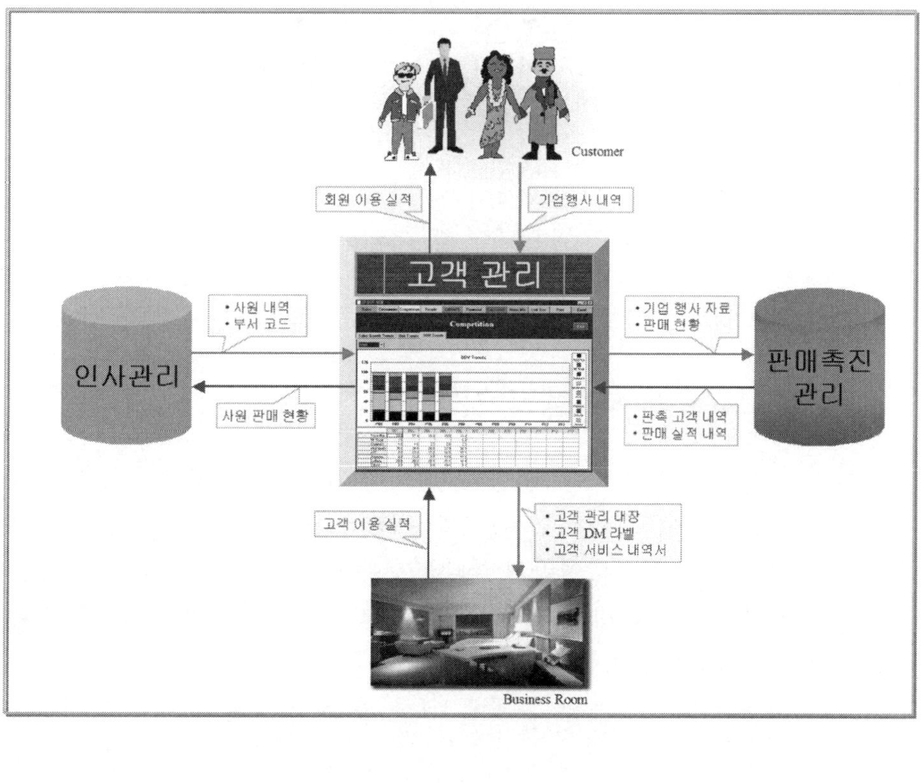

〈그림 3-45〉 Guest History 시스템 Flow

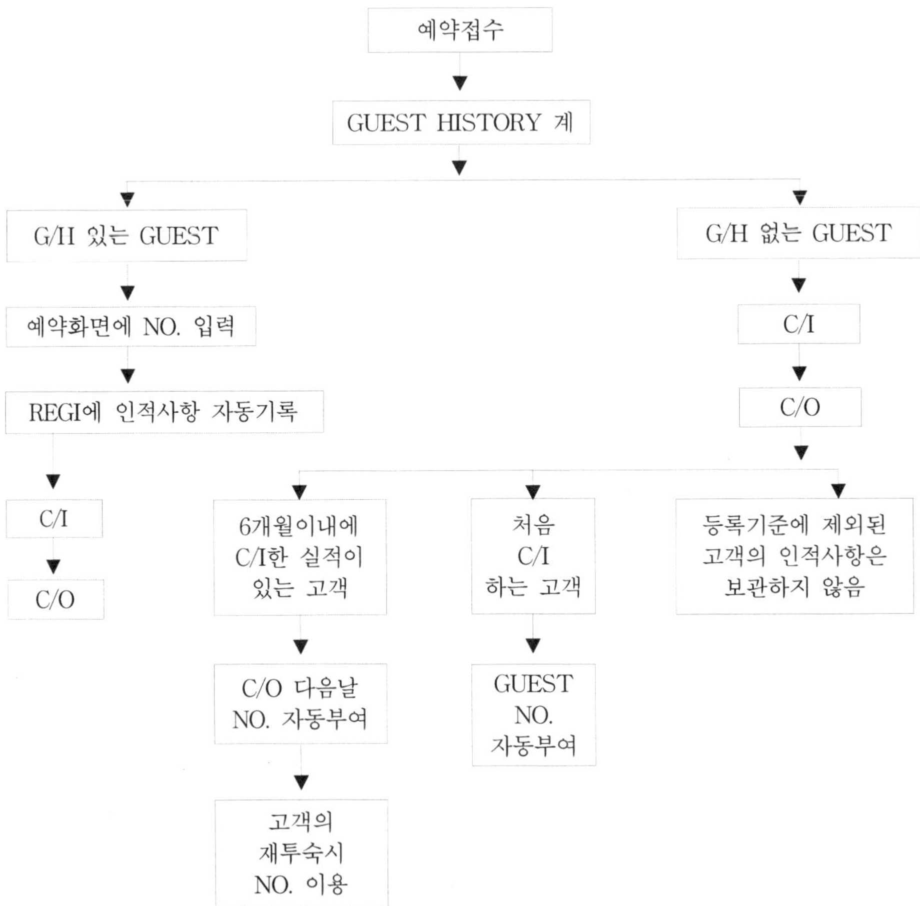

2. 고객관리 시스템의 기능

고객관리 시스템은 '사용자 편의성'에 초점을 맞추어 호텔고객관리 업무를 쉽게 처리할 수 있도록 개발된 프로그램이다. 호텔을 이용한 고객들의 현황 및 연락처, 행사일 등의 자료를 관리하여 판촉활동을 지원하며 판촉대상이 될 수 있는 고객의 정보 등의 관리 및 판촉직원들의 실적을 관리한다.

고객관리 시스템은 고객에 관한 모든 정보를 관리하며, 원하는 시점에서 필요한 정보를 언제나 이용할 수 있게 한다. 여기에는 계층식 메뉴방식에 의한 풍부한 도움말 화면과 다양한 오류 메시지의 제공으로 사용자가 쉽게 이용할 수 있도록 한다. 사용자별로 보안수준을 부여하여 각종 기능사용을 제한할 수 있으며, 사용자 ID와 암호를 관리함으로써 부주의나 고의로 인한 자료의 유출 및 손상을 방지할 수 있다. 기업의 각종 그룹사관리 및 기업거래 담당자를 관리할 수 있으며, 판매실적에 관한 사항과 보고서들이 제공된다. 그리고 고객, 잠재고객, 기업에 해당하는 조건별로 다양한 DM발송을 할 수 있다. 고객관리 시스템의 주요 기능은 다음과 같다.

1) 주요 고객관리

① 주요 고객의 우편번호, 주소, 성명, 전화번호, 문의내용 등을 관리
② 재투숙시 정식으로 예약이 되었을 때에는 이 정보를 활용

〈그림 3-46〉 주요 고객 List 화면

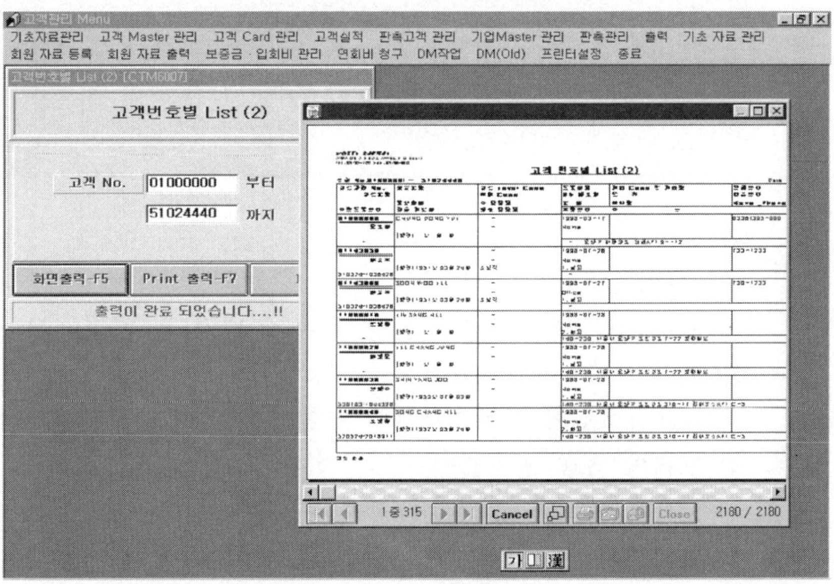

2) 개인고객 관리

① 고객등록

- 예약기록에서 입력된 고객정보를 일정기간 동안 관리
- 동명이인이 있는지 체크 후 2중관리 없도록 처리

〈그림 3-47〉 고객 Master 등록카드 화면

② 고객 조회

- 단순한 고객 문의
- 주소 또는 전화번호 변경, 근무지 변경 등 처리

③ 고객검색

- 고객정보의 항목으로부터 조건검색에 의해 유출

④ 고객의 특별 정보관리

- 선호하는 Room, Special Service 등

⑤ 고객통계

- 방문횟수, 1회당 평균 수입
- 숙박기간, Room Type

⑥ 고객동향 조사
⑦ 고객동향 분석
⑧ 일일 결산 작업시 자동 Update

〈그림 3-48〉 고객관리 시스템 메뉴 구성

기초자료 관리	회원자료 등록	회원자료 출력	보증금,입회비 관리	연회비 청구	DM 작업
관리Code 관리	고객 MASTER 등록	회원현황 (인원)	보증금, 입회비 현황	회원 연회비 관리	납입상태별 DM
Code 관리	고객 MASTER 조회 (번호별)	회원명부		연회비 발생 등록	
우편번호관리	고객 MASTER 조회 (성명별)	고객 번호별 List(1)		연회비 입금 내역	
지역번호관리	고객 MASTER 자료복구	고객 번호별 List(2)		연회비 입금 내역 출력	
업장코드관리	회원신상명세서	지역별 고객 현황		회원별 연회비 잔액명세서	
연회장 상태관리	회원 Check List	성별 고객 현황		회원별 연회비 관리원장	
행사내역 관리	회원 등록 일자별 현황	회원 차량 현황		일괄/부분 청구	
테이블 배치관리		신규 명의 변경 내역		청구내역 LIST (일괄/부분)	

3) 고객관리 시스템 주요 기능

① 고객이 투숙했을 때의 모든 정보 즉 선호하는 방, 특별 서비스, 금액 등의 통계자료 등이 기록되어 유지된다.
② 고객정보는 자동적으로 기록되거나 수동적으로 입력할 수 있다.
③ 예약시에 주소, 특별 서비스, Credit Card Number, 다른 특별한 정보가 입력되어지므로 쉽게 고객정보가 만들어진다.
④ 몇 번 방문했는가와 방문횟수, 투숙시에 매출액과 투숙 날짜 등의 모든 통계가 가능하다.
⑤ 고객정보는 언제라도 삭제 또는 추가가 가능하며, 두 개의 Master인 경우는 하나로 만들 수 있다.

⑥ 고객정보의 생성은 고객이 원하는 특별한 서비스를 운영하는데 있어서 매우 효과적이다.

⑦ 특별 서비스 제공은 투숙한 고객에게 즐거움을 줄 수 있다.

〈그림 3-49〉 고객실적 등록 화면

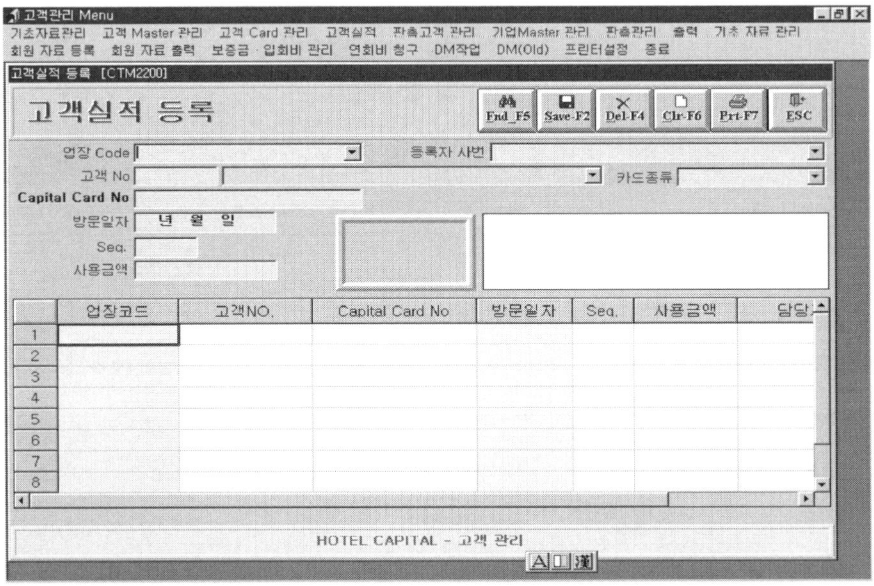

Ⅱ. 연회고객관리 시스템

1. 연회고객관리 시스템의 개요

연회예약부서는 주로 내방고객이나 전화로 문의를 하는 고객과 행사에 대해 예약하고 진행하며, 판촉부에서 유치한 행사를 코오디네이션하거나 그 행사에 대한 진행을 맡고, 그 결과를 분석하여 새로운 고객창출 및 기존 고객관리의 업무를 주로 수행하고 있다.

연회예약이 성립되기 위해서는 예약담당자와 판촉사원이 밀접한 협력체제를 갖추고 능률과 기능을 최대한 발휘하여 최대의 효율성을 올려야 한다. 이제는 고객으로부터 예약을 기다리는 시대는 지났으며 적극적인 판촉활동을 통하여 고객확보에 최선의 노력을 기울여야 한다. 따라서 예약 받는 시점에서부터 효율적이고 체계적이며 전문적인 예약절차 및 행사진행은 고객들로부터 요청되는 다양한 욕구를 만족시키고 고객창출과 고객재창출화에 크나큰 영향을 미치므로, 전문적이고 고도의 숙련된 기술을 가진 예약의 운영이 중요하다고 볼 수 있다.

〈그림 3-50〉 연회예약 시스템 Flow

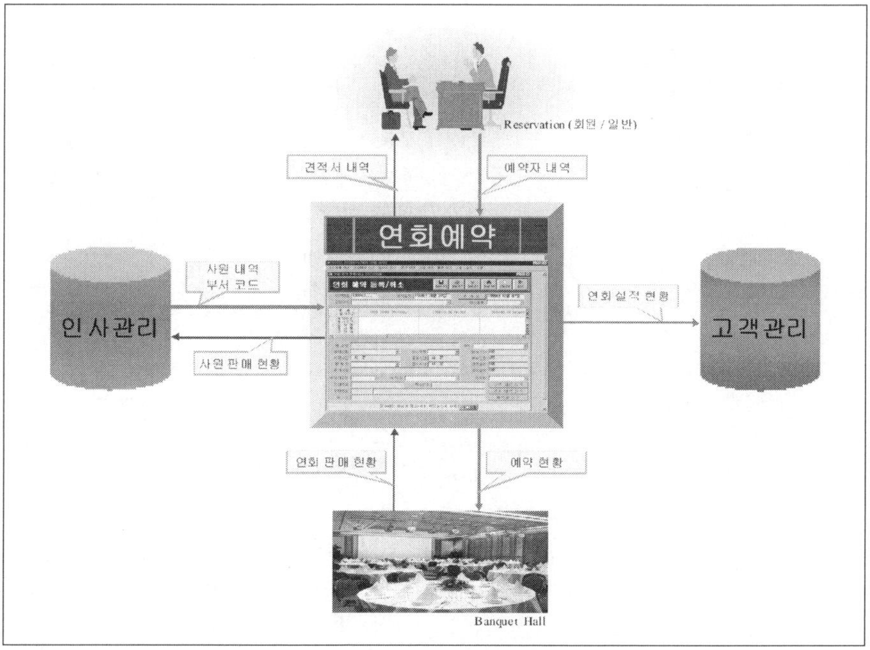

호텔정보 시스템은 호텔을 이용하는 이용객들의 증가하면서 연회장을 효과적으로 운영하기 위하여 연회예약사항, 행사진행준비, 행사내역 및 세미나 행사내역관리 등을 통하여 신속·정확한 대고객 서비스를 지원한다. 대부분의 호텔은 행사가 끝나면 감사편지와 감사전화를 하고 있으며, 주요 고객일 경우 생일에 생일카드와 함께 축하케

이크를 증정하고 주최자나 주요 거래선의 임원들에게는 호텔의 무료 숙박권, 뷔페이용권을 제공하고 있다. 가족모임, 행사 유치시 매출액에 따른 고객인센티브 제도를 도입하여 샴페인 뷔페식당이용권, 객실 숙박권, 항공권 등을 주는 특혜를 만들고 있으며, 사내연회 유치를 위하여 직원이 연회를 유치하였을 때 매출액에 따른 인센티브제도로 사내·외적으로 고객 유치 및 관리를 하고 있다.

〈그림 3-51〉 연회행사의 업무절차

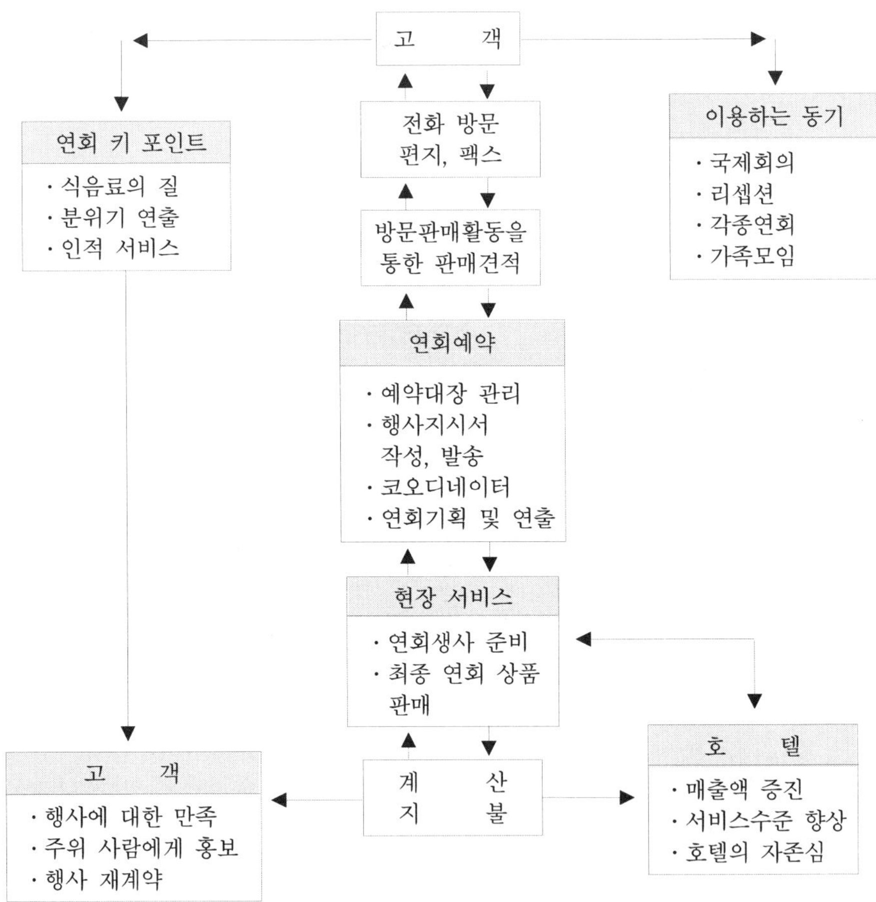

2. 연회예약 주요 업무기능

1) 연회예약관리 기능

연회예약시스템은 호텔의 연회장을 최대한 효율적으로 운영함은 물론 정확하고 신속한 고객서비스가 이루어지도록 해야 한다. 따라서 연회장의 예약사항, 연락처 및 견적사항 등의 기본적인 행사진행 자료를 관리하여 효율적인 행사지원이 되도록 기초자료를 관리한다.

연회예약 시스템을 사용하여 일자별, 업장별 예약사항 및 행사내역 등을 일목요연하게 파악할 수 있으므로 전화를 통한 문의사항 및 예약확인 등을 신속히 처리할 수 있다. 또한 판촉고객관리 시스템과 연계되어 효율적인 판촉활동을 할 수 있도록 자료를 제공한다.

행사에 따른 해당 부서별로 준비내역서 등을 배포하여 대형 세미나 등의 진행시 소요장비의 수배 및 투입고객 등을 파악하여 착오가 생기지 않도록 철저히 준비함으로써 고객으로부터 신뢰를 얻을 수 있도록 한다.

〈그림 3-52〉 연회예약 시스템 메뉴 구성

기초자료 관리	연회예약 관리	예약자 관리	정산 작업	조회 작업	출력 작업
관리Code 관리	FUNCTION ROOM RSV BOOK	예약자 -회원 (Membership Customer)	연회일일마감 (Daily Closing)	업장별 행사 현황	업장별 행사 현황
Code 관리	연회예약 (Banquet Reservation)	예약자 -일반 (Membership Customer)	연회실적조회 (Banquet Reservation Book)	일자별 행사 현황	일자별 행사 현황
우편번호관리	견적서 (Quotation Sheet)	기업관리 (Organizer)		취소예약 현황	예약취소 현황
DDD지역번호관리	지시서 (Function Sheet)			일일집계 현황	일일집계 현황
업장코드관리				예약 현황	예약 현황
연회장 상태관리				견적서 발행 현황	견적서 발행 현황
행사내역 관리				지시서 발행 현황	지시서 발행 현황
테이블 배치관리				연회실적 현황	판촉실적보고서

(1) 고객관리(Guest History) 기능

연회고객은 주로 법인 또는 단체를 의미하며 지속적인 관리가 필요한 고객의 정보는 수시 컴퓨터에 입력한다. 개인고객의 경우 전부 History에 보관한다는 것은 무리이므로 특별한 경우에만 선별하여 저장한다.

가. 개인고객

① 고객번호 : 분류별 코드부여
② 성명
③ 생년월일 또는 주민등록번호
④ 성별
⑤ 국적
⑥ 회사명
⑦ 회사주소/우편번호
⑧ 집주소/우편번호
⑨ 집 전화번호
⑩ Remarks
⑪ 호텔판촉담당 코드
⑫ 실적정보 : 총 연회매출액
⑬ 생성일자

나. 법인(단체)고객

① 고객번호 : 분류별 코드부여
② 회사명
③ 회사주소/우편번호
④ 회사창립기념일
⑤ 연회예약담당자 성명
⑥ 생년월일 또는 주민등록번호
⑦ 성별
⑧ 국적
⑨ 부서명/직책

⑩ 회사전화번호/팩스/텔렉스
⑪ Remarks
⑫ 호텔판촉담당 코드
⑬ 실적정보 : 총 연회매출액
⑭ 생성일자

〈그림 3-53〉 단체고객 Master

(2) 일 · 월별 연회예약 입력

매일, 매월별, 매연도별로 기록 정리한다. 해당 월에 있었던 몇년전 행사라도 추적해 낼 수 있도록 주최명, 담당자, 연락처, 인원, 행사내용, 금액등을 상세히 기록한다.

연회예약 접수시 입력해야 할 내용은 다음과 같다.

① 연회행사일자
② 시간코드 : 연회행사를 개최하는 시간대로서 보통 7가지 시간대로 나뉜다.

③ 고객번호 : 신규거래선인 경우 거래선 Master 등록화면에서 Master를 생성한 후 입력한다.
④ 연회장코드
⑤ 연회종류코드
⑥ 참석예상인원
⑦ 참석보장인원
⑧ Food 금액
⑨ Beverage 금액
⑩ 기타금액 : 부가장비 이용료
⑪ 연회장 임대료
⑫ 총연회행사금액
⑬ 보증금
⑭ 지급방법 : 현금, 크레딧카드, 후불
⑮ 메뉴종류

〈표 3-7〉 오늘의 연회행사 현황

장소	시간	행사명	인원	예약자	담당자
그랜드볼룸	19:00 - 22:00	제1회 돌하르방배 골프대회 만찬	250	감문남	
동백룸	16:00 - 19:00	경기도의회 예산결산특위 위원회	12	유효숙	
무궁화룸	19:00 - 21:00	탐라도 로타리클럽 석회	35	이성주	

<표 3-8> 기간별 연회예약 현황

예약번호	Status	행사명	장소	인원	행사일	기간	견적금액	예약일
020402	R	제1회 돌하르방배 골프대회 만찬	그랜드볼룸	250	2002.04.02	1		2002.03.20
020403	R	탐라도로타리클럽 석회	무궁화룸	35	2002.04.02	1		2002.03.28
020404	R	경기도의회 예산결산특위 위원회	동백룸	12	2002.04.02	1		2002.03.28
020405	R	그린피아 상품설명회	그랜드볼룸	90	2002,.04.04	1		2002.03.01
020406	R	(주)삼양인터네셔날 사업설명회	동백룸	19	2002,.04.04	1		2002.03.20
020407	R	진산라이온스클럽 창립2주년 행사	그랜드볼룸	100	2002,.04.04	1		2002.03.08
020408	R	김희철 조은임 결혼식 및 피로연	그랜드볼룸	350	2002,.04.05	1		2002.03.28
020411	R	제주홀리클럽 창립1주년 초청강연회	G.B.R(B)	45	2002,.04.05	1		2002.03.20
020409	R	고영준 송애숙 결혼식 및 피로연	그랜드볼룸	250	2002,.04.06	1		2002.03.20
020410	R	JTB본부장급 STUDY TOUR	다이너스티룸	8	2002,.04.07	1		2002.03.20
020413	R	박선협님 결혼피로연	G.B.R(B)	100	2002,.04.07	1		2002.03.07

(3) 감사편지

연회가 끝난 후에도 제 2, 3의 연회를 유치할 수 있도록 사후관리(After Care)를 한다. 감사의 편지와 동시에 설문서를 동봉해서 고객에게 발송한다.

2) 연회일람표 작성 및 관계부서 배부 기능

연회일람표는 해당날짜의 연회행사를 전부 기록하여 사내 필요한 부서에 배부토록 해 행사진행상황을 파악할 수 있도록 한다. 행사내용, 시간, 장소, 인원수, 식사메뉴 등을 입력하고 특이사항이나 VIP 사항 등을 입력한다.

3) 연회실적 집계 기능

연회실적 집계는 Sales Man별 개인실적과 월별분석이 있다. 판촉사원별 개인실적은 매주 금요일에 집계해서 각 판촉사원의 실적을 고과하도록 한다. 매일 아침에 전일 행사한 견적(Estimate)을 근거자료로 하여 실적을 뽑도록 한다.

월별매출액은 매월 말에 분석하도록 하며, 연회예약과의 행사기록으로 중요한 실적자료가 된다.

(1) 연회장별 목표 입력

① 연회장 코드

② 월목표입력

(2) 판촉담당별 목표 입력

① 판촉담당별 코드

② 월목표 입력

(3) 목표 · 실적 대비

① 연회장별

② 판촉담당별

③ 시장별

〈그림 3-54〉 연회 매출 등록

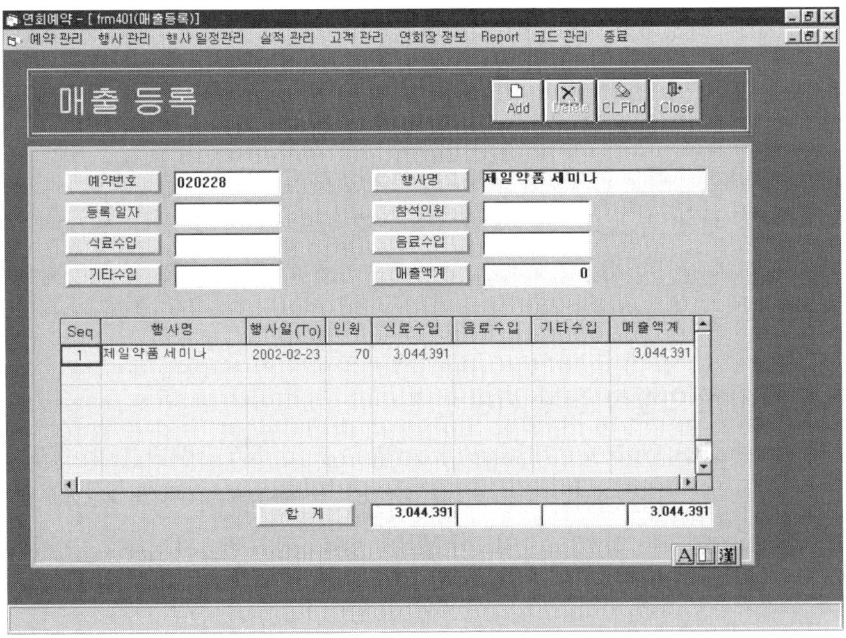

〈그림 3-55〉 판촉요원별 매출실적

		TODAY			MONTH TO DATE					BUDGET M-T-D		
CODE	DESCRIPTION	ROOM	AVERAGE	REVENUE	ROOM	(%)	AVERAGE	REVENUE	(%)	ROOM	AVERAGE	REVENUE
1	오 환	2	85,228	170,455	320	61.2	125,964	40,308,552	.0	523	0	0
2	김 수	5	86,000	430,001	444	84.9	98,833	43,881,839	.0	523	0	0
3	유 상	5	81,091	405,456	383	66.8	100,330	38,426,230	.0	573	0	0
9	서울지역-직	11	92,599	1,018,592	420	.0	109,802	46,116,637	.0	0	0	0
10	경기지역-직		0	0	2	.0	85,000	170,000	.0	0	0	0
11	영남지역-직		0	0	10	.0	130,032	1,300,319	.0	0	0	0
	합 계	173	146,558	25,354,490	5,885	167.8	119,573	703,684,203	.0	3,507	0	0

4) 연회예약 시스템 산출정보

(1) 거래선정보

① 거래선 기본정보

② 법인거래선 예약담당자 리스트

③ 법인거래선 계약리스트

④ 시장별 거래선 리스트 : 대분류, 중분류, 소분류별

⑤ 호텔 세일즈맨별 거래선 리스트

⑥ 신규거래선 리스트 : 생성기간을 선택

(2) 목표 · 실적정보 월 단위 산출

① 시장별 목표 · 실적 리포트

② 거래선별 목표 · 실적 리포트

③ 세일즈맨별 목표 · 실적 리포트

④ 전년 동기비료 목표 · 실적 리포트

(3) 실적정보 일단위 산출

① 프론트오피스 체크리스트 : 프론트오피스 시스템에서 판촉관리로 Download된 내역에 대한 체크리스트를 말한다.

② 법인예약담당자별 실적 리포트

③ 거래선별 실적 리포트
④ 세일즈맨별 실적 리포트

(4) DM 발송용 자료
① 시장별
② 결혼기념일
③ 창립기념일
④ 생년월일
⑤ 호텔 세일즈맨 코드별
⑥ 기타 : 매출액, Room Night 등을 기준으로 하여 DM 발송자료 산출

(5) 기타 정보
① 경쟁사 정보 : 일 · 월 · 년별 실적비교
② 객실비품 정보 : 판촉요원 객실 판촉활동시 참고정보로 활용한다.

Ⅲ. 인사관리 시스템

1. 인사관리 시스템의 개요

인사관리 시스템은 인사기록 유지 및 개인 인적사항의 변동에 관한 각종 자료의 자동취합과 분석 및 효율적인 보직관리와 평가제도를 정착시키는 데 있다. 나아가 급여계산 및 각종 세무자료의 회계관리와 즉각적인 검색을 통하여 합리적이고 과학적인 인사관리 체제를 구축하는 한편, 연관관계를 자동화하여 차후 개발된 각종 업무전산화를 위한 기본 여건과 정보체계를 조성하는데 있다.

인사관리 시스템의 주요 업무는 다음과 같다.

1) 인사 Entry

인사업무에 관련된 개인별 자료를 입력하고 관리하는 시스템으로 크게 구분지어 개인관리를 하는 기본사항과 인사에서 가장 중요한

발령사항, 기본사항 외 항목인 기타사항, 평가사항 등이 있다.

2) 조직관리

조직개편시 발생하는 단위부서의 생성, 소멸, 변천 등을 시스템적으로 관리하며 부서간의 상하 연결관계를 정의하여 조직도를 구성할 수 있게 하는 시스템이다. 또, 조직개편에 따른 개인별 인사발령을 자동적으로 처리하는 기능을 제공한다.

3) 승격(급)

직급별(사업부별) 평가기준을 참고로 임직원 개개인에 대하여 선발심사, 본 심사과정을 거쳐 일정한 자격요건을 갖춘 대상자들을 선별할 수 있도록 지원을 하고 확정된 대상자들을 인사발령 처리까지 담당자가 시스템에서 수행을 하도록 한다.

〈그림 3-56〉 인사관리 시스템

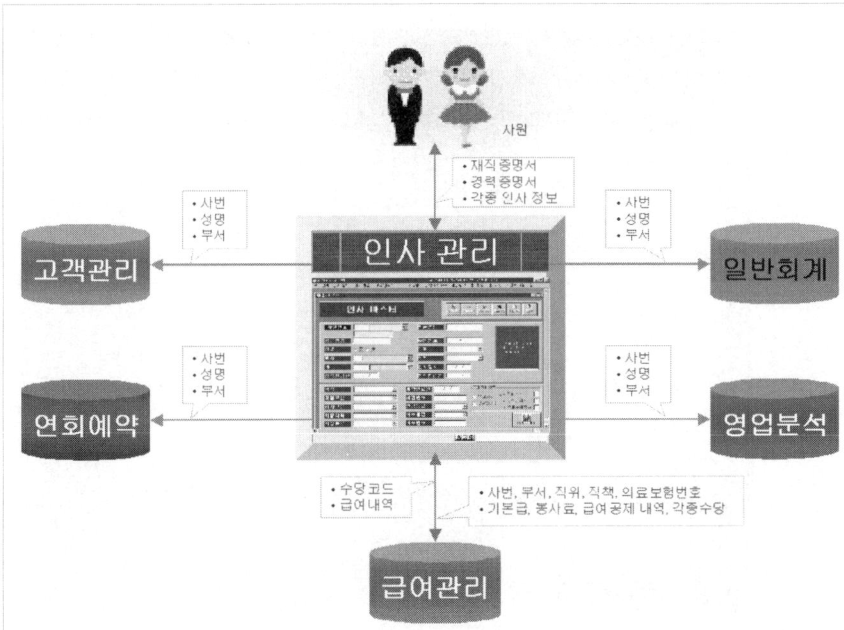

2. 인사관리 시스템의 업무내용

1) 인사

가) 기본사항 : 개인의 신상, 회사근무사항, 병역, 추천, 보증을 등록한다.

나) 개인발령 : 기본사항이 등록된 개인의 발령내역을 등록한다.

다) 전자결재 : 발령사항을 상사에게 결재로 보낸다.

라) 평가사항 : 기본사항이 등록된 개인의 상사평가, 인물평, 자기신고를 등록한다.

마) 기타사항 : 기본사항 이외의 학력, 가족, 경력, 자격, 표창, 경조 등을 등록한다.

바) 게시판 : 복직, 해외, 양성, 파견종료의 예정자와 품의발령자, 전출입자, 그룹과 해외코드를 조회한다.

사) 코드관리 : 인사 Entry에서 쓰이는 코드를 등록한다.

〈그림 3-57〉 인사 Master

2) 조직관리

가) 조직개편 및 대상 선택 : 조직개편 년월, 회사, 작업방법을 선택한다.
나) 신규 조직 등록 : 새로운 조직을 등록한다.
다) 조직도 수정 : 기존조직을 수정한다.
라) 내부코드 생성 : 조직관리에 필요한 코드를 생성한다.
마) History 등록 : 이전시점과 현재시점간의 조직 History 연관관계를 등록한다.
바) 대상자 선정 : 조직개편에 따른 발령대상자를 선정한다.
사) 대상자 발령 : 조직개편에 따른 발령을 낸다.
아) 부서원 생성 : 조직개편에 따른 부서장, 부서원 정보를 생성한다.
자) 계층구성 조회 : 조직의 계층구성 및 부서원 정보를 조회한다.
차) History 조회 : 조직의 History를 조회한다.
카) 변경내역 등록 : 조직개편내역을 등록한다.
타) 자료삭제 : 한 시점의 조직자료를 삭제한다.
파) 기본사항 정비 : 최종 조직개편에 맞게 기본사항을 정비한다.
하) 현업 부서 관리 : 현업 부서, Cost Center, Work Center를 등록한다.

〈그림 3-58〉 부서별 인원현황

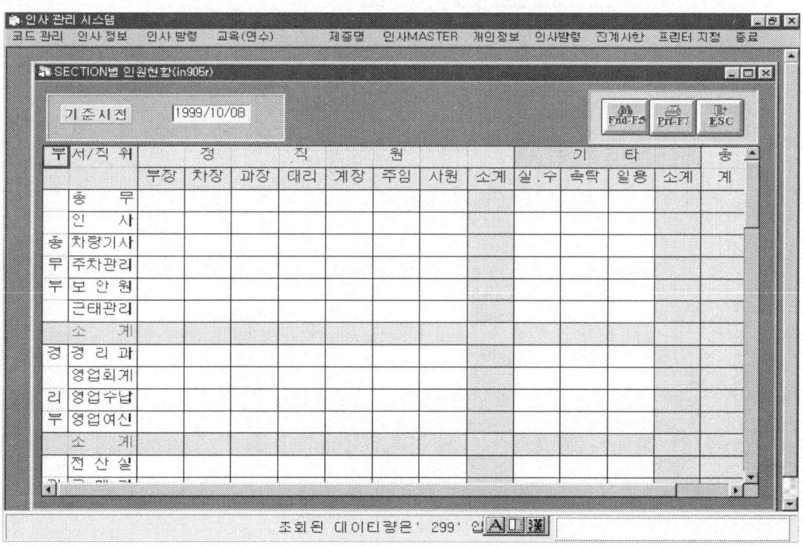

3) 승격(급)

가) 기본대상자 선정 : 등록된 기본적인 기준으로 포괄적인 대상자들을 인사시스템에서 승격(급) 시스템으로 복사

나) 선발심사 과정 : Point 승격과 같은 대상자가 되기 위한 자격요건이 필요한 경우 수행을 하는 심사단계

다) 본 심사과정 : 선발심사에서 확정된 경우와 선발심사과정 없이 본심사를 수행하는 체류연수(정규)승격 같은 경우에 필요한 심사단계

라) 호봉조정 : 필요한 경우 승격(급) 후에 개인별로 호봉을 조정할 수 있도록 함

마) 인사발령 : 최종 승격(급)자에 대하여 인사시스템에 반영-승격(급)발령

〈그림 3-59〉 발령관리 화면

3. 인사관리 시스템의 주요 기능

인사관리 시스템은 인사업무의 정확성과 신속성 그리고 업무의 효율성을 높이기 위하여 개발된 인사관리 소프트웨어이다. 또한 급여 등의 타시스템과 데이터를 공유하게 되므로 자료의 이중관리가 배제되어야 하며 데이터의 정확성에 신중을 기해야 한다. 또한 개인의 신상자료관리 및 근무기록에 관한 모든 자료를 기록관리함으로써 직원에 대한 인사행정의 기본체제를 구축하여야 한다.

사용부서의 요구에 따른 다양한 리포트제공 및 다양한 조회화면을 제공하며 분석자료로서 다양한 통계자료를 산출해야 한다. 그리고 관리자용의 각종 자료에 대한 조회 및 리포트를 제공하여 경영층에 의사결정을 지원해야 한다.

개인에 대한 다양한 정보를 제공하며 다양한 조건에 의한 인원검색 등의 기능을 제공하여 효율적인 인력관리를 실현할 수 있어야 한다.

〈그림 3-60〉 인사관리 시스템 메뉴 구성

인사정보	인사발령	인사MASTER	개인정보	집계사항	코드관리 교육(연수)
인사관리 MAIN	인사발령사항	정직원MASTER	직원신상조회	Section별 인원현황	사용자 등록
인사마스터	상벌사항	부서별개인MASTER	직원주소록	근속년수별 직원조회	기초코드등록
일용직마스터	퇴직자이동작업	입사자MASTER	직원가족사항	근속년수별 직원명단	코드출력
신상명세	수습만료자현황	퇴직자MASTER	직원학력사항	부서별 인원명단	교육계획
가족/학력/병역/신검 자격/어학/경력 등	입사자현황	인사기록카드	직원병역사항	월별 생일자 명단	교육내역
보건증	퇴직자현황		직원보증사항		교육내역서
정,그룹사항	휴직자현황		직원건강기록		제증명서출력
기타사항	리스트 (입사,수습,퇴직)		직원자격증		

〈그림 3-61〉 임직원 신상명세서

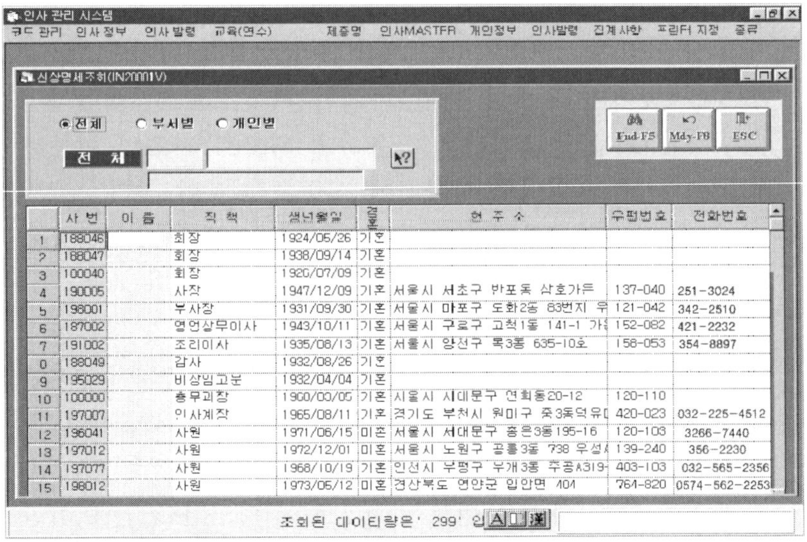

〈그림 3-62〉 직원 병역관리 화면

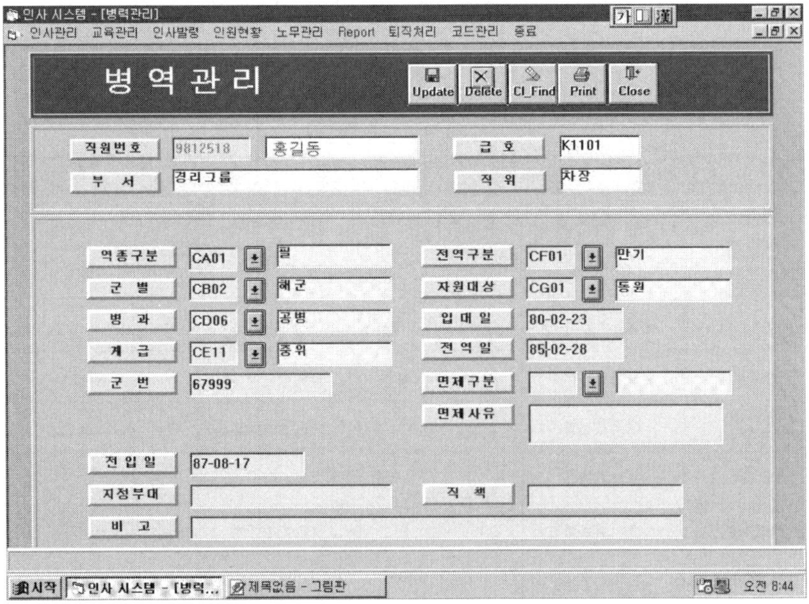

〈그림 3-63〉 퇴직자 조회 화면

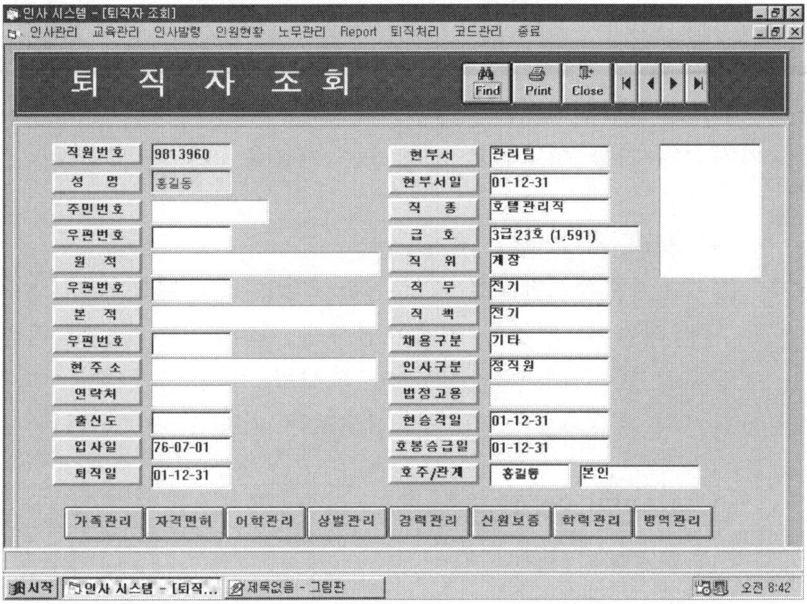

4. 교육관리 시스템

1) 교육관리 업무개요

(1) 교육경영계획

교육부문의 연간 경영계획을 관리하는 시스템으로 교육방침, 과정단위 경영계획수립, 실행실적 및 달성률 산출, 지표관리, OM관리 등이 있다. 또한 과정단위별 시스템 Code를 생성하며 과정안내서 데이터를 교육과정운영에 반영한다.

(2) 교육과정운영

교육과정운영에 관련된 업무를 통합 관리하는 시스템으로 사내교육운영, 외부교육 운영, 강사관리, 교과목관리 등이 있다.

(3) 외국어검정

외국어검정제도를 운영/관리하는 시스템으로, 검정시행 전/후로 수행해야 할 업무를 일목요연하게 처리할 수 있도록 지원한다. 또, 검정지원 및 합격현황, 전사 및 부서별 자격보유현황을 산출하고 정보화자격 보유자를 조건별로 검색하는 기능을 제공한다.

(4) 정보화자격검정

정보화자격검정제도를 운영·관리하는 시스템으로, 검정시행 전후로 수행해야 할 업무를 일목요연하게 처리할 수 있도록 지원한다. 또 검정지원 및 합격현황, 전사 및 부서별 자격보유현황을 산출하고 정보화자격 보유자를 조건별로 검색하는 기능을 제공한다.

2) 교육관리 업무내용

(1) 교육경영계획

① 경영계획수립 : 연도별 과정단위 경영계획을 확정한다.
② 실행실적 : 실행실적을 산출하고 실적과정 조회한다.
③ 교육방침 및 관리지표 : 교육방침과 종합지표를 관리한다.
④ 실적 및 계획 : 경영계획 관리지표를 관리한다.
⑤ 지표산정 및 OM : 경영계획 지표를 산정하고 OM 처리한다.

(2) 교육과정운영관리

① 과정탐색기 : 사내교육과정, 외부교육과정 파일 전체를 통합 관리한다.
② 사내교육통합관리 : 사내교육과정의 경영계획, 과정정보, 과정품의, 인원관리, 일정관리, 경비관리, 결과보고를 통합관리한다.
③ 외부교육통합관리 : 외부교육과정의 신청, 결과, 불참신청을 통합 관리한다.
④ 개인초기이력관리 : 개인초기이력데이터의 입력 및 수정 의뢰처리를 한다.
⑤ HR탐색기 : 조건에 의해 교육대상자를 검색한다.

⑥ 교과목탐색기 : 교과목관리 및 관련 정보를 등록 · 조회한다.
⑦ 강사탐색기 : 강사관리 및 관련정보를 등록 · 조회한다.
⑧ 교육안내서 : 교육안내서를 등록 · 수정 관리한다.

(3) 외국어검정

① 검정전 관리 : 신청접수기간, 사전취소기간, 불참사유 접수기간 등의 검정실행계획을 등록하고, 토익위원회/외국어대 송부용 응시자명단, 취소자 명단 파일을 생성한다.
② 검정후 관리 : 전체 성적결과, 불참자, 10점 처리자, 점수 미달자 및 시상자를 조회하고, 불참자 또는 응시자 전원에 대하여 응시료를 급여 공제한다.
③ 통계정보 : 검정지원 및 취득현황, 전사 외국어자격 보유현황, 부서별 외국어자격 보유현황을 조회한다.
④ 기준관리 : 불참자, 점수 미달자, 시상금, 급여공제 등의 처리기준을 등록하고, 외국어검정과 관련된 그룹코드를 상세 조회한다.
⑤ Batch Program : 그룹에서 전송된 데이터를 시스템에 반영하고 각종 통계자료를 생성한다.

(4) 정보화자격검정

① 검정전 관리 : 신청접수기간, 검정일별 시간표, 검정장소 등의 검정계획을 등록하고, 검정신청 승인 여부를 결정하며, 정보화자격관리사무국에 신청자명단을 전송한다.
② 검정후 관리 : 성적결과, 불참자, 시상자 현황 등을 조회하고, 응시료를 급여 공제하며, 과목별 합격현황 및 자격 취득현황을 조회한다.
③ 통계정보 : 개인별, 등급별, 유효일별, 취득일별로 자격보유자를 검색하고, 전사 및 부서별 정보화자격 보유현황을 조회한다.
④ 코드관리 : 응시제한, 시상금, 공제금액, 통계모수 등의 정보화검정기준을 등록하고, 정보화검정과 관련된 그룹코드를 상세 조회한다.

⑤ Batch Program : 정보화자격관리 사무국에서 전송된 데이터를 시스템에 반영하고 각종 통계자료를 생성한다.

(5) 양성인력

① 대상 선발 : 선발전략을 수립하여 공지한 후 신청서를 취합하고 자격요건을 심사하여 최종 대상자를 선발한다.

② 파견전 관리 : 파견활동에 필요한 제반 사항을 숙지한다.

③ 파견중 관리 : 정기적인 연락을 통해 경비지원 및 활동사항에 대해 지속적으로 관리한다.

④ 귀임후 관리 : 변화된 모습을 평가하며, 양성인력을 적재적소에 배치하여 인적자원 활용의 극대화를 추구한다.

3) 타업무와의 연관관계

① EIS : 경영계획의 진행정보가 실시간으로 산출되며, 외국어 및 정보화 통계정보가 제공된다.

② 그룹교육시스템 : 그룹교육 데이터가 과정탐색기를 통해 조회되며, 인력개발원과 정보화자격관리사무국으로부터 OM을 통해 각각 외국어, 정보화 검정의 성적결과, 자격사항 데이터가 송신된다.

③ 인사시스템 : 개인 인사카드에 외국어 및 정보화자격사항이 조회되며, 양성인력에 관한 여러 자료를 인사와 공유하여 선발 및 귀임후 관리를 인사부서에서 할 수 있다. HR탐색기에서는 인사기본사항을 근거로 조건별 대상자를 검색한다.

④ 급여시스템 : 검정 응시료 급여 공제시 급여시스템과 연계할 수 있다.

Ⅳ. 급여관리 시스템

1. 급여관리 시스템의 개요

개인이 입사한 후 퇴직에 이르기까지 급여를 처리하는 작업으로 월정급여와 상하반기상여, 휴가비 등의 부가급여 및 퇴직급여 등이 산정대상이 된다. 급여복리후생(의료보험, 국민연금, 개인연금, 제저축)의 각종 업무를 지원하며, 개인의 근로소득에 대해 세법에 의거 세금과 고용보험을 계산하여 차인지급액을 구하고 이를 개인에게 지급하는 모든 기능을 사용자가 원활히 사용할 수 있도록 지원한다.

〈그림 3-64〉 급여관리 시스템

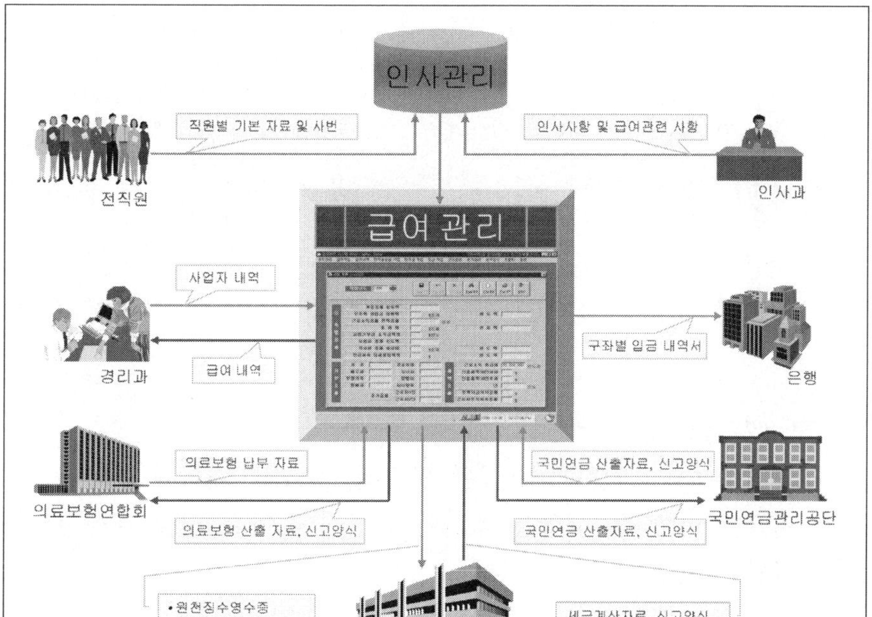

2. 급여관리 시스템의 업무내용

1) 월정급여

(1) 급여기초자료 생성

· 인사시스템에서 각종 급여기초자료 생성

· 급여마스터와 인사마스터를 중심으로 당월급여 인원을 확정

· 개인의 입사일을 기준으로 근속개월을 산정

〈그림 3-65〉 급여/상여작업 화면

*** 급여/상여작업 ***

1. 인사발령관리
2. 인사 기본자료 관리
3. 정리금액 관리
4. DNO 수당관리
5. 휴일특근수당관리
6. 개인별 수당관리
7. 인사발령 전송
8. 급여발령 관리
9. 급여 작업
10. 급여원장 관리
11. 상여 신규입사자 지급률 관리
12. 상여 사직자 지급률 관리
13. 상여지급기간 관리
14. 세금 추납입자 관리
15. 상여작업
16. 상여원장 관리
17. 급여, 상여작업 Reports

(2) 수당 총액 계산

기본수당, 기준별 수당 등 월급직, 시급직, 계약직에 따라 개인들이 지급 받아야 할 사항을 계산하고 발령에 따른 일할 대상자의 수당을 일할 계산한다.

(3) 공제생성

· 기준별 공제, 타시스템 공제, 경조금관리, 개인별 고정공제, 복리후생 연계공제

· 고용보험관리, 비용공제

· 의료보험료, 국민연금, 개인연금, 각종 저축 등의 급여공제

〈그림 3-66〉 급여공제내역 등록 화면

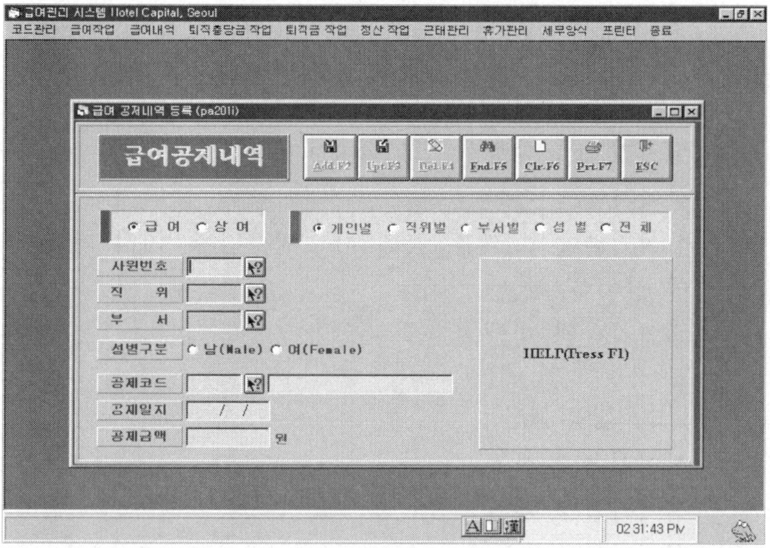

〈그림 3-67〉 정산공제내역 화면

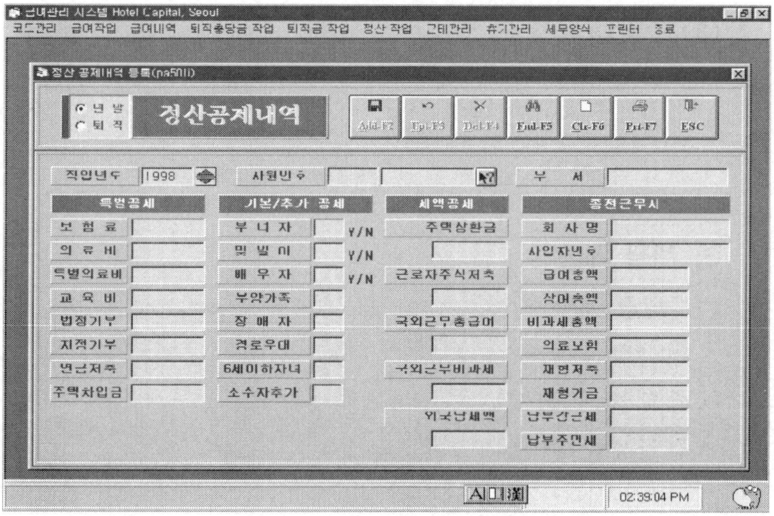

(4) 지급액 계산
- 공제보류자 처리
- 차인지급액 계산

2) 상여 계산

(1) 상하반기 상여 계산
- 상여기초액 산정
- 상여가급액 계산
- 상여기본율, 고과율, 근태감률, 발령감률, 기타 가감률 등으로 개인 상여율 계산
- 개인지급액 계산

(2) 부가상여 계산
- 상여기초액 산정
- 상여가급액 계산
- 상여기본율, 기타 가감률 등으로 개인상여율 계산
- 지급액 계산

(3) 연월차 계산
- 연월차 기초 산정 및 개인별 일당 계산
- 기타가액 계산
- 지급액 계산

3) 세금 계산

(1) 세금 계산
- 연말정산
- 중도정산
- 간이세금 계산

〈그림 3-68〉 연말정산 계산절차

(a) 근로소득	
(−)	
(b) 근로소득공제	① 근로소득 500만원 이하 : 전액공제 ② 근로소득 500만원 초과 : 500만원 + 근로소득 1,500만원 이하 (500만원 초과액 × 40%) ③ 근로소득 1,500만원 초과 : 900만원 + 근로소득 4,500만원 이하 (1,500만원 초과액 × 10%) ④ 근로소득 4,500만원 초과 : 1,200만원 + (4,500만원 초과액 × 5%)
(=)	
(c) 근로소득금액	
(−)	
(d) 기본공제	① 본 인 공제 : 100만원 ② 배우자 공제 : 100만원 ③ 부양가족공제 : 100만원
(−)	
(e) 추가공제	① 경로우대공제 : 50만원/인 ② 장애자 공제 : 50만원/인 ③ 부녀자 공제 : 50만원/인 ④ 자녀 양육비 : 50만원/인
(−)	
(f) 소수공제자추가공제	① 기본공제 1인인 경우 : 100만원 ② 기본공제 2인인 경우 : 50만원
(−)	
(g) 특별공제	① 보험료 공제 : 의료/고용보험 전액공제 보장성보험 70만원 한도 공제 ② 의료비 공제 : 급여총액 3% 초과액(300만원 한도) ③ 교육비 공제 : 본인교육비 전액공제(대학원포함) 자녀 유치원, 유아원 100만원 한도 자녀 초,중,고등 150만원 한도 자녀 전문대학, 대학 300만원 한도 ④ 주택자금 공제 : 저축액 및 차입원리금 해당금액의 40% 장기차입이자상환액전액(300만원 한도) ⑤ 기부금 공제 : 법정/사립학교기부금은 전약 공제 지정기부금은 근로소득금액 10% 한도 ⑥ 표준 공제 : 60만원(①~② 합계가 60만원 미만)
(−)	
(h) 개인연금저축공제	① 2000. 12.31이전가입분 : 불입액의 40%(72만원 한도) ② 2000. 12.31이후가입분: 불입금액 전액(240만원한도)
(−)	
(i) 창업투자조합공제	
(−)	
(j) 신용카드사용공제	① 총급여액의 10% 초과 사용액의 20% 공제 ② 500만원 한도
(=)	
(k) 소득과표준금액	
(×)	
(l) 기본세율	
(=)	
(m) 산출세액	
(−)	
(n) 세액공제 및 감면	① 근로소득세액공제 – 산출세액 50만원 이하 : 산출세액의 45% 공제 – 산출세액 50만원 초과 : 22만 5천원 + 175만원 이하 (50만원 초과액의 30%) – 산출세액 175만원 초과 : 60만원 공제 ② 주택차입금이자세액공제 – 차입금이자지급액의 30% ③ 외국납부세액공제 – 산출세액× 국외원천소득액/정산대상소득액 ④ 근로자주식저축, 장기주식저축세액공제
(=)	
(o) 결정세액	

(2) 세금계산 역산

· 주재원 역산

· Net 지급자 역산

(3) 개인의 연말정산에 대한 Simulation

정산작업전 개인별 정산테스트가 가능하고 산출세액을 알 수 있다.

(4) 각종 보고서

· 세무서 신고자료 생성

· 원천영수증 및 징수부 출력

<그림 3-69> 세법등록 화면

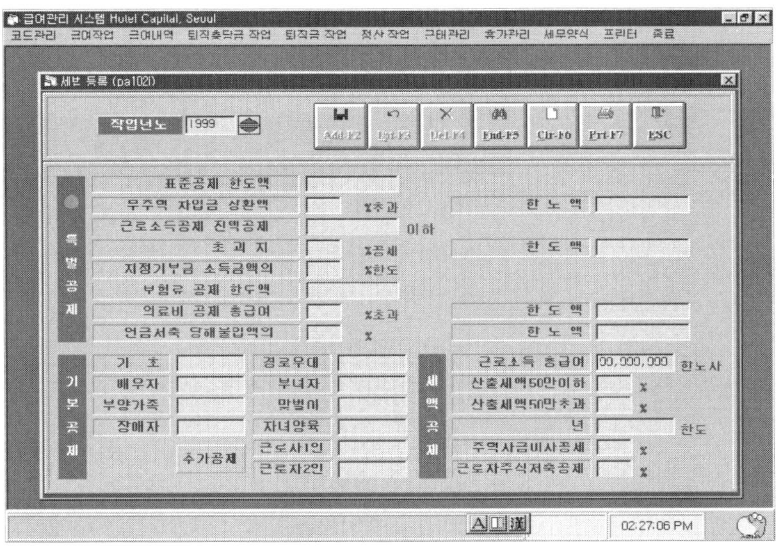

4) 퇴직정산

(1) 근속개월 계산

퇴직소득 계산시 사용되는 근속개월 계산

(2) 평균임금 계산

평균임금은 최근 3개월의 급여를 평균한 것과 최근 1년간의 상여를 12로 나누어 평균한 것을 합하여 구한다.

(3) 퇴직금 계산

① 지급대상

· 당사입사일로부터 만 1년이상 재직한 직원이 퇴사하는 경우
· 직원의 관계사 전출
· 직원이 임원으로 피선되는 경우

② 퇴직금 = 평균임금 × 근속개월 /12

③ 단체퇴직보험 가입관리

④ 임원퇴사자 평균임금 처리

(4) 퇴직정산

일반소득과는 다른 공제제도를 적용받게 하여 퇴직급여에 대한 세금을 계산

5) 퇴직중간정산

근로자가 요구할 중간정산 일자기준 퇴직금에 대한 중간정산

6) 퇴직추계액 계산

현 재직자(휴직자 포함)에 대해서 특정기준일에 대한 퇴직금을 산정

〈그림 3-70〉 퇴직충당금 계산내역 화면

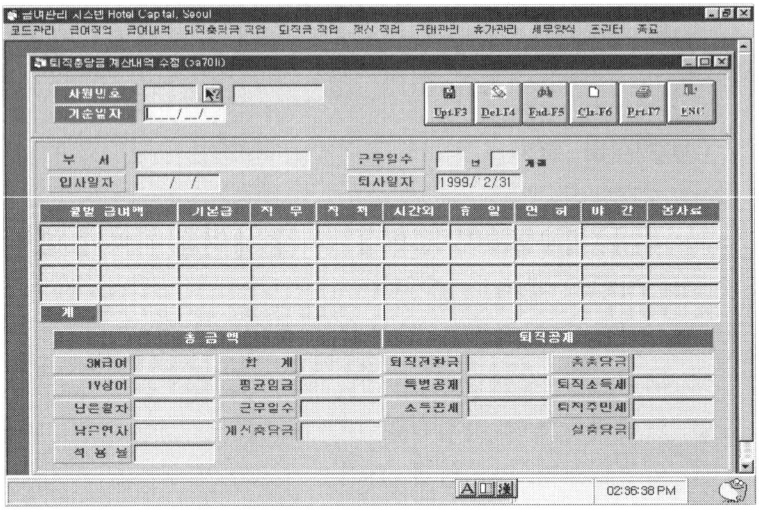

〈그림 3-71〉 퇴직충당금 원장관리

*** 퇴직 충당금 원장관리 ***

* 고유번호 : 9812518 홍길동 　　　　* 직 종 : K10
* 부 　서 : H04 　　　　　　　　　　*근속기간: 4.00.00
* 입사일자 : 1998. 01. 01 　　　　　* 기준일자 : ______

---

* 급 　여 : 2,095,000 　　　　　　* 상 　여 : 1,134,791 ___(%)
* 정리금액 : 150,000 　　　　　　　* 연차수당 : ________0
* 평균임금 : 3,242,291 　　　　　　* 퇴직충당금 : 12,969.164

F=종료 　　F4= 삭제 　　F12= 취소

7) 의료보험

· 신규자 처리(추징금 자동생성 포함) 및 의료보험등급 산정
· 징수대상보고서 작성
· 의료보험 내역관리

8) 국민연금

· 신규자 처리
· 내역관리 및 퇴직전환금 관리
· 국민연금 소득총액 계산 및 등급 반영
· 공단 신고용 보고서 출력

〈그림 3-72〉 연금/건강보험 관리 화면

*** 연금/건강보험 관리 ***

1. 개인연금 원장 관리
2. 국민연금 원장 관리

3. 건강보험 원장 관리
4. 국민연금 신규가입자 관리
5. 건강보험 신구가입자 관리
6. 연금, 건강보험 원장 REPLACE
7. 연금, 건강보험 REPORTS

F3 = 종료 * SELECT JO NO : 1

9) 개인연금

· 신규자 및 상실자 처리
· 보험사 이체자료반영 및 이체결과자료 생성 및 전송
· 내역관리

10) 제저축

· 신규자 처리 및 상실자 처리
· 재형기금 처리
· 만기자 처리
· 내역관리

11) 근 태

· 각종 근태사항 입력, 조회
· Web을 통한 개인 근태사항 입력 및 개인근태 내역 조회
· 싱글결재 연계
· 각종 통계화

3. 급여관리 시스템의 주요 기능

급여관리 시스템은 급여업무의 정확성과 신속성 그리고 업무의 효율성을 높이는데 그 목적이 있다. 인사시스템과 연계하여 자료의 이중관리를 방지하고 상호 데이터를 호환함으로써 급여업무에서 가장 중요시하는 정확성에 역점을 두고 있다.

다른 시스템과의 자동연계로 자료제공 및 정보의 취합이 용이하며 급여계상 및 세무자료의 자동산출 기능을 제공한다. 급여관리 시스템에서는 각종 변동자료에 따른 프로그램 수정의 극소화를 추구하고 있으며, 사용자 조작의 통일성을 기하기 위하여 통일된 화면을 제공하여야 한다.

급여의 지급, 공제, 세율 등의 항목을 체계적으로 코드화해야 하며, 직급, 직종, 부서별 급여현황을 쉽게 파악할 수 있도록 각종 보고서를 통하여 효율적인 급여업무를 지원하여야 한다. 또한 급여 및 상여계산, 퇴직금 정산, 연월차계산, 연말 및 중도정산, 국민연금관리 등의 기능을 제공하고 있다.

〈그림 3-73〉 급여관리 시스템 메뉴 구성

급여작업	급여내역	퇴직금작업	정산작업	근태/휴가 관리	코드관리 세무관리
사원상여변동관리	급여마스터관리	퇴직금 계산	정산공제내역등록	사원별 근태관리	세법/세율 관리
사원비고정수당관리	사원별급여내역	퇴직금 산출현황	정산작업	근태별 사원조회	의료보험/국민연금 등급
급여공제내역등록	부서별급여마스터	퇴직금 정산서	개인별 정산내역서	월간/연간 근태조회	공제/수당 코드관리
UPDATE	개인별급여내역	퇴직충당금 계산	종전 근무지 내역서	연차발췌작업	사업소득 등록
봉사료 등록/생성	퇴직자급여	퇴직충당금 계산 내역 수정	원천징수내역서	월차발췌작업	소득세징수집계표
급/상여 계산/누적/마감	급여봉투	퇴직충당금 계산 내역 조회	근로소득원천징수부		소득자료제출집계표
일용직급여계산	급/상여 총괄표/대장	퇴직충당금 산출내역서	근로소득원천징수 영수증		주민세 특별징수 계산서
	납입명세서 (의료보험/국민연금 등)		퇴직소득원천징수 영수증		갑근세납부증명원

〈표 3-9〉 급여관리 시스템 주요 기능

기 능	주 요 내 용
급여기초자료 생성	PDSS_인사의 개인마스터, 발령, 해외인력, 가족사항, 징계사항, 자격사항 등으로 급여기초자료를 생성하고 급여대상자를 확정. 각종 체크 자료 등
수당생성	능력급, 공통급, 기준별 수당, 주재수당, 가족수당, 자격수당, 타수당참조수당, 개인별수당, 감급, 근태수당 등을 생성하고 일할계산 및 예외수당처리
공제생성	기준별공제, 타스템공제, 경조금관리, 개인별공제, 비율공제, 고용보험, 복리후생연계 공제, 각종 체크 자료 등
상하반기상여	인사고과 등에 의한 개인별 지급률 산정, 계약직 계약에 의거 약정된 상여금 산정
부가급여	지급되는 시기에 따라 별도의 기준식을 등록하여 지급기준을 설정하여 개인별 지급률 결정
연월차	연월차 갯수관리, 각사별 일당산출방법에 의한 일당계산, 연월차 지급액 계산

임금인상소급	회사 전체의 임금인상에 따른 급여작업 후 기지급금과 차액계산, 의료보험등급산정 차액계산, 비과세처리 등
발령소급	개인의 소급 급여발령에 따라 개인에 대한 재급여계산 후 기지급금과 차액계산하여 해당월 수당으로 반영
연봉제	연봉기본급, 연봉능력급, 능력가급의 연봉금액을 분할기준에 의해 해당월 급여로 지급하고 구정, 추석, 상하반기 생산성 격려금의 산출기초금액을 관리
세금계산	급여작업시 세금계산방법을 간이세금계산, 중도정산, 연말정산 중 선택하게 하여 언제든지 3가지 방법이 가능 주재원역산, Net 지급자, 연말정산 Simulation, 세무서 신고자료 및 원천징수부, 영수증 출력 등
근태	Web을 통한 개인근태사항 입력 및 개인근태내역 조회 싱글을 통한 근태 및 잔업내역 결재 근태담당자의 근태화면을 통한 근태작업 각종 근태통계 제공
퇴직정산	평균임금산정, 근속 누진개월, 임원퇴직금, 단체퇴직보험, 명예퇴직수당, 퇴직승계자 관리
퇴직중간정산	개인의 요구사항에 의한 퇴직금 중간정산, 퇴직정산 세금계산
퇴직추계	재직자에 대한 퇴직금 산정
국민연금	신규자 및 상실자 처리, 연금액 산정, 공단 제출용 각종 보고서, 각종 체크 기능
의료보험	신규자 및 상실자 처리, 등급 및 보험액 산정, 공단제출 각종 보고서, 각종 체크 기능
개인연금	신규자 및 상실자 처리, 증액작업, 보험사 이체자료 생성, 각종 체크 기능
제저축	신규자 및 상실자처리, 만기자 처리, 재형기금관리, 각종 보고서, 각종 체크 기능

4. 타업무와의 연관관계

① 인사시스템 : 인사자료를 기준으로 급여기초자료 생성

② 근태시스템 : 월임금 시간으로 근태수당 생성 및 근태연월차 현황을 기준으로 연월차 계산

③ 회계연계 : 급여결과에 대한 각사 회계시스템과 연계

⑤ 국민연금 : 연금공단과 자료 송수신 및 각종 보고서 출력

⑥ 의료보험 : 공단제출용 각종 보고서 작성

⑦ 개인연금 : 연금별 이체자료를 OM을 통한 자료송신 및 수신
⑧ 세금계산 : 세무서 신고자료 작성 및 세무서 신고보고서 출력

V. 구매/자재관리 시스템

1. 구매/자재관리의 개념

구매관리는 기업의 생산계획을 달성할 수 있도록 적정한 거래처로부터 최상의 품질을 확보하여 적절한 시기에 필요로 하는 수량을 경제적인 가격으로 구입하기 위한 관리활동을 말한다. 또한 자재관리는 구매에서 발주한 자재가 창고에 입고되었다가 이를 각 업장에서 필요한 양을 출고시키는 업무를 수행하는 것을 의미한다.

〈그림 3-74〉 구매/자재관리 시스템

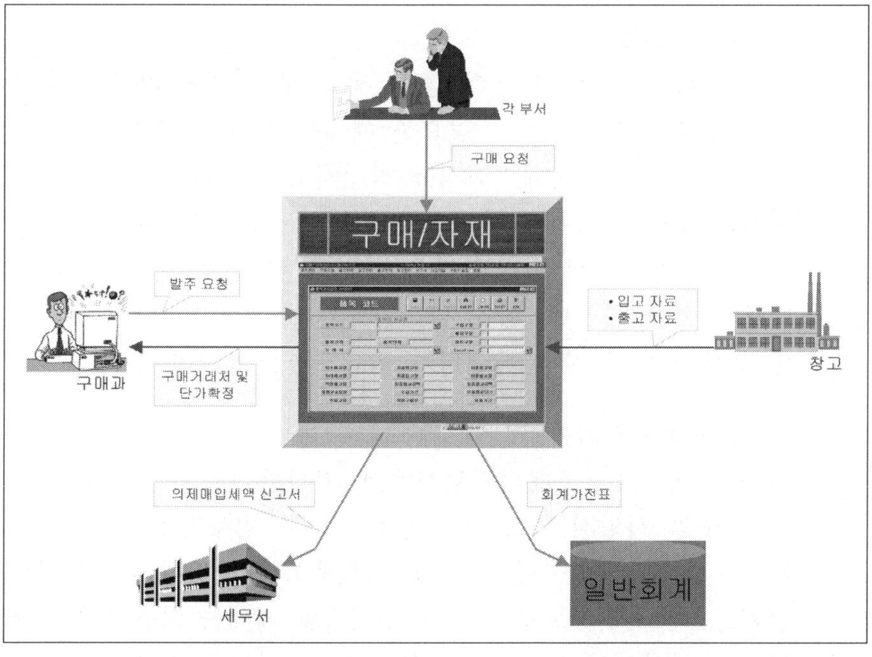

2. 구매/자재업무의 내용

1) 기준정보관리

① 각종 코드내역을 등록한 후 관리한다.

② 각 코드별로 코드구분을 부여한 뒤 해당 구분별로 상세코드 내역을 정의, 기술한다

③ 대, 중, 소 분류 레벨별로 원재료 분류명 및 필요항목을 기술한다.

④ 저장품품목에 대한 기본사항 및 필요정보사항을 각 사업부별로 각각 기술한다.

⑤ 구매업체에 대한 필요정보사항을 기술, 관리한다.

⑥ 기술내용 중 대금결제 관련항목은 회계관련부서에서만 등록, 관리토록 한다.

2) 구매정보관리

(1) 구매의뢰

구매의뢰는 호텔이 정해 놓은 정책 및 절차에 따라서 이루어져야 하며 호텔이 물품구매가 필요한 때에는 언제나 발생하되, '저장품'인 경우 창고담당이 구매의뢰서를 작성하고 그렇지 않은 신규품목인 경우에는 해당 부서에서 창고담당자에게 구매의뢰한다.

구매의뢰는 구매신청 화면을 통하여 각 단계 각각의 목적으로 결재를 받아야 하는데, 이는 발생가능한 오해를 제거하기 위하여 구입할 물품에 대한 자세한 설명과 필요수량을 입력한다.

(2) 구매요구 접수

구매담당자는 구매의뢰부서에서 의뢰한 내용을 화면에서 확인한 후 별도의 사양서, 도면 및 카탈로그 등 첨부자료의 유무를 확인한 후 접수한다. 물품구입요구서상 동일품목을 구입하기가 불가능하거나 납기, 예산초과 등으로 구매가 부적당할 때에는 사용부서나 물품관리부서와 협의하여 요구내용을 정정 또는 변경할 수 있다.

(3) 구매요구 대체

물품구입 요구중 일일 구입되는 식재료 등에 대해서는 Daily Market으로 갈음한다.

(4) 견적의뢰

적정한 거래처로 간주되는 곳을 골라 견적을 의뢰하되, 품목당 2개 이상의 거래처의 견적서가 요구된다.

(5) 견적검토

기술적인 문제는 재료의 소요량이나 공급사정 등을 거래처에 문의하여 이에 대한 회답과 비교견적을 대조하여 검토한다.

(6) 거래처 선정

각 부서에서 필요한 식자재 및 시설자재의 가격과 물량을 거래선이나 시장 또는 인터넷을 통하여 조사한 후 최종적으로 구입거래처를 선정한다. 품질, 납기, 가격의 3요소를 충족시키기 위해서는 단가변동표의 관리에 신경을 기울여야 하며, 거래처의 정보관리는 물론 해당 자재의 주산지와 특성, 계절적 요인에 의한 단가변동요인에 주목하여야 한다.

(7) 구매승인

구매담당자는 전결규정에 의하여 아래와 같은 사항을 점검한 후 승인한다.

① 관련 금액이 구매정책의 관례에 비해 적정수준인지 그리고 요구한 수량이 구매정책에 부합되는지 확인

② 관련 금액이 예산에 비례하는지 확인

③ 현금흐름상 대금지급일자가 적정한지 확인

(8) 발주처리

구매승인에 의하여 구입이 확정된 자재는 발주서를 출력한 다음 도면, 시방서 등을 첨부하여 거래처에 전송한다. 호텔과 납품업자간 문서교환시스템(ELS)이 연결된 경우에는 통신망을 통하여 전송할 수 있으며, 그렇지 않은 경우에는 전화나 팩스를 이용하여 발주한다.

(9) 납 품

납품업자로부터 납입품을 수납한다.

(10) 입 고

정해진 절차에 의거 검수를 마친 후 창고 또는 해당부서에 입고한다.

〈그림 3-75〉 구매관리 시스템 flow

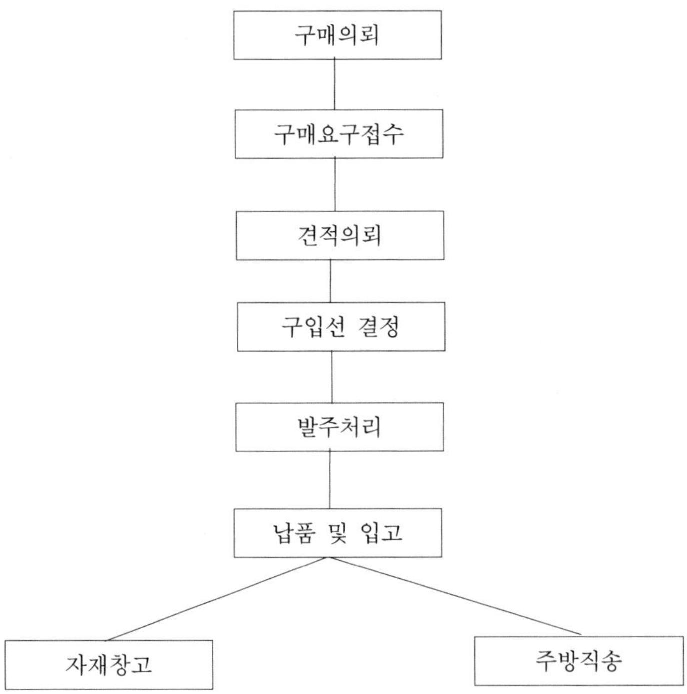

3. 식음료자재의 종류

식음료자재는 저장하는 장소에 따라, 또는 구매하여 검수를 거친 후 창고에 저장하느냐, 아니면 주방이나 각 식음료업장으로 바로 보내지느냐에 따라서 구분된다. 식자재관리 측면에서는 입출고에 대한 관점을 중시하게 되므로 여기서는 다음과 같이 2가지로 구분한다.

1) Stock 자재(Store Purchase)

식재료가 구매되어 검수를 거친 후 일단 저장고로 입고되는 아이템을 말한다. 주로 보관기관이 장기간인 냉동된 식재료, 곡물류, 가공식품과 켄에 든 식품 등을 말한다.

2) Daily 자재(Direct Purchase)

식재료가 구매되어 검수를 마친 후 저장고에 입고시키지 않고 주방 또는 각 식음료업장으로 이동되어 당일 생산 또는 소비되는 식재료를 말한다. 여기에는 보관이 어렵거나 보관기간이 짧은 신선한 생선류, 야채류, 과일류 등이 속한다.

〈그림 3-76〉 식자재 입고절차

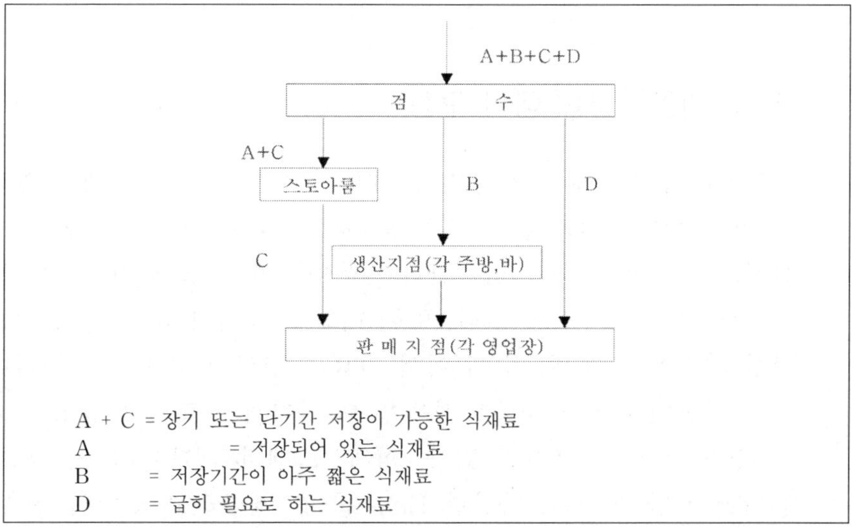

4. 자재코드 관리

호텔에서 사용하는 식자재의 수는 수종에 이른다. 메뉴의 다양화와 고객의 개성화로 인하여 고객의 욕구는 점점 커지고 있으며, 이에 따라 식자재의 종류는 늘어만 가고 있는 추세이다.

전산시스템에 의한 식자재 코드관리는 먼저 식자재를 식료와 음료로 분류하고 식료를 육류, 생선 및 해산물, 채소와 과일, 유제품 등으로 대분류한다. 그리고 이것을 국산과 수입품으로 나눈 다음 대분류된 그룹을 다시 중분류하고, 이들 각 그룹을 다시 소분류하여 관리한다.

〈표 3-10〉 식자재 품목 코드화의 실례

대분류	중분류	소분류	품 목
10	01	001	육류 및 육가공류
13	01	001	어류
21	01	001	양주류 : 칵테일 용
22	01	001	양주류 : 위스키
30	01	001	국산양주류
22	03	001	맥주류

5. 자재관리 시스템의 구성

자재관리 시스템은 사용자가 쉽게 수많은 품목의 자재를 합리적이고 효율적으로 관리할 수 있도록 개발되었다. 코드에 의한 자유로운 설정으로 필요로 하는 업무관리가 용이하며, 메뉴에 따른 방식사용으로 시스템사용을 쉽게 한다. 또한 대화식 작업에 의해 입력자료의 타당성 검증을 쉽게 할 수 있어서 자료의 정확성 유지가 가능하다.

각 기능별로 Security를 적용할 수 있어서 자료의 보안성을 유지할 수 있는 기능도 갖추고 있다. 회계시스템과의 데이터 인터페이스가 용이할 뿐만 아니라, 다양한 Help기능을 제공하고 있어서 신축성 있는 시스템 운영이 가능하다.

자재관리 시스템은 시스템과 실무자 사이에서 발생할 수 있는 불편함을 사용자 입장에서 해결하여 신축성 있는 시스템 운영이 가능하다. 게다가 다양한 보고서와 조회를 제공하여 수시로 모든 품목의 변동사항과 재고파악이 가능하여 효율적인 자재관리를 할 수 있다.

〈그림 3-77〉 구매/자재관리 시스템 메뉴 구성

구매요청 발주관리	입고관리	출고관리	재고관리	REPORT	코드관리 마감작업
구매요청(Stock)	입고등록	출고등록	현재고 조회	LIST (품목/거래처코드)	품목Type
구매요청(Direct)	거래처반품등록	출고의뢰	재고 조정	의제매입세액신고서	품목/거래처/부서/창고/은행 코드
일일품목등록	입고내역조회 (일자/품목/전표별)	창고반품	유효기관관리	일일시장Sheet 창고재고Sheet	원가Type
구매내역조회 (일자/품목/전표별)	입고내역조회 (부서/구입처별)	출고내역조회 (일자/부서/품목/전표별)	창고재고현황 (품목Type별)	업장재고Worksheet	거래처별 단가 현 재고입력
구매내역조회 (부서/구입처별)	미입고조회 (품목/구입처별)	반품내역조회	창고재고현황 (품목별)	구매요청/발주/입고	일일단가 조회
발주등록	품목별 입출고현황	출고원가조회 (원가Type별)	창고재고품목조회	구매요청서출력 구매발주서출력	단가 재계산
발주내역조회 (일자/품목/전표별)		출고원가조회 (식/음별)		일일입고집계	Data Backup/Purge
발주내역조회 (부서/구입처별)				월 수불 명세서	월 마감 작업

6. 자재관리 시스템의 흐름

자재관리 시스템은 구매관리 시스템에서 발주한 자재가 창고에 입고되면서부터 시작된다. 구매절차를 거쳐 호텔에 입고되는 식재료는 검수의 과정을 거쳐 창고에 입고되고, 그리고 창고부서는 입고된 자재를 보관하고 있다가 주방이나 식당부서에서 필요로 하는 경우 정해진 절차에 따라 출고시키는 기능을 말한다.

〈그림 3-78〉 자재관리 시스템 업무 Flow

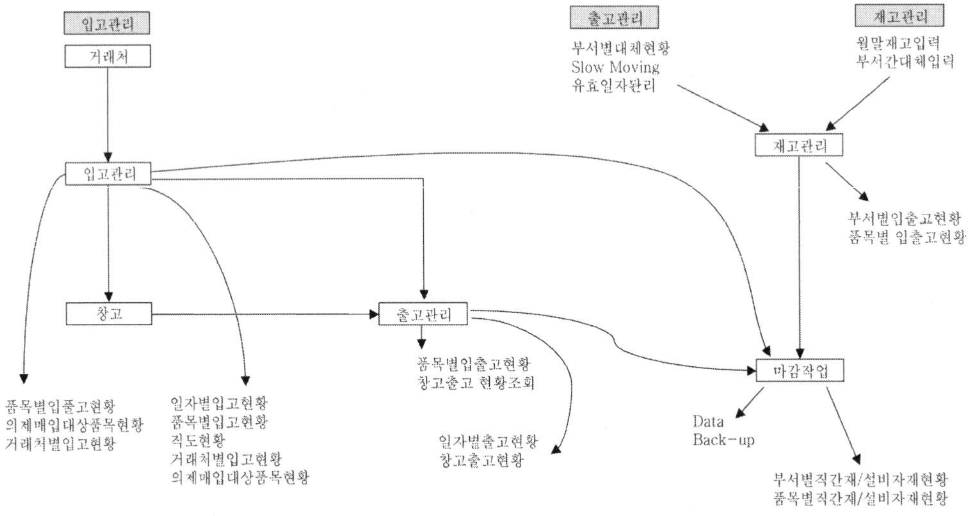

1) 입고관리

(1) 입고

구매의뢰한 자재가 발주를 통해 업체로부터 들어올 때 2가지로 나누어 입고처리하게 된다. 첫째는 Stock성 자재로 메인창고로 입고되는 자재와 또 하나는 Daily자재로서 입고와 동시에 영업장으로 지급처리되는 자재로 나뉘어 입고처리된다.

입고되는 자재의 단가, 금액 및 거래처는 이미 구매관리 시스템에서 확정하여 처리되었으므로 여기서는 실제 입고수량을 사실대로 전산입력을 한다. 입고수량에 대한 입력작업에는 다음과 같은 내용이 포함되어야 한다.

〈그림 3-79〉 저장품 관리 Flow

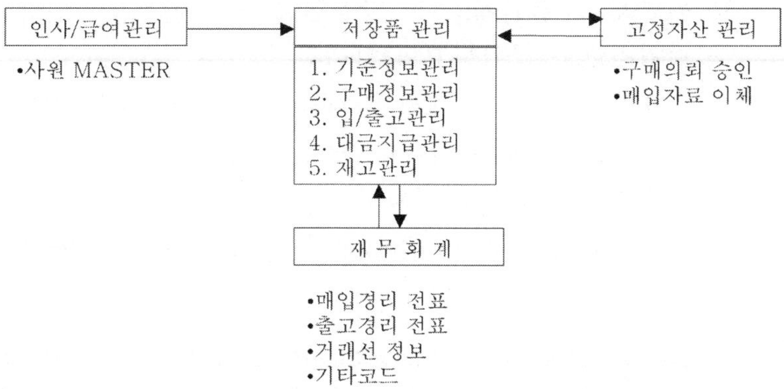

① 일자 : 자재의 입고일자

② 거래처 : 해당 자재를 납품한 거래처

③ 부서명 : 자재가 입고된 장소(직도 : 업장명 지정, 저장품 : Blank로 처리)

④ 품목번호 : 자재고유의 번호를 의미하며 총 7자리로 구성

⑤ 수량 : 품목의 입고수량

⑥ 금액 : 품목의 입고금액

⑦ Tax : 부가세 해당이 되는 품목은 자동적으로 부가세가 산출되어 표시되며 표시된 금액이 단수차이가 발생해도 수정처리가 가능함. 부가세 해당여부는 품목 Master에서 지정돼야 한다.

⑧ 유효일자 : 식자재인 경우 식품의 유효기간이 있으므로 유효기간을 효율적으로 관리함으로써 자재의 낭비를 미리 방지하는데 있음

⑨ 입출고번호 : 입고와 출고시에 시스템에서 부여된 입출고 번호 입고수량/입고금액/출고금액/출고수량

⑩ 부서명 : 자재가 지급된 장소

⑪ 해당입고 : 출고사항에 대한 입고번호

⑫ 전월재고 : 전월에서 당월로 이월된 재고수량 및 금액이며, 이는 월말작업을 통하여 당월의 기초재고로 이월되는 수량 및 금액을 말함.

⑬ 당월출고 : 당월 출고된 자재수량 및 금액

⑭ 월말재고 : 전월재고 + 당월입고 − 당월소모 = 월말재고

＊ 당월소모와 당월출고의 차이점

· 당월출고는 창고에서 자재가 출고됐다는 의미이며 반드시 모두 소모된 것은 아니다. 당월소모는 월말재고조사에서 확정된 재고를 기준으로 산출되는 것이다.

· 당월소모 산식: = 전월이월 + 당월입고 − 월말재고

〈그림 3-80〉 음료창고 입고 화면

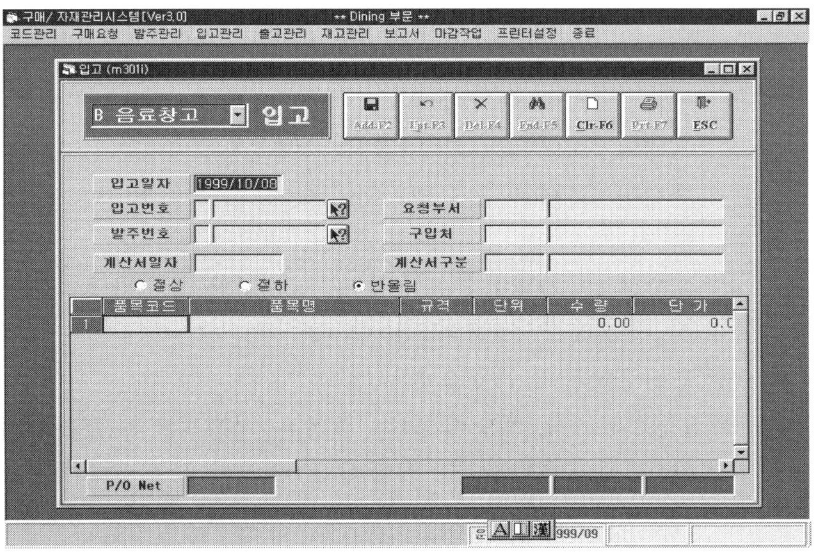

(2) 품목별 입출고현황

당월에 품목별로 입출고된 자재의 현황을 파악하기 위한 화면이며 마감작업이 종료되기 전에 월말재고는 창고재고를 의미하며, 마감작업이 종료되면 월말재고와 업장재고로 나누어 재고가 표시된다. 보통 재고는 업장재고와 창고재고를 합한 것을 의미한다.

(3) 거래처별 입고현황

거래처별 입고된 자재를 파악하기 위한 기능이며 먼저 거래처코드

를 선택한 후 입고일자(From – To)를 입력한 후 Find Key를 누르면 해당 사항이 출력된다.

(4) 의제매입대상 품목현황

특정기간에 거래처별로 의제매입품목에 대한 현황을 파악한 후 세무서에 신고하기 위한 기초자료이며 품목 Master의 과세여부란에서 의제매입 여부를 미리 등록해줘야 한다.

(5) 보고서 출력

① 일자별 입고 현황
② 품목별 입고 현황
③ 직도 현황
④ 거래처별 입고 현황
⑤ 의제매입대상품목 현황
⑥ 거래처별 세금유형별 Tax 현황

〈그림 3-81〉 출고내역조회 화면

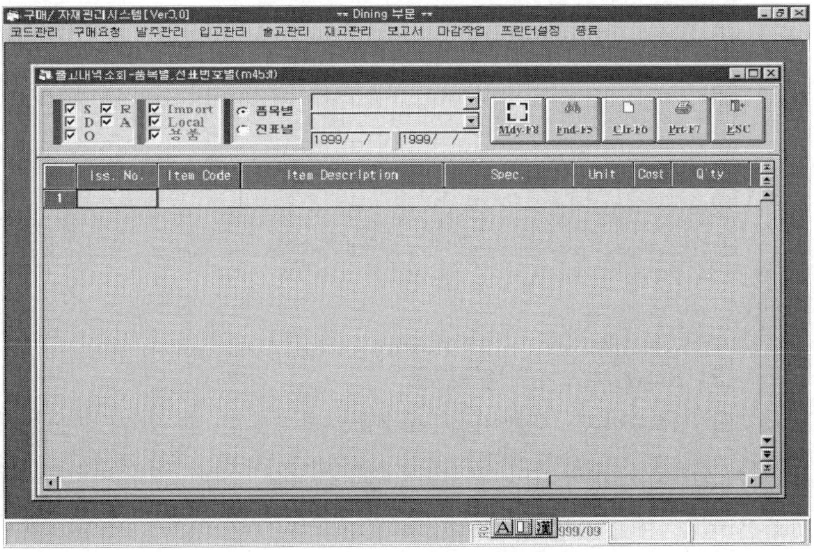

2) 재고관리

(1) 품목별 입출고 현황

입고관리에서 품목별 입출고 현황을 참조한다.

(2) 부서별 재고현황

마감작업이 종료되면 부서별 재고현황을 파악할 수 있으며 연도/월/부서코드를 입력한 후 Find Button을 누르면 해당 자료를 조회해 볼 수 있다. 부서별 재고현황은 매월 마감작업이 종료된 후 조회해야 정확한 재고현황을 파악할 수 있다.

〈그림 3-82〉 창고재고 현황 화면

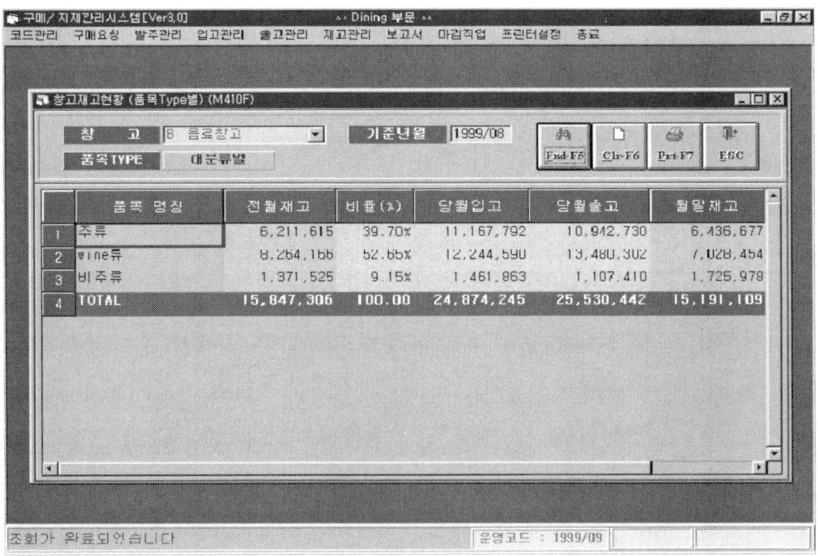

(3) Slow Moving 품목현황

입고기간별로 자재지급 내용을 파악하여 조기에 재고회전율이 낮은 품목을 파악, 원활한 재고흐름으로 비용을 절감하는데 그 목적이 있으며, 해당 일자를 입력한 후 Find Button을 누르면 해당 자료를 조회해 볼 수 있다.

(4) 유효일자관리 품목현황

식자재의 유효일자를 사전에 관리함으로써 그 유효기간을 지나침으로서 폐기되는 식자재를 방지하기 위한 기능이며, 기간(From - To)을 입력한 후 Find Button을 누르면 해당 자료를 볼 수 있다. 여기서 유효기간이란 유효일자 만료일을 의미함.

(5) 부서간 대체

부서(업장)간 자재대체가 발생시 이를 처리해 주는 화면이며, 먼저 대체가 발생된 일자를 입력하고 부서(From)와 부서(To)를 입력한 후 Add Button을 누르면 맨 하단에 Detail사항이 입력된 화면이 출력된다. 주의할 점은 금액 입력시 반드시 업장에 입고된 품목의 수량 × 단가 = 금액을 적용하여 수량과 금액을 입력해야 한다. 입고도 되지 않았는데 품목재고가 있으면 마이너스 재고가 발생될 수가 있으므로 각별한 주의가 요망된다.

(6) 직재 월말재고 입력

매월 재고조사를 통하여 파악된 재고를 시스템에 품목별로 입력하게 된다. 입력될 자재는 크게 3가지로 구분하여 입력하는데, 직재/간재/설비자재 등으로 구분하게 된다. 이들을 혼동하여 서로 상이하게 입력하게 되면 전혀 처리가 되지 않고 Error가 발생된다. 자재의 성격에 따라 재고 입력화면이 다른 것이다.

(7) 간재 월말재고 입력

월말재고를 입력할 때 재고수량이 아니라 소모된 수량이 입력된다. 이는 직재월말 재고자산 평가방법과 전혀 다르며 혼동하면 안된다. 소모수량도 유형별로 구분입력한다. (파손량, 분실량, 마모량, 소모량 등으로 구분)

- 월말재고 = 전월재고 + 당월입고 − 당월소모(입력): 간재/설비자재인 경우 재고자산평가법
- 월말재고(입력) = 전월재고 + 당월입고 − 당월소모: 직재인

경우 재고자산평가법

(8) 설비자재 월말재고 입력

간재 월말재고 처리방법과 동일하다. 시설자재 품목 Code : 5000000 이후

(9) 보고서 출력

① 부서간 대체 현황
② Slow Moving품목현황
③ 유효일자관리 품목현황
④ 외화획득용 제품(식자재)수입 및 소모현황
⑤ 간재 재고현황
⑥ 설비자재 재고현황(간재 재고현황과 동일함)

3) 출고관리

(1) 출고

Main창고로 입고된 자재가 각 부서(업장)로 불출될 때 처리하는 기능이다. 입력이 완료된 Data는 중간에 Display됨으로써 그 출고현황을 파악할 수 있다(출고된 순서는 선입선출법에 의함).

(2) 품목별 입출고 현황

창고에서 업장(부서)으로 불출된 품목을 출고일자(From-To)별로 조회해 보는 기능이며, 먼저 부서코드와 출고일자를 입력한 후 Find Button을 누르면 해당사항이 출력된다.

(3) 보고서 출력

① 일자별 출고 현황
② 창고출고 현황

〈그림 3-83〉 입·출고 관리 Flow

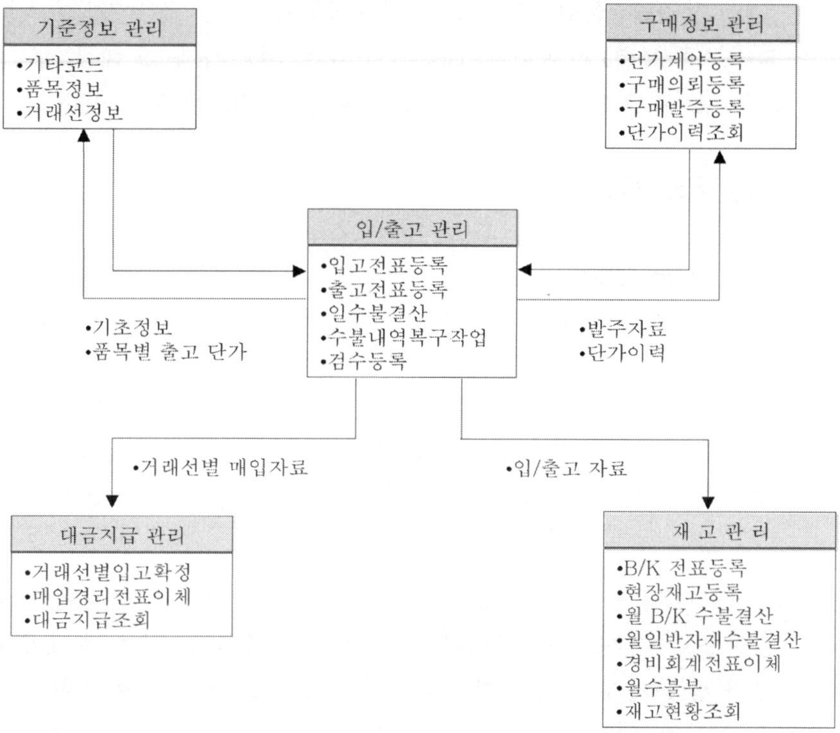

4) 마감작업

해당월에 대한 재고조사가 완료되면 재고수량을 화면에 입력시키고 마감작업을 통하여 당월의 입출고사항을 종료시키고 당월재고를 익월재고로 이동시키며 익월의 Data를 처리하게끔 해준다. 이 때 하는 작업을 마감작업이라고 한다. 마감작업 순서는 아래와 같은 절차에 의해 실행된다.

(1) Data Back-up

자료를 DB에 저장함으로 해서 만일에 자료손실이 있을 경우 재작업을 가능하도록 자료를 보관한다.

(2) Monthly Closing

이 작업을 실행하면 당월 월말재고가 익월 전월재고로 Transfer 되며, (부서별) 직재수급 List, (부서별) 설비자재 수급 List Monthly Closing후 산출된 자료는 회계의 증빙자료가 되기도 한다.

5) 코드관리

(1) 품목 대분류

호텔자재코드는 총 7자리로 구성되어 있으며 아래와 같다.

00	00	000
품목대분류	중분류	일련번호
Code	Code	

품목 대분류 코드는 호텔의 자재 특성에 맞게 분류되어야 하며, 기본적으로 직재/간재/설비자재 등으로 구분하는 것을 원칙으로 한다. 먼저 호텔자재를 체계적으로 분류한 후 코드를 부여하여 품목 대분류 입력화면에 입력한다. 입력한 후 Add Button을 누르면 해당사항이 입력완료 처리된다.

(2)품목 중분류

품목대분류를 입력한 다음 품목 중분류를 입력하게 되는데, 품목중분류는 품목대분류를 한 층 세분화하여 자재를 관리할 때 사용되는 코드인 것이다.

(3) 품목 Master

품목중분류까지 입력이 완료된 후 품목 Master화면을 통하여 개별품목에 대한 정보를 등록해야 한다. 품목코드가 등록이 되지 않은 경우 입출고사항을 처리할 수가 없으므로 반드시 사전에 등록해야 한다. 품목을 등록할 때 반드시 같은 품목유형은 묶어서 일련번호를 부여하는 것이 좋다.

(4) 단 위

자재의 재고단위를 등록하는 화면이며 이를 등록하지 않으면 품목 Master에 단위등록이 불가능하다. 반드시 사전에 단위등록 Table에 등록이 되어야 한다.

(5) 거래처 Master

거래처에 관련된 정보를 입력하는 기능이며 사전에 Table에 등록돼야 입출고 업무처리를 할 수 있다. 입력할 내용은 다음과 같다.

- 거래처코드/사업자등록번호/거래처명/대표자명/우편번호/주소/업태/업종/전화번호/팩스번호/담당자/거래일자/주거래은행/계좌번호/예금주/등록일자(시스템에서 오늘날짜로 생성)
- 계산서 구분 : 1=금전등록기, 2=세금계산서, 3=계산서

  거래처 Master에서 계산서 구분을 명확하게 해야 하며, 반드시 품목 Master에 과세여부와 조건이 동일해야 한다.

(6) 부서관리

자재가 입출고 되는 업장이나 부서를 모두 지칭하는 것이며, 사전에 부서를 미리 등록하지 안으면 입출고 사항을 처리할 수가 없다.

(7) 운영관리(필요시 작업월 변경이 가능)

(8) 코드관리

(9) 코드출력

① 품목중분류 현황

인쇄버튼을 누르면 대분류/중분류/중분류 순으로 Print된다.

② 품목코드 현황

품목코드 From - To를 입력한 후 실행시키면 품목번호/품목명칭/규격/단위/과세여부/거래처명

③ 단위코드 현황

인쇄버튼을 누르면 재고단위/재고단위명칭이 출력된다.

④ 거래처코드 현황

거래처코드(From - To)를 입력하고 정렬순서를 선택한 후 실행시키면 코드/거래처명/사업자등록번호
대표자명/업태/우편번호/전화번호/주소/담당자명 순으로 Print된다.

⑤ 부서코드 현황

인쇄버튼을 누르면 부서코드/부서명 등의 순으로 print된다.

⑥ system class 현황

⑦ 운영코드 현황

⑧ 양목 관리

〈그림 3-84〉 품목코드 화면

6) 양목관리

(1) 작업계수 등록

작업계수는 각 메뉴를 만드는데 투입된 인건비를 효율적으로 부과시키기 위해 만드는 것이며, 공정관리를 통하여 그 목적을 달성할 수 있는 것이다. 현실적으로 호텔특성상 공정관리하는데 어려움은 있겠

으나, Stop Watch 등을 이용하여 작업계수를 측정·관리하는 것이 바람직하다.

(2) 제품코드 등록

제품은 자체로 판매가 가능할 뿐 아니라 여러 제품을 조합하여 메뉴로도 판매가 가능하다.

(3) 양목관리

개별제품에 대한 양목을 등록시키는 기능이며 양목등록이 되지 않으면 메뉴에 대한 재료비도 산출할 수 없다. 주요한 입력내용은 다음과 같다.

① 제품번호 : 제품에 대한 고유의 번호
② 품목번호 : 자재에 대한 품목번호이며 이미 품목 Master에 등록해야 한다.
③ 수율(%) : 산출량/투입량=수율이며, 수율은 가공상태에 따라 변할 수 있으므로 지속적으로 관리해 줘야 한다.
④ 사용량 : 식자재 조리전 사용량을 말한다.

(4) 식음료 메뉴등록

각 업장에서 판매되고 있는 메뉴를 말하며(음료 및 식료포함) 메뉴는 각 제품으로 구성되어 있다.

(5) 식자재 소모량 차이분석

실제로 업장에서 소모된 식자재와 양목상 표준식재료 사용량(소모량) 분석을 통해 지나치게 소모된 품목을 관리하는 동시에 잘못 설정된 표준식재료 소모량을 찾아내어 정확한 양목설정을 관리하는데 그 목적이 있다.

(6) 구매단가 차이분석

품목별/월별로 구매단가의 변동추이를 분석함으로써 향후 적절한 가격에 품질이 좋은 식재료를 업체로부터 먼저 공급받는데 그 목적이 있다. 먼저 단가를 알고 싶은 품목을 선택한 후 거래처를 선택하여 Find Button을 누르면 해당 사항이 출력되며 하단에 꺾은선 그래프로 전년대비 변동현황을 나타내 준다.

(7) (양목)품목별 단가/재료비 산출

이 작업은 품목별/사용단위별로 재료비를 산출하기 위한 작업이며, 이 작업을 실행해야 양목상 표준재료비가 산출되므로 반드시 매월말 작업을 실행시켜야 한다. 매월작업이 안된 경우 Error가 발생되므로 주의하기 바람.

(8) 보고서 출력

① 작업계수 등록 현황

② 제품코드 등록 현황

③ 양목등록 현황

7) 식음료 메뉴등록 현황

메뉴번호/메뉴명칭/업장코드/업장명칭/메뉴가격/등록일자/제품번호/제품명칭 등의 내용을 출력한다.

8) 종 료

종료 버튼을 누르면 현재의 작업을 종료시키면 기본화면으로 빠져나간다.

Ⅵ. 고정자산관리 시스템

1. 고정자산관리 시스템의 개요

고정자산은 호텔의 영업목적을 달성하기 위하여 장기적 이용목적에 제공된 또는 장기간 소유하게 되는 자산을 총칭하며, 고정자산을 상품으로 가공하여 매각 또는 전매할 목적으로 소유하는 것이 아니라 호텔의 영업을 위하여 소유하는 것이므로 고정자산에 투자한 자금은 현금화가 되지 않는다. 호텔의 장기간 영업활동을 위해서 자산을 1년 이상 소유한다고 할 경우 고정자산이라고 하며, 1년 이내에 현금화가 가능한 것은 유동자산으로 구분한다. 호텔의 고정자산 취득, 이관, 매각, 손망실 관리와 감가상각, 자산재평가, 특별상각 등을 관리하여 자산상태 파악 및 회계처리를 한다. 감가상각은 상각방법(정액법, 정률법)과 상각주기를 사용자가 선택하여 사용할 수 있다.

고정자산은 목적과 기능에 따라 투자자산, 무형자산, 유형자산, 이연자산 등 4가지 종류로 분류하는데, 본래 고정자산 관리개념에 입각하여 여기에서는 유형자산을 중심으로 기술한다.

〈그림 3-85〉 고정자산관리 시스템

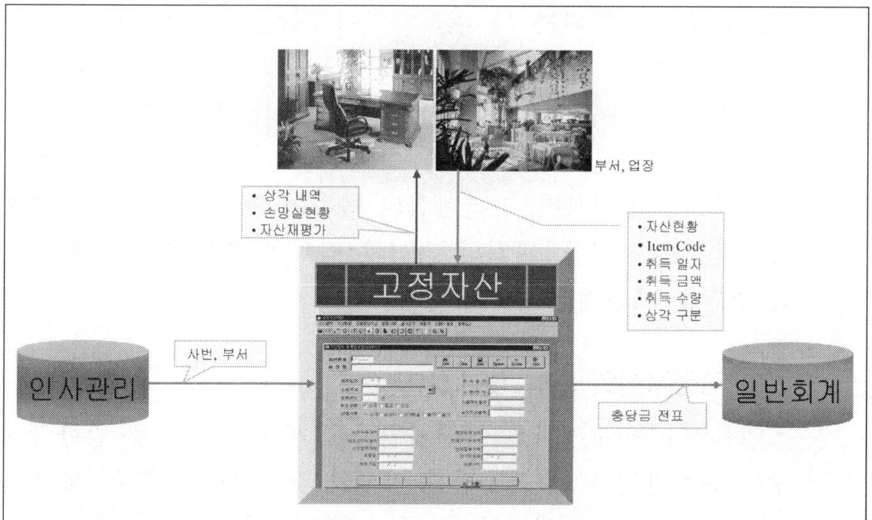

2. 고정자산의 정의 및 범위

1) 고정자산(Fixed Assets)

전매를 목적으로 하지 않고 경영활동에 제공할 목적으로 취득한 자산을 말하며, 오랫동안 기업내부에 고정화되어 경영수단으로서 반복하여 사용되고, 장기적으로 그 사용형태에 변화를 가져오지 않는 자산이다. 즉 고객에게 판매할 목적이 아닌 영업활동에 장기간 사용할 목적으로 취득한 자산을 말한다(내용연수 3년이상, 금액 30만원 이상).

고정자산은 투자자산, 유형자산 및 무형자산으로 구분한다.

① 투자자산 : 장기금융상품, 투자유가증권, 장기대여금, 장기성매출채권, 투자부동산, 보증금, 이연법인세차, 기타의 투자자산 등

② 유형자산 : 토지, 건물, 부속설비, 구축물, 기계장치, 선박, 차량운반구, 건설중인 자산 및 기타의 유형자산

③ 무형자산 : 영업권, 산업재산권(특허권 · 실용신안권 · 의장권 · 상표권 등), 광업권, 어업권(입어권을 포함한다), 차지권(지상권 포함), 창업비, 개발비, 기타의 무형자산 등

2) 고정자산의 범위

고정자산의 범위는 그 취득가액이 거래단위별로 30만원 이상으로서 내용연수가 3년 이상인 토지, 건물, 부속설비, 구축물, 기계장치, 차량운반구, 가구집기비품, 직물, 임목을 말한다. 단, 그 고유업무의 성질상 대량으로 구입한 자산은 품목별로 단가가 5만원 이상이면 고정자산으로 처리하며, 고정자산의 범위는 관재와 경리의 협의에 따라 조정이 가능하지만, 관재와 경리의 범위의 분류가 상이할 경우 관재의 판단을 우선적용한다.

3) 고정자산의 분류 및 내용연수

내용연수란 고정자산이 영업활동에 사용될 기간을 말한다. 내용연수는 잔존가치와 함께 추정에 의하여 결정되므로 증축, 개량 등과 같은 자본적 지출이 행해질 때에는 새로 결정되어야 한다.

3. 고정자산 시스템의 구성

고정자산 시스템은 호텔특성과 규모에 따라 조금씩 차이가 있을 수 있다. 고정자산 시스템의 일반적인 구성을 살펴보면 먼저 고정자산 등록, 고정자산 대체, 고정자산 폐기처분, 고정자산 자본적 지출로 나눌 수 있다.

〈그림 3-86〉 고정자산 시스템 업무흐름도

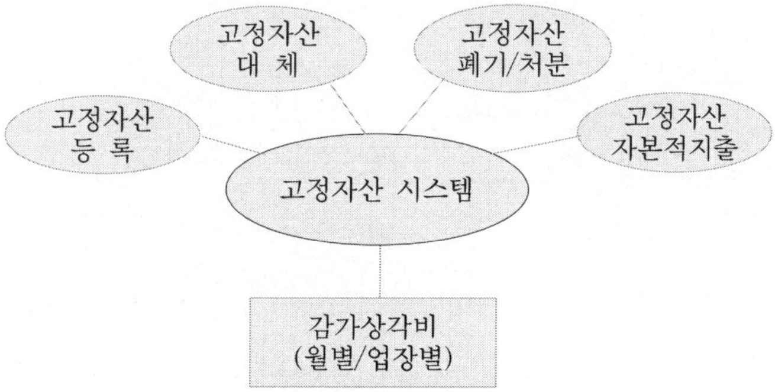

1) 고정자산 등록

고정자산 신규취득 등으로 인한 기초자료를 입력하여 감가상각할 수 있는 기초 데이터를 입력하는 것을 말한다.

① 고정자산의 명칭

② 취득연월일

③ 취득금액

④ 취득수량

⑤ 내용연수

〈그림 3-87〉 고정자산의 등록 및 수정 화면

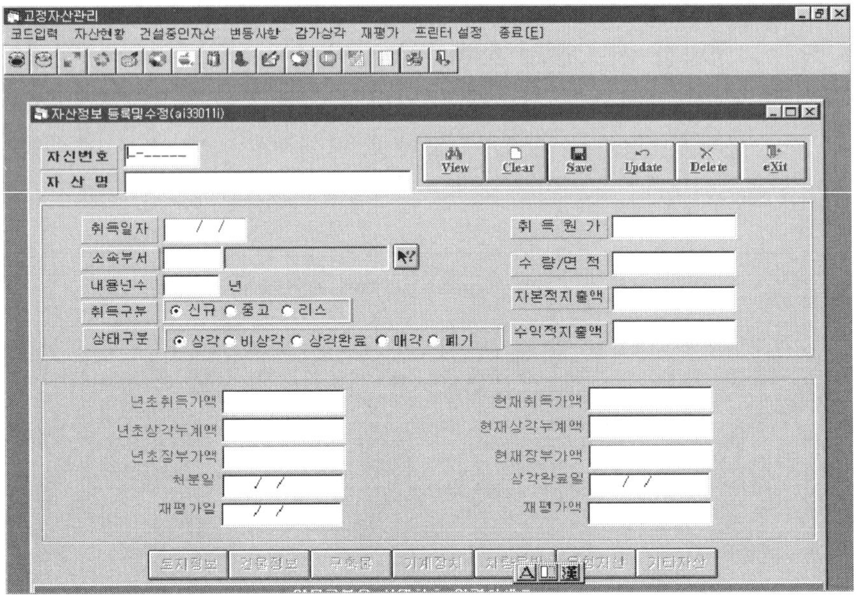

2) 고정자산 대체

업장 혹은 부서 간에 고정자산이 이동하는 경우에 업장별 감가상각을 정확히 처리하기 위한 것이며, 이는 단순히 수량의 업무가 이동될 수도 있으나, 고정자산 전체가 한 업장에서 다른 업장으로 이동되는 것을 처리하기 위한 것이다.

대체로 자산의 History는 수량의 비율로 취득금액, 감가상각비 누계를 계산하여 업장별로 각각 배분되어야 한다.

〈그림 3-88〉 건설중인 자산등록 화면

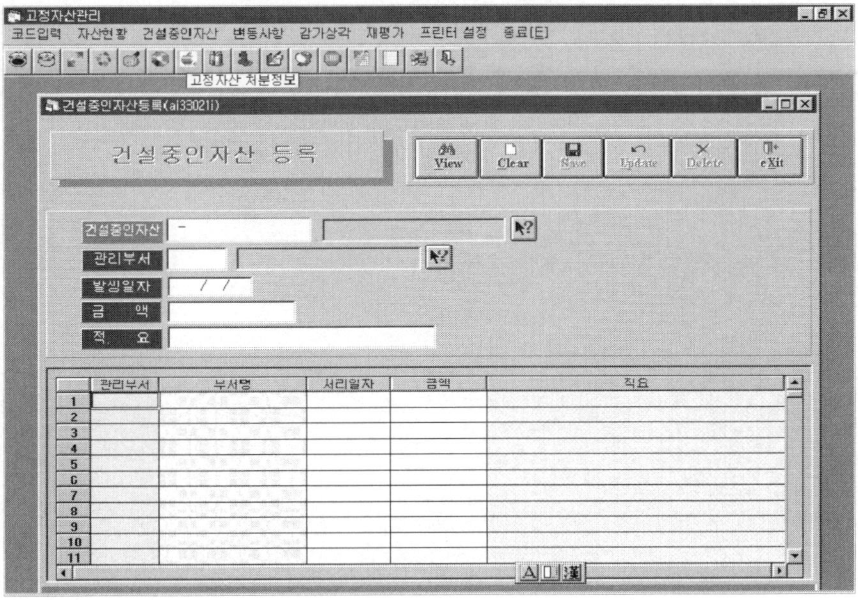

3) 고정자산 폐기처분

고정자산을 사용 중에 매각하거나 쓸모가 없어서 폐기처분되는 경우가 발생하게 되는데 이때 업무를 처리하기 위한 절차이다. 폐기처분이 발생한 시점에 해당 고정자산은 더 이상 감가상각이 발생치 않으며, 단지 History만 고정자산대장에서 관리한다.

〈그림 3-89〉 고정자산처분 등록 화면

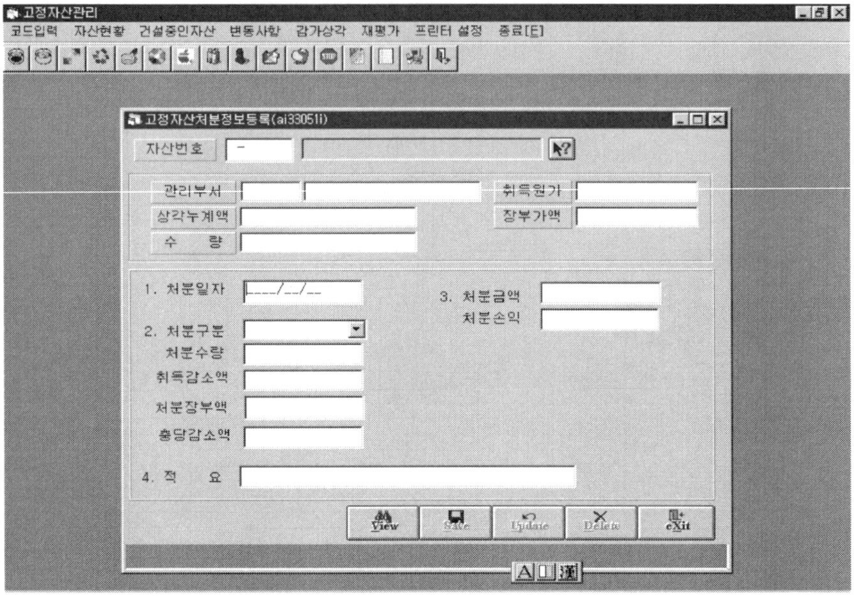

4) 고정자산의 자본적 지출

감가상각이 진행중인 고정자산에 대하여 자산가치의 증감 등 자본적 지출사항이 발생하였을 때에는 고정자산의 취득가액에 자산의 증감과 관련된 비용을 합산하여 현재 감가상각하고 있는 내용연수를 적용한 후 감가상각을 처리하여야 한다. 이미 적용하던 내용연수를 변경할 수는 없다.

〈그림 3-90〉 고정자산 재평가처리 화면

4. 고정자산 관리절차

1) 신규 취득

물품구입 필요시 각 부서(업장)는 경영계획에 반영된 품목인 경우 구입품의서에 구입사유와 경영계획 반영 여부를 명시하여 구매부서에 제출토록 한다. 경영계획에 미반영된 품목을 구매하고자 할 경우, 예를 들어 거래단위별로 구입예정가격이 1천만원 이하인 경우에는 해당 사업부장의 결재를 받아야 하며, 1천만원 이상인 경우에는 임원회의의 승인을 얻은 후 구매요청을 할 수 있다.

구매부서에 접수된 유형자산 구입품의서는 발주전 심사부서(경영관리팀)에서 예산 및 대체품에 대한 검토를 받아야 한다.

2) 검 수

발주한 물품이 입고되면 물품을 현장배치 후 관리책임자 및 구매관련자는 수량, 규격, 상태 등을 확인한 후 납품정리전표에 서명한다.

각 사업부 관재부서는 입고된 물품의 유형자산대장과 유형자산번호표를 물품입고 후 1개월 이내에 해당 부서에 인계해야 한다.

해당 부서의 관리책임자는 유형자산번호표를 즉시 해당 자산에 부착해야 한다.

3) 이 동

유형자산의 이동시에는 반드시 유형자산이동전표를 작성하여 인계부서, 인수부서, 해당 사업부 관재부서에 각 1매씩 보관해야 한다. 유형자산의 전량이동인 경우 유형자산이동전표를 작성한 후 유형자산대장과 함께 해당 사업부의 관재부서의 확인(유형자산대장의 관리부서 변경처리)을 거쳐야 자산을 이동할 수 있다. 유형자산의 부분이동인 경우 유형자산이동전표를 작성한 후 유형자산대장과 함께 해당사업부의 관재부서의 확인(유형자산대장의 수량정정)을 거쳐 자산을 이동할 수 있다. 부분이동자산의 인수부서에서는 해당 사업부 관재부서로부터 새로운 유형자산대장을 교부받아야 한다. 자산의 이동은 관리부서의 변경을 의미하므로 각 사업부의 관재부서에서는 누락이 없도록 모두 전산처리하여야 하며, 각 부서에서는 임의로 자산을 이동함이 없어야 한다.

4) 반 납

유형자산이 노후 또는 마모, 불가항력에 의한 파손 및 불필요한 경우 등으로 사용할 수 없게 된 경우에는 반납증에 반납사유, 반납유형(영구반납, 임시보관), 자산상태(재활용가능, 재활용 불가능) 등을 기록하여 부서장의 결재를 받은 후 각 사업부 관재부서에 반납하여야 한다. 각 부서는 자산을 반납 후 즉시 그 내용을 각 부서에 보관중인 유형자산대장에 기록한다. 개인지급품목(휴대폰, 무선호출기 등)은 인사변동(퇴직, 전보)시 해당 자산의 관리부서(총무팀)에 반납해야 한다.

5) 매 각

매각은 해당 자산의 관리를 위임받은 부서 및 각 사업부 관재부서에서 처리함을 원칙으로 하나, 개·보수공사나 장비의 교체시에는 해당업무 주관부서에서 해당 사업부 관재부서의 합의를 거쳐 현장에서 매각처리할 수 있다.

각 사업부 관재부서는 반납받은 자산이 향후 사용가치가 없다고 판단될 경우 별도의 처분품의서를 작성한 후 소정의 절차를 거쳐 매각처리할 수 있다. 자산관리를 위임받은 부서에서 자산을 매각처리할 경우에는 처분품의서를 작성하여 각 사업부 관재부서의 합의를 거쳐 매각처리하여야 한다. 차량의 매각시에는 당사에서 제시하는 견적서를 사용함을 원칙으로 하나, 업체간의 매매계약견적서를 사용할 수도 있다.

6) 폐 기

자산의 폐기는 각 사업부 관재부서에서 처리함을 원칙으로 하나, 개·보수공사나 장비의 교체시에는 해당업무 주관부서에서도 각 사업부의 관재부서와 사전협의 후 현장에서 폐기처리할 수 있다.

각 사업부 관재부서에서는 반납된 자산이 재사용이나 수선이 불가능하며 매각처리할 수 없는 품목인 경우, 처분품의서를 작성하여 소정의 절차를 거쳐 폐기처리할 수 있다.

7) 반 출

반출이라 함은 정상운행하는 차량 이외의 자산을 회사가 관리하는 지역 밖으로 옮기는 행위를 말하며, 영업을 목적으로 자산을 외부로 이동하는 행위(출장연회 등)는 여기에 포함되지 않는다.

각종의 사유로 인하여 유형자산을 회사 밖으로 반출하고자 할 때에는 반출증을 작성하여 경비실에 제시한 후 반출하여야 한다.

8) 자산의 인수 · 인계

각 부서는 관리책임자의 변경시에는 반드시 차상급자의 입회하에 유형자산을 인수 · 인계하여야 하며, 인수 · 인계가 이루어지지 않은 경우 그에 따른 책임은 인수자에게 귀속된다. 자산의 부족 등 기타 사유로 인수 · 인계가 불가능할 경우에는 해당 사업부의 관재부서로 통보하여 인수불가능 자산에 대하여 확인을 받는다.

해당 사업부의 관재부서는 인수불가능 자산을 확인 후 신속히 본 관리규정에 의거 조치하여 인수자가 업무수행에 차질이 없도록 하여야 한다.

9) 유형자산번호표

모든 유형자산에는 유형자산번호표(스티커)를 부착함을 원칙으로 하되, 고객용으로서 외관상 부착이 불가능할 경우에는 예외로 한다.

유형자산의 신규취득시 해당 사업부의 관재부서에서는 입고 후 1개월 이내에 해당 자산의 관리부서에 유형자산대장(관리등급 1~3등급인 경우) 및 유형자산번호표를 배부하여야 하며, 해당 부서에서는 수령 즉시 자산에 부착하되, 고객용인 경우 정면에서 보이지 않도록 측면이나 후면에 부착되도록 해야 한다.

10) 재물조사

각 부서는 유형자산대장 및 유형자산명세서에 의거 매년 2회 상 · 하반기 각 1회 정기 재물조사를 실시하여 그 결과를 유형자산대장에 기록 유지하여야 하며, 각 사업부 관재부서는 그 결과를 사업부장 및 경영지원실장에게 보고해야 하고, 경영지원실은 연 1회 하반기 중 전 사업자를 대상으로 정기 재물조사를 실시한다.

11) 예산편성 및 심의

각 부서장은 매년 경영계획수립시 익년도 유형자산 구입예산을 수립하여야 하며, 이 때에는 필요품목의 우선순위, 구입희망시기, 예상가격을 명기한 품목명세서를 예산편성부서(경영관리팀)에 제출하여야 한다. 예산편성부서는 예산안을 검토한 후 그 결과를 해당 부서 및 각 사업부의 관재부서에 통보하여야 한다.

유형자산은 경영계획에 반영된 품목만을 구입함을 원칙으로 하며, 구입전에 예산반영 여부 및 대체품에 대한 검토는 경영관리팀(관재)에서 한다.

13) 자산관리의 위임

자산관리를 위임받은 부서는 해당 자산의 신규취득시에 반드시 경영관리팀(관재)의 경영계획 반영 여부 및 대체품에 대한 검토를 받아야 한다. 자산관리를 위임받은 부서는 해당 자산의 처분시 그 내용이 각 사업부 관재부서에 통보하여 자산내역을 수정할 수 있도록 해야 한다. 자산관리를 위임받은 부서는 해당 자산의 수량 및 상태를 수시로 점검하여야 하며, 그 내용을 기록하여 유지보관해야 한다. 실사시 해당 부서는 관리를 위임받은 자산에 대해 전 사용부서를 대상으로 실사를 실시해야 한다.

5. 고정자산 시스템의 주요 기능

고정자산관리 시스템은 메뉴방식에 의하여 사용자가 쉽게 고정자산의 관리업무를 처리할 수 있다. 정액법, 정률법 등의 상각방법의 선택운영이 가능하며, 보통상각 외에 조정상각, 특별상각이 가능하다. 시스템과의 대화식 입력으로 자료 입력시 그 타당성이 자동으로 검사되며, 상황에 따른 메시지가 출력되어 바로 정정이나 삭제를 할 수 있다. 기능 키의 사용으로 각 조회 또는 입력화면에서 코드의 검색 및 Help를 제공하며 동일자산의 경우 기존자산을 통한 Copy 등록 등 많은 수의 동일품목 자산은 자동으로 자산번호를 부여하여 등록시킨다. 각종 조회 및 보고서 제공으로 다양한 정보를 화면 및 보고서를 통해 수시로 파악이 가능하며, 마스터파일 및 기타 제어파일에 대한 정보도 마찬가지로 신속하게 수집할 수 있다.

〈그림 3-91〉 고정자산관리 시스템 메뉴 구성

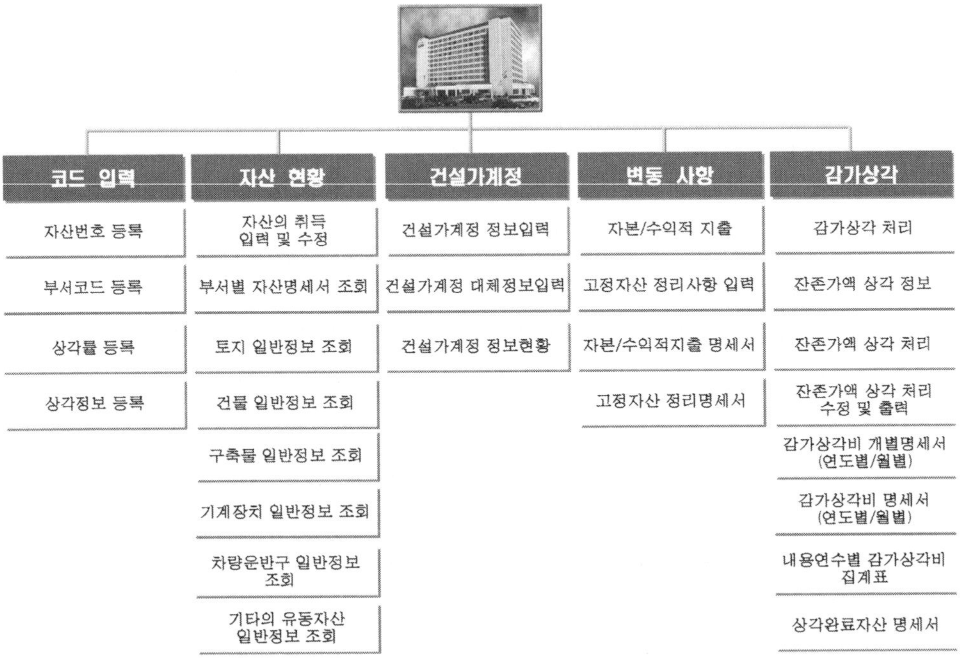

〈표 3-11〉 고정자산 시스템의 주요 기능

시스템	주요기능	세부내역
고정자산	자산관리	· 고정자산 취득 · 자본적 지출 · 고정자산 매각 · 고정자산 이관
	감가상각	· 고정자산 감가상각 처리 · 월말 마감 · 감가상각 연말 조정 · 특별상각 처리 · 재평가 처리 · 회계처리 및 회계시스템 인터페이스

고정자산	현황 출력	· 고정자산대장 · 취득가액원장 · 취득가액명세서 · 자본적 지출명세서 · 매각자산명세서 · 재평가자산명세서 · 감가상각명세서 · 감가상각비 원장 · 감가상각충당금 원장 · 감가상각비 조정명세서 · 부서별 자산보유 현황 · 품목별 자산명세서

Ⅶ. 원가관리 시스템

1. 원가관리의 개념

원가란 제품의 제조나 용역의 제공을 위하여 소비되는 모든 재화와 용역으로 정의될 수 있다. 이는 재료비, 인건비, 경비로 나눌 수 있으며, 이를 "원가의 3요소"라 한다. 또한 원가는 그 요소가 어떤 제품에 직접적으로 영향을 주고 있느냐의 여부에 따라 직접비와 간접비로 구분할 수 있으며, 동일한 원가라 할지라도 어떤 때는 직접비로 구분하는가 하면 어떤 때는 간접비로 구분되기도 한다. 이는 다시 재료비, 인건비, 경비로 재분류 할 수 있으며, 이러한 원가요소를 모두 합계함으로써 제품의 원가를 확정할 수 있고 판매가격 결정의 기준이 되는 것이다.

원가는 실제원가와 표준원가로 구분할 수 있는데, 실제원가란 제품의 제조를 위하여 실제로 소비된 경제가치 즉 실제 소비량과 실제 가격에 의하여 원가를 산정하는 것으로 손익계산서에 표시되는 원가라 할 수 있다. 표준원가란 제품이 가장 이상적인 조건하에서 생산될 때 발생해야 할 원가로서 표준 Recipe를 토대로 설정된 원가이다. 이렇게 설정된 표준원가는 실제원가와의 차이원인을 분석하고 그 결과를 Feedback시켜 합리적인 원가절감을 실현하게 한다.

〈그림 3-92〉 원가구조

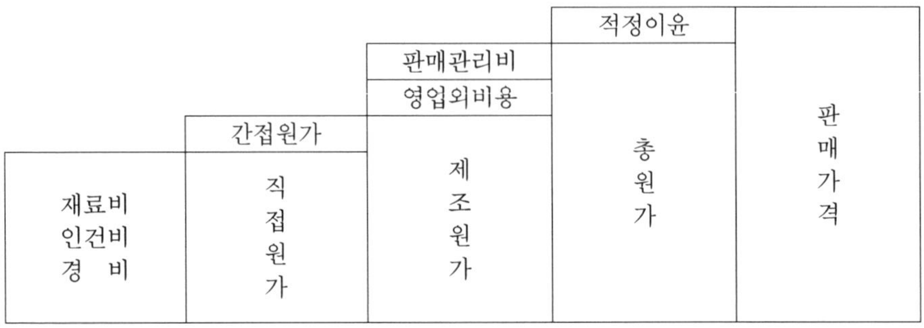

2. 원가관리의 필요성

일반적으로 이익은 수익－비용＝이익으로 계산된다. 그러나 적극적인 관리로서의 이익관리는 먼저 목표로서 이익계획을 설정하고 목표이익을 달성하기 위한 두 가지 측면의 관리가 필요하게 되는데

첫째, 수익(매출)을 증대하여 목표이익을 달성하는 방법

필요비용 ＋ 목표이익 ＝ 필요수익

둘째, 원가관리를 통해 비용을 통제하여 목표이익을 실현하는 방법

예상수익 － 목표이익 ＝ 허용비용

이익계획 수립시 목표이익 혹은 필요이익을 정하고 이것을 목표매출액에서 차감한 잔액으로 제비용을 할당하는 방법을 취하게 되는데, 이때 허용비용 혹은 허용원가에 관해서는 제조비, 판매관리비 및 영업외 비용에서 각 원가요소별로 절감을 위한 재검토가 필요하다. 물론 매출액이 기대하는 대로 신장되지 않는 때에는 원가인하만으로 필요이익을 올리는 것은 용이한 일은 아니지만, 저성장시대에 접한 오늘과 같은 시대에 필요이익을 올리려면 허용비용을 억제해야 하며,

이를 위해서는 원가절감을 위해 보다 적극적인 자세가 요구된다.

〈그림 3-93〉 원가관리 시스템

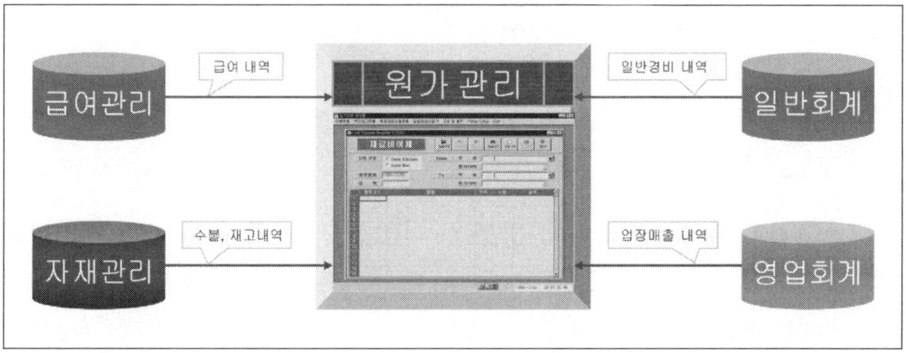

3. 원가관리 업무절차

원가계산이란 기업의 부가가치 창출을 위해 소비되는 각종 재화나 용역의 경제가치, 즉 원가를 측정 집계하는 절차이다. 이렇게 집계된 제품별 원가는 판매가격결정과 영업전략에 관한 구체적인 의사결정을 위하여 이용되어지며, 각 부문별 생산성 향상과 효율의 극대화를 위한 자료로서 활용되어진다.

1) 재료비 산출

재료비란 재고자산(원재료)이 매출의 창출을 위하여 제조과정에 투입된 금액을 의미한다.

재료비 = 전월재고 + 당월입고 − 당월재고

<재료비 산출 예시>

구 분	식 료	음 료
기초재고	10,000	5,000
당월입고	5,000	1,000
기말재고	-8,000	-4,000
재 료 비	7,000	2,000
매 출	24,000	14,000
재료비율	29.2%	14.3%

이때 재고금액의 계산방법은 선입선출법, 후입선출법, 가중평균법 등을 이용하여 산출할 수 있으며, 호텔마다 호텔특성과 경영취지에 따라 계산방법을 선택하고 있다.

2) 일일재료비(Daily Cost)의 산출

상기 재료비 산출공식에 의하여 회계에 필요한 정보는 생성된다. 그러나 관리의 목적을 위해서는 표준재료비에 대응되는 실재료비에 대한 보다 시의적절한 정보가 필요하게 된다. 즉 월초의 잘못된 식음재료비에 대한 문제와 그 대응책을 즉시 파악하고 그 대책을 수립하기 위해서는 일일재료비 계산이 필요하게 된다.

일일재료비 계산에 필요한 항목은 다음과 같다.

(1) 출 고

식음창고에서 각 단위 주방 및 Bar로 출고된 식음자재금액으로 창고에 저장되지 않고 주방 및 Bar로 직접 출고되는 Direct품목의 금액을 포함한다.

(2) 내부이체(Transfer)

각 단위 주방 및 Bar 사이에서 서로 이체된 식음자재 금액을 말한다.

① 매출 내부이체(Sales Transfer) : 판매업장 간에 식료완제품이 이체되는 것

② 재료비 내부이체(Cost Transfer) : 생산단위(주방, Bar) 간에 원

재료 또는 반제품이 이체되는 것

〈그림 3-94〉 재료비 이체 화면

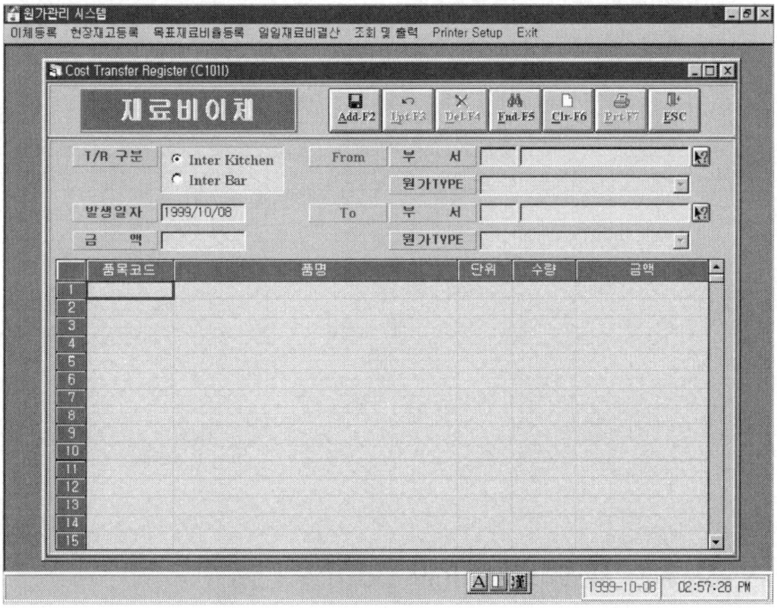

(3) 매 출

식음판매단위에서 발생한 매출로 영업일보상의 매출

(4) S.T(Special Treatment)사용액

식음판매단위에서 발생된 각 부서의 S.T집계액

일일재료비 = 일출고액 ± 재료비 내부이체

일재료비율 = 일재료비 ÷ (일매출 ± 일매출 내부이체 + S.T)

일일재료비의 계산에 있어 현장재고의 증감은 감안되지 않기 때문에 실재료비와는 다소 차이가 있다.

〈그림 3-95〉 F&B Sales Report

3) 월간 재료비(Monthly Cost)의 산출

월간 재료비란 한달 동안의 식음영업 결과 계리된 식음재료비를 말한다. 따라서 이는 일일재료비의 계산과는 달리 사후분석이라 할 수 있다. 표준재료비와의 비교를 통한 효율을 측정하고, 표준(실행)과의 차이에 대해 필요한 대책을 설정하는데 유용한 정보를 제공한다. 월재료비를 계산하기 위해서는 현장재고실사가 선행되어야 한다. 일재료비관리에서 제외된 현장재고의 증감은 곧 재료비로 반영되어 나타난다.

월재료비의 계산을 위한 항목은 다음과 같다.

① 현장재고의 증감 : 각 단위업장별로 실사된 원재료의 재고액
② 식음자재 창고수불
③ 당월 재료비 내부이체
④ 당월 매출 내부이체
⑤ 당월 매출

⑥ 당월 S.T 사용액

월재료비 = 전월현장재고 + 당월출고 ± 내부이체 − 당월현장재고

월재료비율 = 월재료비 ÷ (당월매출 ± 내부이체 + S.T) × 100

〈그림 3-96〉 재료비 현장재고 등록

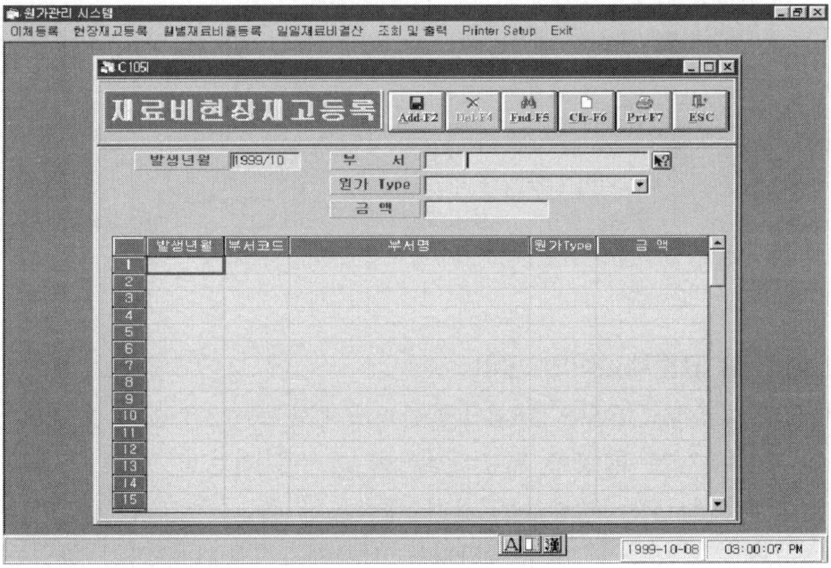

4) 손익센터별 관리(책임회계)

이때 계산된 식료재료비는 각 주방별 재료비로 손익센터별 관리를 위하여 해당 단위업장으로 다시 환원시켜야 한다. 다시 말하면 주방에서 생산된 완제품은 이미 이체된 업장의 매출로 기표되어 있고 그 완제품에 대한 재료비는 이체되지 않고 해당 주방의 재료비로 남아 있다. 이를 해당 주방의 완제품 이체금액에서 실적재료비율로 환산하여 재료비를 이체하게 된다.

따라서 주방의 생산액(매출 ± 매출 내부이체)과 업장의 매출, 재료비율은 서로 차이가 있다.

〈그림 3-97〉 일일영업회계집계 화면

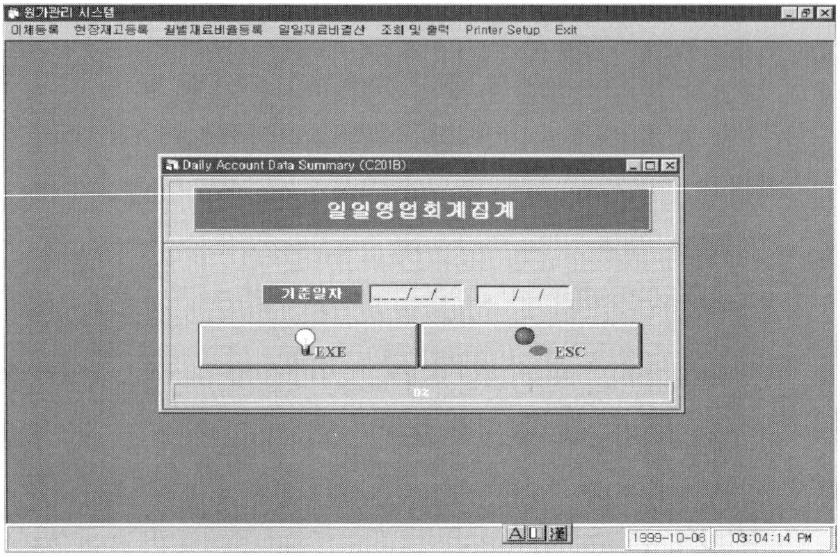

5) 표준재료비의 관리

표준재료비율은 재료비관리과정에서 가장 중요한 도구 중의 하나이며, 이는 영업의 목표치로서의 의미를 갖는다. 실행 재료비율이 높게 나타나면 경영자는 먼저 매출조합 즉 고재료비 메뉴의 매출비중이 예상보다 커져서 나타나는 실행재료비율의 증가가 있었는가를 확인하고, 그렇지 않다면 어느 부분에 정확한 행동을 취해야 하는지를 조사, 결정해야 한다.

이때 표준재료비의 계산을 위하여 Yield Test, Butcher Test, Standard Recipe의 관리가 선행되어야 한다. 이는 나아가서 메뉴공학(Menu Engineering)이란 도구로서 식음관리의 정보로 제공된다.

(1) Yield Test, Butcher Test

수율관리는 Recipe작업 및 정확한 재료비 산출의 기본작업이다. 조리에 사용되는 자재는 처음 구매시와 차이가 있다. 예를 들어 Packing, Trimming 등으로 인하여 모양, 무게가 현저한 차이를 보이게 된다. 따라서 같은 양의 구입시의 단가와 조리에 투입되는 단가는 차이가 있으며, 이를 구분하지 않는다면 정확한 Recipe가의 산출은 어렵다. 따라서 Yield, Butcher Test를 통하여 정확한 원재료금액을 산출하고 이를 Standard Recipe에 반영한다. 예를 들어, Ribeye Roll 15.9㎏을 Fillet하였을 때 그 결과는 다음과 같다.

〈표 3-12〉 Yield, Butcher Test

	Weight	% of original weight	Cost of Servable kg	Cost Factor	Remark
As Purchased Weight	15.9㎏	100.0	15,837		
Loss Due to Packing	0.65㎏	4.0%			
Loss Due to Cooking	–	–			
Loss Due to Trimming and Waste	5.5㎏	34.6%			
Servable kg	9.75㎏	61.4%	25,960	1.64	

Ribeye Roll 1㎏의 구입가격은 15,837원에서 Butcher Test후 25,960원이 되었다. 이와 같이 불필요한 부분을 제거하고 실제 사용 가능한 부분에 대한 가격의 환산이 선행되어야 정확한 Recipe의 작성이 가능하여지며, 메뉴공학의 기초자료로 활용되어지는 것이다. 이러한 Yield Test와 Butcher Test는 반복적으로 실시하여 그 결과를 가중평균하는 것이 중요하다.

- Butcher Test : 육류, 어류 등의 수율 테스트를 말한다.
- Yield Test : 야채, 과일에 대한 수율 테스트를 말한다.

(2) Standard Recipe의 관리

생산의 표준화에 있어 또한 중요한 것은 Recipe이다. Recipe는 각 메뉴 Item의 생산에 필요한 원재료의 내역 및 수량 그리고 조리의 방법 등을 기술한 것이다. Standard Recipe란 맛, 모양 그리고 품질의 일관성을 구축하는데 도움이 되며, 이는 또한 각 메뉴 Item의 판매수량에 따른 원재료의 소모량을 계산, Real Time의 현장재고 파악에 기초자료로 활용될 수 있다. 이와 같이 Standard Recipe의 보완 및 정착은 메뉴공학의 운영뿐만 아니라 현장의 비효율을 제거, 고단가 원재료의 대체 등 재료비관리에 유용하다 할 수 있다.

〈그림 3-98〉 원가관리 메뉴 구성

Ⅷ. 여신관리 시스템

1. 여신관리 시스템의 개요

여신관리 시스템은 외상매출금에 대한 회수관리활동을 말한다. 프론트오피스 시스템이나 각 부대업장에 설치되어 있는 POS를 통하여 발생되는 순수외상매출과 신용카드를 이용한 매출액, 그리고 회원카드를 이용하여 사용한 매출 등에 대하여 파생되는 제반업무를 호텔경영 측면에서 관리하는 기능이다.

〈그림 3-99〉 여신관리 시스템

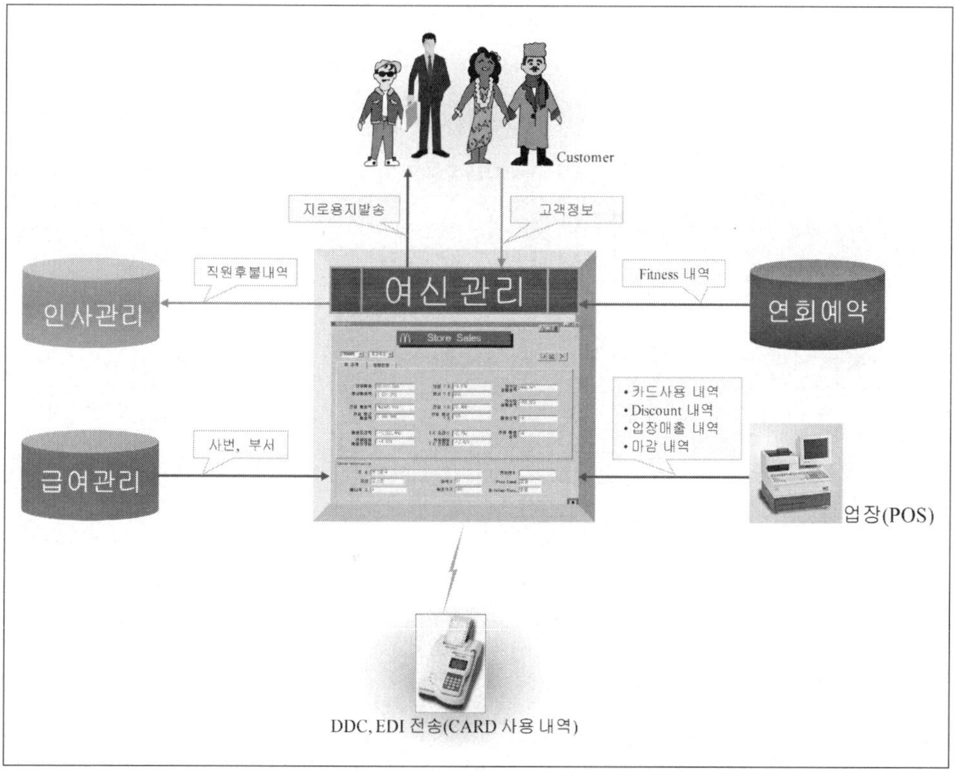

2. 여신관리 시스템의 업무절차

여신관리 시스템은 호텔을 이용한 고객과 여행사 및 단체고객들의 미수금에 관한 사항들을 관리하며 회계시스템으로 전표가 생성된다. 사용자별로 보안수준을 부여하여 각종 기능사용을 제한할 수 있으며, 사용자 ID 와 암호를 관리함으로써 부주의나 고의로 인한 자료 유출 및 손실을 방지한다.

프론트오피스 시스템과 각 업장에서 발생한 직원후불 자료 및 신용카드 자료를 인터페이스할 수 있다. 계층식 메뉴방식에 의한 풍부한 도움말 화면과 다양한 오류 메시지의 제공으로 사용자가 쉽게 쓸 수 있도록 한다.

〈표 3-13〉 여신관리 시스템 흐름도

일일발생 List Check
- 여행사/카드 거래선별 분류
  - 국제, 국내여행사
  - 카드매출, 세미나 등

여신발생 입력작업
- 국제/국내여행사 거래처별 입력
- 신용카드 카드사별 입력
- 세미나등 발생 입력
- 일일입력 List 출력

여신회수 입력작업
- 일일거래처별 회수입력
- 카드사별 회수현황 입력
- 일일여신 외상매출금 회수입력

후불청구서 작업
- 신용카드 카드사별 청구
- 세미나등 INVOICE 청구
- 후불 계약 여행사 등

회수보고서 작성
- 일일 회수보고서 작성
- 카드사별 회수내역 작성
- 세미나/여행사 회수내역 작성

월말 채권연령표 작성
- 회수작업후 채권연령표 작성
- 월말 결산
  - 매출채권현황 작성
  - 부서별 미수금 내역

〈그림 3-100〉 여신발생 화면

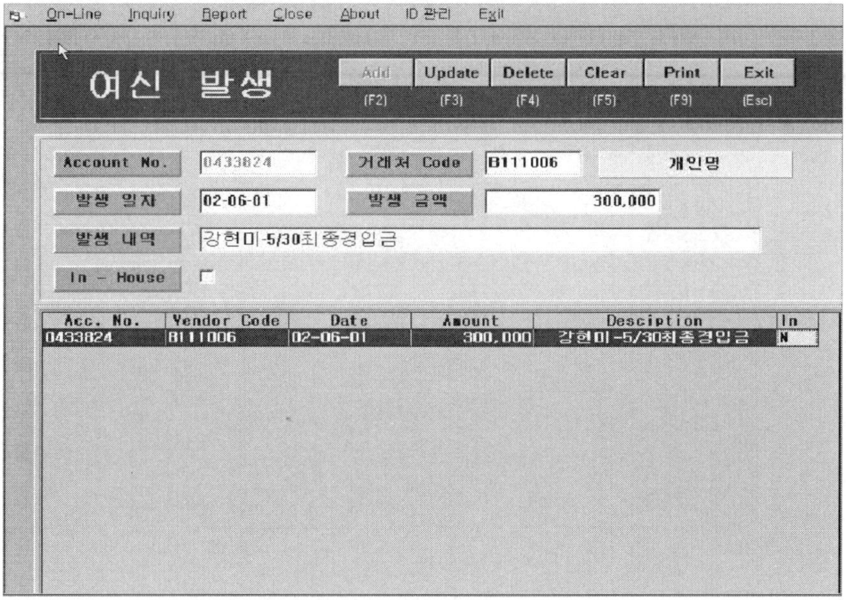

〈그림 3-101〉 여신회수 입력화면

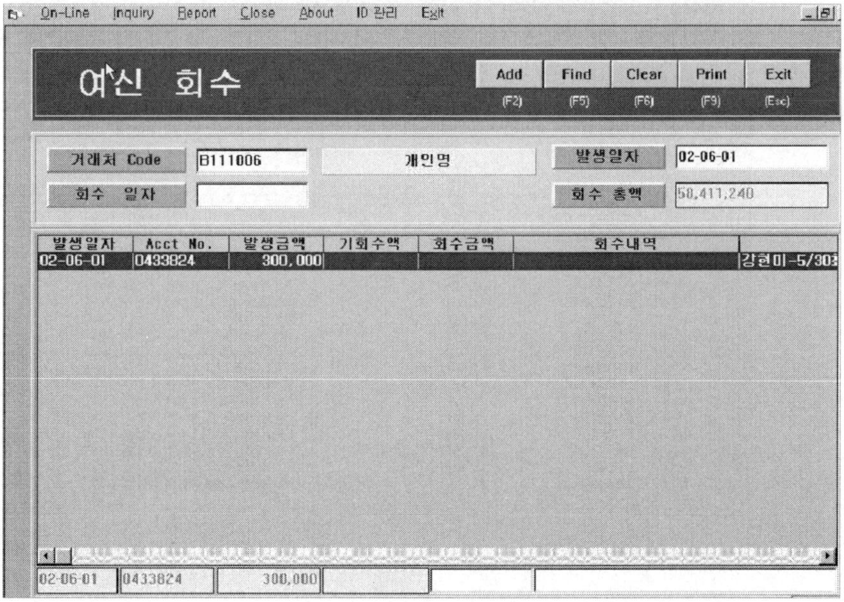

〈그림 3-102〉 채권연령 현황 화면

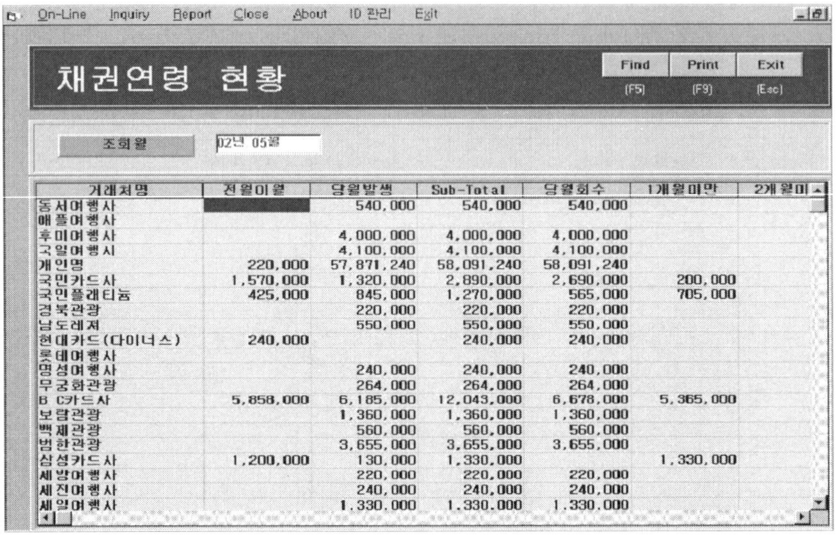

〈그림 3-103〉 여신회수 보고서 화면

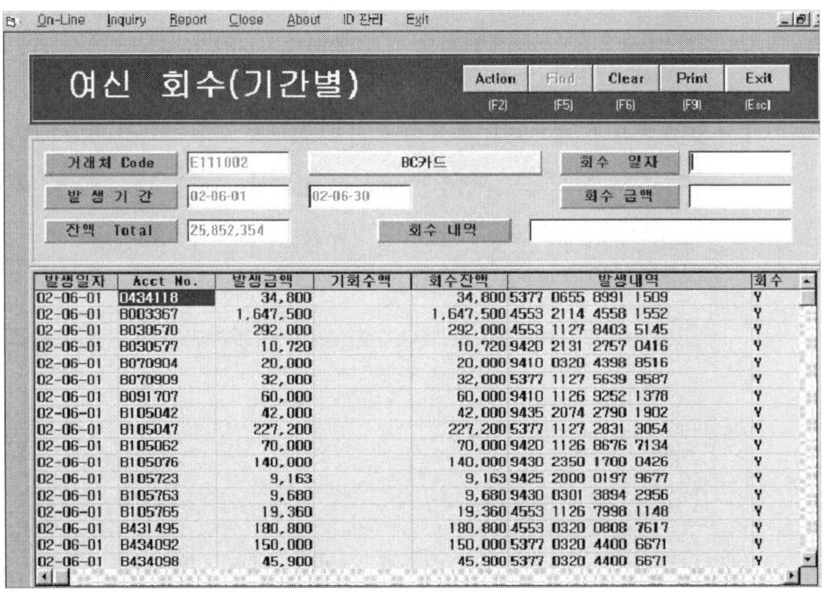

<그림 3-104> 여신잔액현황 화면

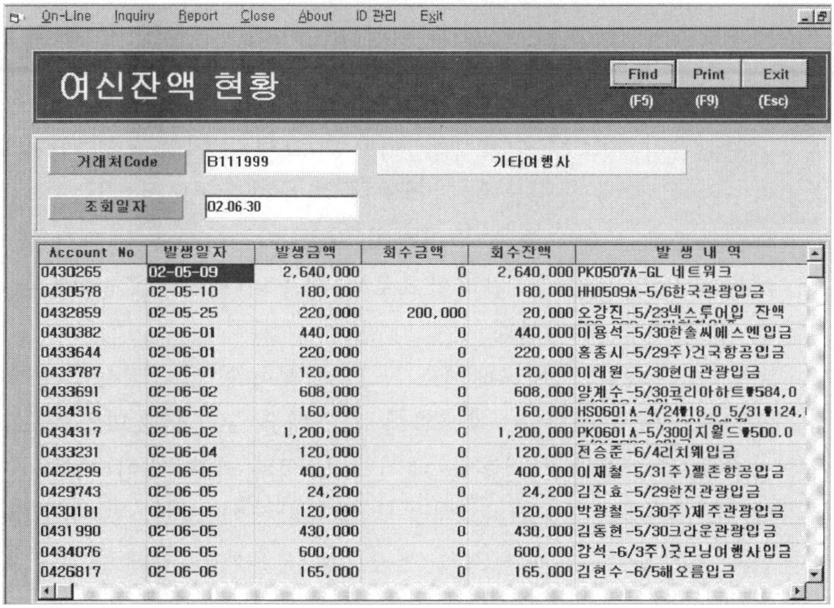

<그림 3-105> 지로용지 발행화면

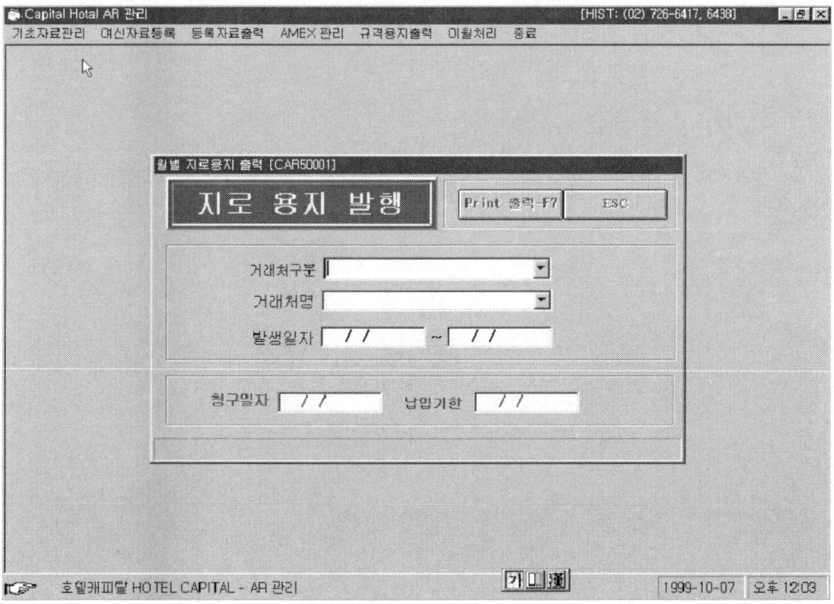

3. 여신관리 시스템의 주요 기능

여신관리 시스템은 "사용자 편의성"에 중점을 맞추어 호텔의 여신관리업무를 쉽게 처리할 수 있도록 개발된 소프트웨어이다.

여신관리 시스템은 호텔을 이용한 고객과 여행사 및 단체고객들의 미수금에 관한 사항들을 관리하며 회계시스템으로 전표가 생성된다. 사용자별로 보안수준을 부여하여 각종 기능사용을 제한할 수 있으며, 사용자 ID와 암호를 관리함으로써 부주의나 고의로 인한 데이터 유출 및 손상을 방지한다.

또한 관계형 데이터베이스(R-DB) 사용으로 타적용업무와의 Data Interface가 가능하다. 여신관리 시스템은 프론트오피스 시스템과 각 업장에서 발생한 직원후불 데이터 및 신용카드 데이터를 인터페이스할 수 있도록 제공된다. 계층식 메뉴방식에 의한 풍부한 도움말 화면과 다양한 오류 메시지의 제공으로 사용자가 쉽게 쓸 수 있도록 제공된다.

여신관리 시스템의 주요 기능은 다음과 같다.

- 계정의 균형 유지
- 계산서 처리
- 수급 감시
- 받을계정보고서의 작성
- 모든 받을계정을 가리키는 회계감사보고서 산출

〈그림 3-106〉 여신관리 시스템 메뉴 구성

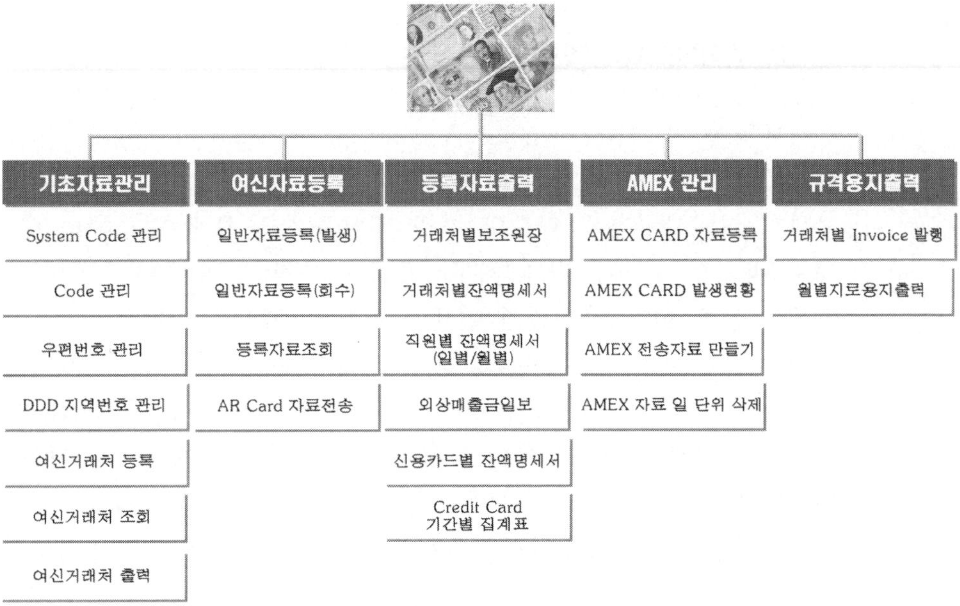

〈표 3-14〉 여신관리 시스템의 주요 기능

시스템	주요기능	세부내역
여신관리	여신자료 관리	· Front Data Interface · 여신전표 관리(여신,직원후불) · 입금전표 관리(여신, 직원후불)
	Report 생산	· 거래처별 미수현황 · 거래처별 명세서 · 일자별 발생현황 · 거래처별 거래현황 · 일자별 입금현황 · 청구서 생산 · 부서별/일자별 후불현황 · 월별 후불현황 · 일자별 후불 입금현황

Ⅸ. 재무회계 시스템

1. 재무회계 시스템의 개요

재무회계 시스템(Financial Accounting System)의 목적은 전표입력 및 다른 시스템과의 인터페이스에 의한 각종 정보를 취합함과 동시에 경영의사결정에 필요한 제반 정보를 신속하게 제공하는 데 있다. 사용자의 실정에 맞게 재무제표를 구축할 수 있으며, 조직 및 관리부문 등에 따라 자유롭게 집계하여 보고서를 출력한다.

재무회계 시스템은 일반 회계처리 계정과목의 손쉬운 추가, 수정, 삭제 기능으로 전표관리가 용이하다. 관계형 데이터 베이스(R-DB) 사용으로 다른 적용업무와의 자동연계로 인한 자료제공으로 여신, 세무관리에 관한 자료와 호환이 가능하다.

총계정원장, 각 보조원장, 재무제표 및 각종 세부명세가 처리되며 단계별 전산화 추진에 의한 회계전산화 자동시스템을 구축할 수 있는 효과적인 시스템이다. 사용자별로 보안시스템을 부여하여 각 기능사용을 제한할 수 있으며, 사용자 ID 와 암호를 관리함으로써 부주의나 고의로 인한 자료유출 및 손상을 방지할 수 있다.

〈그림 3-107〉 재무회계 시스템

2. 재무회계 시스템의 구성

재무회계 시스템은 일정시점에서의 기업의 재산상태와 경영성과, 재무변동상태를 파악하고 이를 외부에 공표하기 위하여 기업회계기준에 의거하여 개발된 시스템이다.

보통 호텔에서 말하는 경리회계업무란 일반회계업무, 자금관리업무, 예산관리업무, 세무관리업무를 말한다.

〈그림 3-108〉 재무회계 시스템 업무구성

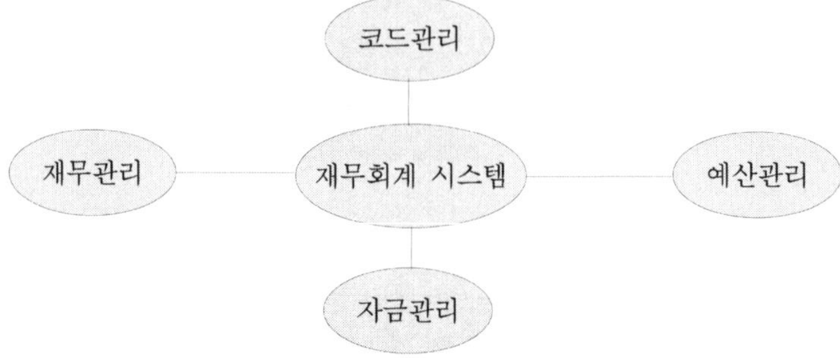

1) 코드관리

코드관리에서는 각종 기초코드가 등록되어 있는 코드 Master File을 이용하여 지급/수입품의서와 대체전표를 입력 또는 출력한다

시스템에 입력된 전표를 결재처리시키면 전표에 의하여 각종 월(일)계표, 보조부, 총계정원장, 시산표, 결산재무제표가 생산된다.

〈그림 3-109〉 코드관리업무 Flow

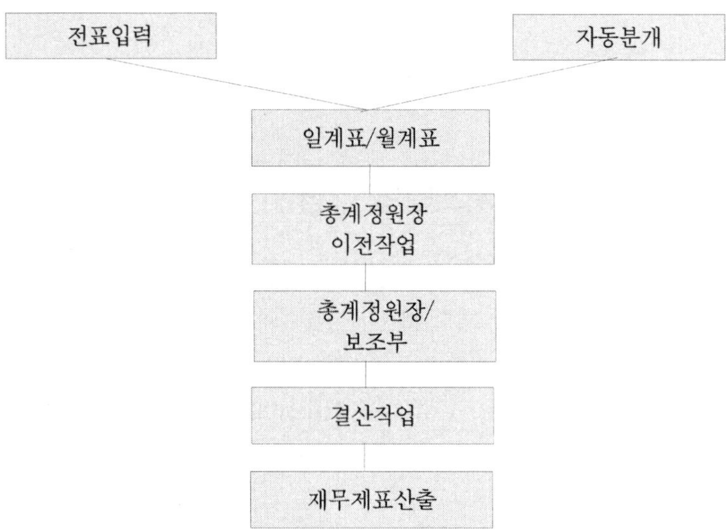

〈그림 3-110〉 코드관리업무 Detail

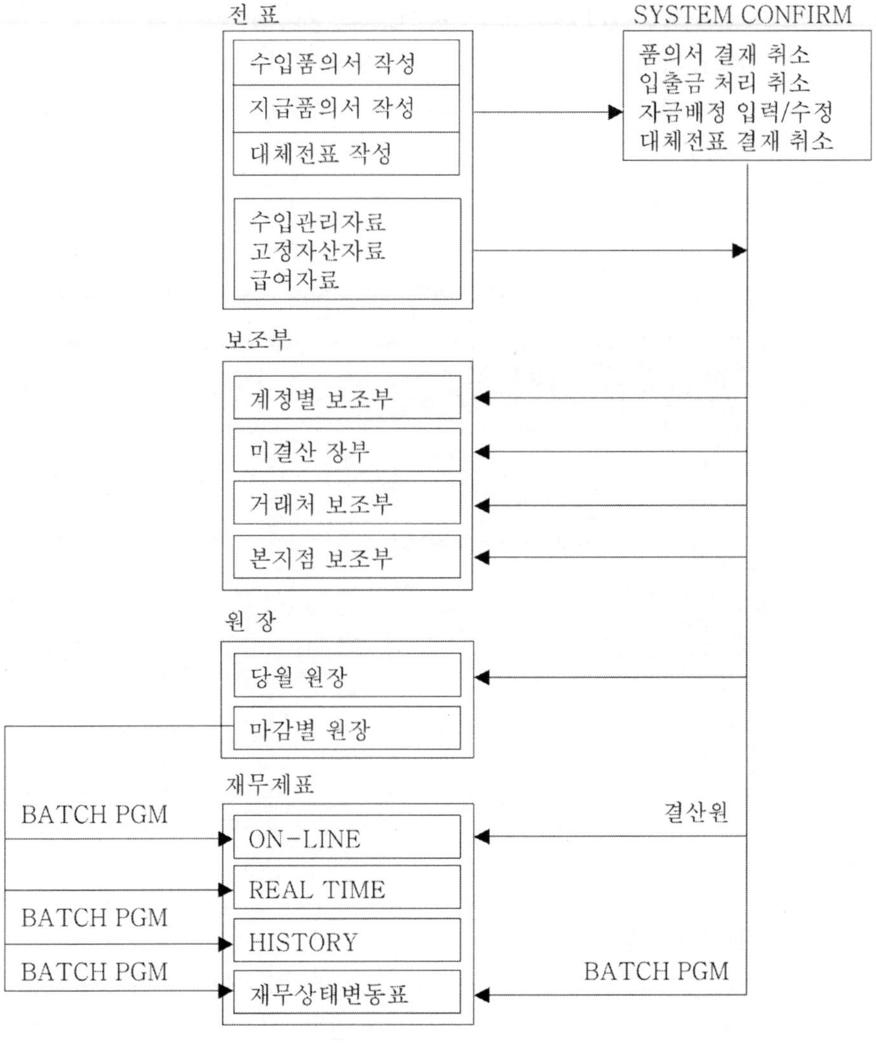

(1) 기초자료 입력(코드)

정상적인 전표를 입력하기 전에 등록하여야 하는 기초자료이다.

· 공통코드, 거래처코드, 부서코드, 계정코드 등록
· 예금계좌번호를 예금원장에, 당좌계좌를 당좌예금원장에 등록
· 받을어음 및 지급어음 내역을 받을/지급어음원장에 등록
· 기타코드 등록

〈그림 3-111〉 계정과목등록 화면

(2) 전표작성 방법

회계업무에서 가장기본이 되는 것은 전표입력이며, 전표의 종류는 출금전표(지급품의서), 입금전표(수입품의서), 대체전표가 있으며, 전표처리방식에 따라 2가지의 형태로 구분할 수 있다.

첫째는 현업부서에서 증빙자료(세금계산서, 거래명세서, 영수증 등)가 첨부된 지급품의서를 수기로 작성한 후 이를 경리부서에 송부하면 경리부서 시스템에 입력하는 방식과, 둘째는 전표를 발생시키는 부서에서 증빙자료를 보고 직접 전표를 입력하고 출력한 다음 증빙

자료를 첨부하여 경리부서의 승인을 받는 방식이다. 경리부서는 접수된 전표에 대하여 계정과목이 올바르게 입력되었는지, 또는 증빙자료가 제대로 첨부되었는지 여부를 검사한 후 이상이 없을 경우 이를 승인하고 전표를 확정하는 작업을 한다

〈그림 3-112〉 전표입력 및 수정 화면

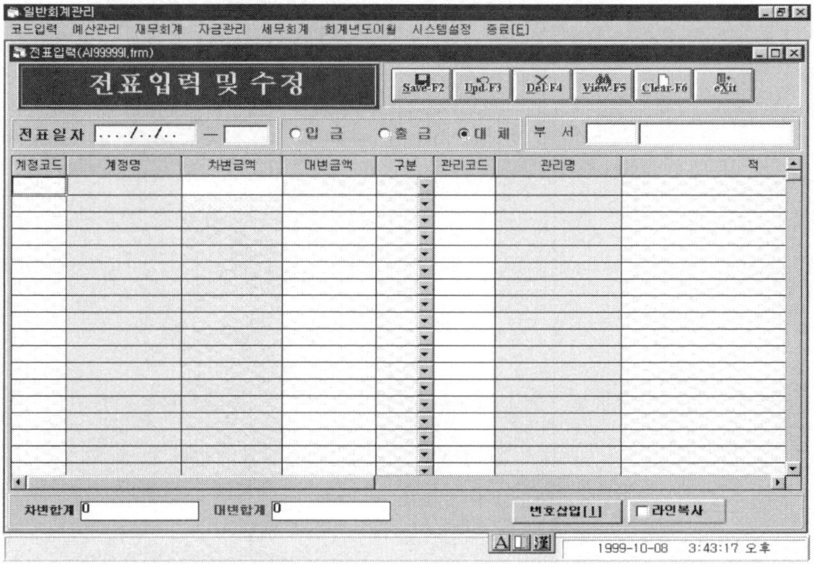

〈그림 3-113〉 회계전표처리 Flow

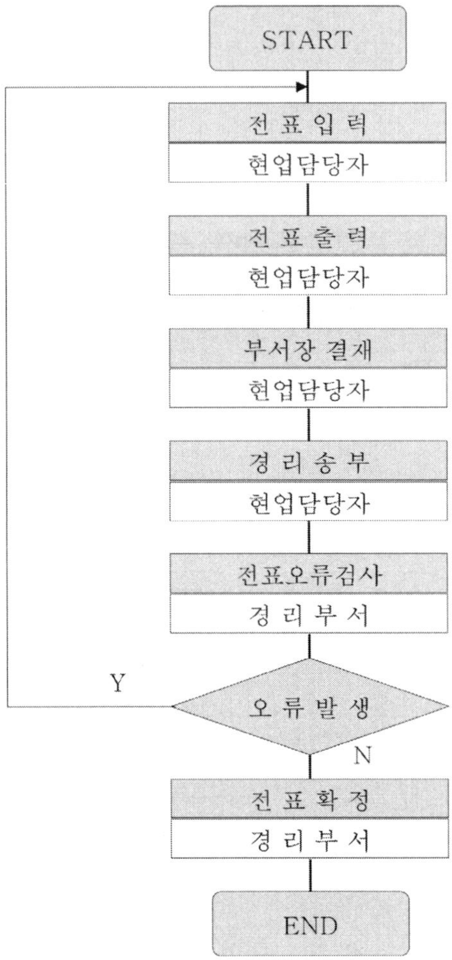

(3) 일(월)계표 산출

일계표는 1일 동안 발생된 모든 거래(전표)에 대하여 계정과목별로 금액을 집계한 집계표이며, 월계표는 1개월 동안의 거래집계표이다.

〈표 3-15〉 일계표 출력 양식

차 변			계 정 과 목	대 변		
합 계	대 체	현 금		현 금	대 체	합 계
6,150,000		6,150,000	현금	6,125,300		6,125,300
6,491,949	6,491,949		예금	6,150,000	186,810	6,336,810
10,580,600	10,580,600		외상매출금		34,721,800	34,721,800
52,896	52,896		미수금		1,095	1,095
4,258,980	4,258,980		저장품		4,176,800	4,176,800
273,771	272,680	1,091	부가세선급금		846,696	816,696
34,721,800	34,721,800		본사		18,+03,212	18,903,212
6,595,289	510,529	6,084,760	미지급금		7,258,459	7,258,459
763,800	763,800		부가세예수금		254,600	254,600
			영업수입		10,476,000	10,476,00
			송어수입		7,930,000	7,930,000
			온실수입		2,546,000	2,546,000
19,188,666	19,149,217	39,449	영업비			
4,176,800	4,176,800		직접재료비			
198,800	174,800	24,000	복리후생비			
187,935	187,935		수도광열비			
10,909		10,909	소모 품비			
2,200		2,200	지급수수료			
2,546,000	2,546,000		조경관리비			
12,063,682	12,063,682		용역비			
2,340		2,340	통신비			
			영업외수익		6,984	6,984
			잡수익		1,725	1,725
			수입이자		5,259	5,259
5	5		영업외비용			
5	5		잡손실			
89,077,756	76,802,456	12,275,300	합 계	12,275,300	76,802,456	89,077,756

(4) 총계정원장 이전작업

입력된 전표에 오류가 없는 경우 이를 확정시키는 작업, 즉 총계정원장 이전작업을 하고 전표, 경리부서에서 입력한 전표를 확정한다.

일단 총계정원장으로 이전된 전표는 수정이 불가능하며, 이를 수정하려면 정정전표를 입력하던지, 아니면 권한을 갖고 있는 사람만이 수정작업을 할 수 있도록 해야 한다.

〈표 3-16〉 총계정원장 출력 양식

일 자	적 요	차 변	대 변	잔 액
	전 기 기 월	21,764,019	21,723,481	40,538
2002.04.10		1,000,000	981,000	59,538
2002.04.11		1,000,000	505,000	554,538
2002.04.13		0	50,000	504,538
2002.04.23		1,000,000	50,000	1,454,538
2002.04.25		0	476,000	978,538
2002.04.27		0	100,000	878,538
2002.04.29		3,850,000	0	4,728,538
2002.04.30		0	3,099,650	1,628,888
	월 계	6,850,000	5,261,650	1,628,888
	누 계	228,614,019	26,985,131	1,628,888

(5) 보조부 및 원장

① 총계정원장 : 총계정원장은 일자별 · 계정과목별 차 · 대변금액과 잔액을 표시하는 장부로써 결산의 기초자료가 되는 주요 장부이다.

② 현금출납부 : 현금의 수입과 지출내역을 표시한 보조기입장이며, 일자별 · 전표번호별로 내용이 출력된다.

③ 은행별 현금잔고장 : 은행에 예치되어 있는 예금을 은행별·지점별로 파악할 수 있다.

④ 계정별 원장 : 총계정원장의 보조원장으로써 기간을 선택하고 계정과목을 선택한 후 출력한다. 계정별 원장은 총계정원장에서 표시하지 못했던 거래내용을 보다 상세히 기록한 장부이다.

⑤ 거래처 잔고현황 : 거래처별로 특정계정과목에 대한 잔고현황을 산출하는 것으로 주로 외상매입금 · 미지급금에 대한 관리를 하며, 거래선별 외상매출금은 여신관리 시스템에서 보다 상세하게 관리된다.

⑥ 시산표 : 총계정원장과의 금액대조용으로 많이 사용되며, 계정과목별 당월 집계내역과 1년간 누계액이 인쇄된다. 보통 회계결산 직전에 자료의 정확성을 최종 체크하기 위하여 시산표를 산출한다.

〈그림 3-114〉 시산표 출력 양식

(2002. 04. 01 ~ 2002. 04. 30)

차 변			계정과목	대 변		
합계	당월	잔액		잔액	당월	합계
22,024,465,245	4,504,151,637	2,821,179,382	[자산]	-563,669,307	4,491,094,055	18,639,616,556
16,552,990,945	4,479,075,715	2,444,781,763	1. 유동자산		2,991,685,466	14,108,209,182
16,552,990,945	4,479,075,715	2,444,781,763	<당좌자산>		2,991,685,466	14,108,209,182
28,614,019	6,850,000	1,628,888	현금		5,261,650	26,985,131
8,902,303,702	2,964,315,119	3,552,172	제예금		2,964,647,894	8,898,751,530
5,782,861,551	1,487,291,732	2,407,957,734	외상매출금		21,775,922	3,374,903,817
1,720,528,281			미수금			1,720,528,281
55,000		55,000	유가증권			
46,559,605		10,969,105	선급금			35,590,500
68,868,787	17,418,864	17,418,864	선급부가세			51,449,923
3,200,000	3,200,000	3,200,000	가지급금			
386,583,407		376,397,619	2. 고정자산		2,207,032	10,185,788
383,530,307		373,344,519	<투자자산>		2,207,032	10,185,788
2,951,558			특정현금과 예금			2,951,558
380,176,749		372,942,519	퇴직보험예치금		2,207,032	7,234,230
200,000		200,000	임차보증금			
202,000		202,000	전신전화가입권			
3,053,100		3,053,100	<유형자산>			
3,053,100		3,053,100	차량운반구			
5,084,890,893	22,075,922		3. 본지점	-563,669,307	1,497,201,557	4,521,221,586
5,084,890,893	22,075,922		본사	-563,669,307	1,497,201,557	4,521,221,586
1,906,448,031	622,850,743		[부채]	3,189,834,638	777,671,403	5,096,282,669
1,840,538,201	601,966,953		1. 유동부채	514,567,909	497,671,403	2,355,106,110
281,141,425	280,942,325		미지급금	342,740		281,484,165
235,001,790	55,072,620		예수금	98,725,550	89,847,320	333,727,340
382,035,150			예수부가세	135,208,339	135,208,339	517,234,489
942,359,836	265,952,008		미지급비용	280,291,280	272,615,744	1,222,651,116
65,909,830	20,883,790		2. 고정부채	2,675,266,729	280,000,000	2,741,176,559
58,675,600	18,676,758		퇴직급여충당금	2,302,324,210	280,000,000	2,360,999,810
7,234,230	2,207,032		단체퇴직보험충당금	372,942,519		380,176,749
			[자본]	66,476,867		66,476,867

			3. 이익잉여금	66,476,867		66,476,867
			이월이익잉여금	66,476,867		66,476,867
4,547,577,332	1,496,846,476	4,547,577,332	[손익]	4,676,114,561	1,352,083,398	4,676,114,516
4,547,577,332	1,496,846,476	4,547,577,332	1. 영업손익	4,676,005,890	1,352,083,398	4,676,005,890
			<매출액>	4,676,005,890	1,352,083,398	4,676,005,890
			호텔수입	4,676,005,890	1,352,083,398	4,676,005,890
4,547,577,332	1,496,846,476	4,547,577,332	<매출원가>			
4,547,577,332	1,496,846,476	4,547,577,332	호텔원가			
			영업외손익	108,626	5	108,626
			<영업외수익>	108,626	5	108,626
			수입이자와할인료	108,619		108,619
			잡이익	7	5	7
28,478,490,608	6,620,848,856	7,368,756,714	합계	7,368,756,714	6,620,848,856	28,478,490,608

(6) 결산작업 전 점검내용

회계결산작업을 실행하기 전에 회계보조장부를 이용하여 전표의 오류·누락·분개의 타당성 등을 최종 점검해야 한다. 또한 아직 등록하지 않은 미결전표, 미결품의서가 있는 경우 이를 입력하여야 한다.

회계결산 전 경리부서에서 처리해야 할 내용들을 정리하면 다음과 같다.

① 현금과부족처리

전산에 등록된 현금잔액보다 실제 보유하고 있는 현금이 부족할 경우 잡손실로 처리한다. 즉 차변은 잡손실, 대변은 현금 또는 현금과부족으로 처리한다.

반대로 전산에 등록된 현금잔액보다 실제 보유하고 있는 현금이 많을 경우는 대변에 잡이익으로 처리한다.

② 재고자산 평가

재고자산에 대한 평가결과 실제가치가 장부가액보다 떨어진 경우 재고자산 평가손처리를 한다.

③ 유가증권 평가

호텔이 보유하고 있는 유가증권에 대한 평가결과가 장부가액과 차이가 발생되면 유가증권 평가손 및 평가익 처리가 이루어져야 한다.

④ 가수금 · 가지급금 처리

가수금 · 가지급금으로 처리한 내역에 대하여 대체 분개처리하여 항상 잔액을 0으로 만들어야 한다. 보통 가지급금 같은 경우에는 연말결산작업을 할 때 처리한다.

⑤ 선급비용 대체

월결산작업 수행시 당월에 이미 비용으로 처리한 금액에 대하여 일부 비용을 이월시킬 필요가 있는 경우 당월비용에서 차감하는데 보험료 · 광고비 · 임차료 · 감각상각비 등이다.

⑥ 미지급비용 대체

당월에 속하는 비용을 당월에 지급하지 못하여 정식기표를 할 수 없을 경우 미지급된 비용을 당월의 미지급비용계정 즉 부채로 처리하게 된다. 대표적인 것으로는 세금과 공과 및 국민연금 전환금 같은 것들을 들 수 있다.

(7) 결산작업

결산작업은 매월마다 재무상태나 손익을 파악하기 위하여 월차결산을 하거나, 반기 재무상태나 손익현황을 파악하는 반기결산과 연말결산을 말한다.

결산작업이 완료되면 결산보고서인 재무제표가 작성되는데, 재무제표에는 대차대조표, 손익계산서, 이익잉여금처분계산서(또는 결손금처리계산서), 현금흐름표, 주기와 주석 등이 있다.

〈그림 3-115〉 손익계산서 출력 양식

(2002. 04. 01 ~ 2002. 04. 30)

과 목	이 월 금 액		당 월 금 액		합 계	
1. 매출액	0	3,323,922,497	0	1,352,083,393	0	4,676,005,890
① 호텔수입	3,323,922,497	0	1,352,083,393	0	4,676,005,890	0
② 기타수입	0	0	0	0	0	0
2. 매출원가	0	3,050,730,856	0	1,496,846,476	0	4,547,577,332
① 호텔원가	3,050,730,856	0	1,496,846,476	0	4,547,577,332	0
3. 매출총이익	0	273,191,641	0	-144,763,083	0	128,428,558
4. 일반관리비	0	0	0	0	0	0
① 지급수수료	0	0	0	0	0	0
5. 영업이익	0	273,191,641	0	-144,763,083	0	128,428,558
6. 영업외수익	0	108,621	0	5	0	108,626
① 수입이자와 할인료	108,619	0	0	0	108,619	0
② 잡이익	2	0	5	0	7	0
7. 영업외비용	0	0	0	0	0	0
8. 경상이익	0	273,300,262	0	-144,763,078	0	128,537,184
9. 특별이익	0	0	0	0	0	0
10. 특별손실	0	0	0	0	0	0
11. 법인세차감전순이익	0	273,300,262	0	-144,863,078	0	128,537,184
12 법인세 등	0	0	0	0	0	0
13. 당기순이익	0	273,300,262	0	-144,763,078	0	128,537,184

3. 예산관리

예산관리란 호텔이 1년간 투입해야 할 금액을 월별로 입력하여 예산집행시 한도액을 초과하지 않도록 통제·관리하는 것을 말한다. 예산을 기획·편성하는 부서는 매년 말 각 부서로부터 내년도 예산을 접수받아 이를 취합하여 확정한 후 예산을 계정과목별로 입력하여야 한다.

〈그림 3-116〉 예산편성정보 등록화면

(1) 예산통제방법

예산통제방법에는 사전통제방법과 사후통제방법이 있다. 정확한 예산관리를 하려면 사전통제방식이 유리하며, 예산의 유연성 있는 집행을 고려한다면 사후통제방식을 채택할 수 있을 것이다. 여기서는 월별 예산금액에 의한 사전통제시스템을 위주로 설명한다.

(2) 전표입력

전표입력시 예산을 초과하면 전표가 입력되지 않으므로 예산이 초과집행되었을 때 예산통제부서에 예산초과 사유를 첨부하여 예산증액신청을 한 후 전표를 입력한다.

(3) 예산집행

사용하고자 하는 금액만큼 해당월에 예산이 확보되어 있을 경우 그 한도 내에서 예산을 집행할 수 있다. 예산집행은 입력한 전표내역을 경리부서에서 일정절차를 거쳐 승인한 후 이루어진다.

(4) 예산집행실적

예산을 사용한 경우 예산 대 집행실적을 비교분석할 수 있는 자료가 출력이 된다

4. 자금관리

자금관리란 호텔의 자금흐름 및 자금상황을 파악하기 위하여 주요 계정과목에 대하여 금액의 입·출현황을 관리하는 것을 말한다. 자금관리와 연관된 주요 업무는 다음과 같다.

(1) 현금 입·출금업무

회사의 금고 및 예금계좌에서 입·출금되는 모든 업무이다.

(2) 당좌거래업무

수표 및 어음발행업무, 지급어음의 결재 및 받을어음의 추심업무이다.

(3) 예금관리업무

은행과 단자회사 및 보험회사 등 금융권에 예탁한 금액의 인출 및 입금업무이다.

(4) 차입금관리

은행 및 금융권으로부터 차입한 금액의 원금 및 이자관리업무이다.

(5) 유가증권관리

주식·채권 등에 대한 매입 및 처분과 관련된 업무이다.

5. 세무관리

세무관리란 호텔이 일정기간 영업을 하면서 얻은 수입에 대하여 과세대상소득을 산정하기 위한 작업이라고 할 수 있다. 특히 법인세 납부는 세무조정을 통하여 최종 과세소득을 산정하게 된다.

6. 재무회계 시스템의 주요 기능

재무회계 시스템은 On-Line 방식의 자료처리로 모든 관리가 신속하고 정확하며 다양한 보고서 및 부가가치세, 법인세에 관한 사항이 제공된다.

재무회계 시스템의 주요 특징은 다음과 같다.

① 구조적 분석 및 설계기법에 의한 계발
② 의사결정 시스템 구축이 용이
③ 내부 통제기능 강화
④ 타 시스템 Interface 용이
⑤ 인력절감 및 신속한 정보제공
⑥ 장부 전산화 및 자동집계
⑧ 타 시스템 대체전표 자동이체

〈그림 3-117〉 재무회계 시스템 메뉴 구성

〈표 3-17〉 재무회계 시스템 주요 기능

시스템	주요기능	세부내역
재무회계 시스템	지급관리	· 지급품의서 관리 · 지급품의서 초기 처리/지급품의서 회계처리 · 수입품의서 관리/수입품의서 회계처리 · 품의서조회 : 지급일자별 · 접수일자별 · 입금처별 · 품의부서별 미지급 품의서)
	회계전표 관리	· 대체전표관리 · 회계전표 조회/회계전표 명세서 · 일계표 생산 · 현금거래장 · 결산작업
	거래처 관리	· 거래처 등록 · 계정과목/거래처 구축 · 기초잔액 입력 · 계정별 거래처 조회/거래처별 계정 조회
	회계 Report 생산	· 일계표/월계표 · 현금거래장 · 제예금 잔액명세서 · 총계정원장 · 계정별 보조장 · 부서별 원장/부서별 보조장 · 계정/거래처별 원장 · 계정/거래처별 보조장 · 합계잔액시산표 · 대차대조표/손익계산서/비용집계표/세목별 보조장
	회계내역 조회	· 계정별/부서별 Summery · 부서별/계정 Summery · 총계정원장 조회 · 계정/부서 Detail 조회 · 재무제표 조회 · 항목별/세목 Summery
	세무관리	· 부가세 관련 새금계산서 관리 · 영세율 및 세액관리 · 법인세 내역 관리 · 세금계산서 목록/법인세 내역 목록
	어음관리	· 어음내역 등록 · 만기일별/거래처별 어음조회, 보고서 · 발생일자별/지급처별 어음조회 보고서

X. 관리회계 시스템

1. 관리회계 시스템의 개념

관리회계 시스템(Managing Accounting System)은 경영자의 의사결정과 통제활동에 필요한 각종 정보를 수집·분석하여 이를 이용자에게 보고하는 회계분야로서 내부경영계획과 통제활동에 초점을 맞추는 내부지향적 시스템이라고 할 수 있다.

따라서 관리회계시스템의 목적은 기업내부 정보이용자의 의사결정에 유용한 정보를 제공하는 것이며, 그 역할을 살펴보면 다음과 같다.

· 경영성과와 재무상태의 파악
· 원가통제활동에 필요한 정보제공
· 조직구성원에 대한 동기부여
· 계획과 의사결정을 위한 정보를제공한다.

2. 관리회계 시스템의 구성비용 배분기준

관리회계 시스템은 주변시스템(Front & POS매출자료, 급여시스템, 인사관리 시스템, 회계관리시스템, 고정자산시스템, 자재관리시스템) 자료를 기초로 하여 기초비용과 기초사업량을 집계하여 비용을 확정한 후 배부사업량과 배부기준에 의해 비용을 배부하여 확정비용을 산출한다.

<그림 3-118> 관리회계 시스템 흐름도

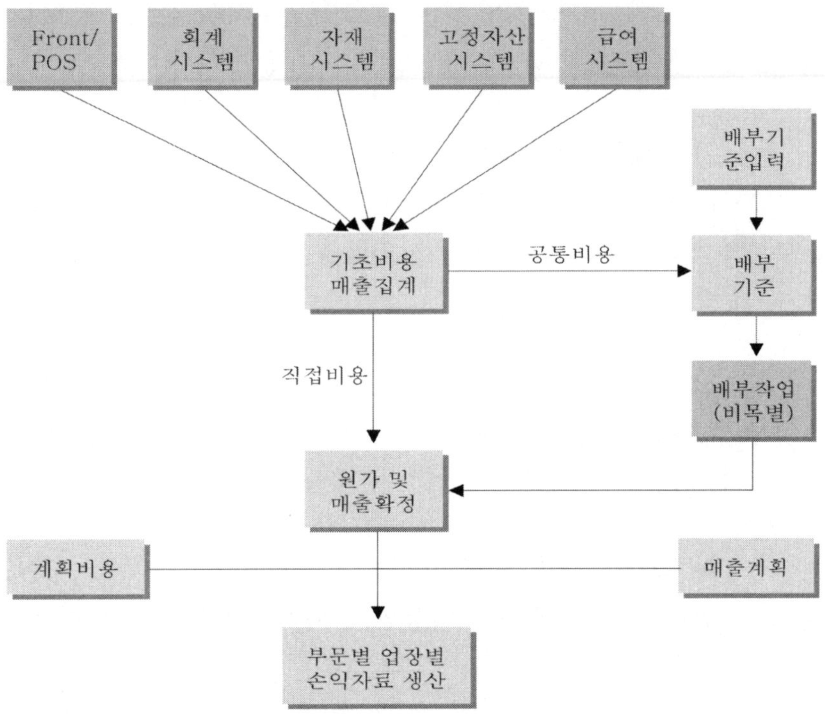

또한 관리회계 시스템의 손익을 부문별, 업장별로 정확하게 산출하기 위해서는 관리부서에서 사용한 간접비와 업장공통비에 대한 사업량과 배부기준이 확정되어야 한다.

1) 간접비 · 공통비 배부

간접비 및 공통비 배부방법은 일반적으로 다음의 3가지 기준을 적용한다. 즉, 영업에 직접 투입된 직접비, 영업활동을 지원하기 위하여 투입된 간접비, 그리고 호텔이 정상적으로 영업을 영위하기 위하여 지출된 공통비 배부를 의미한다.

다시 말하면 직접비는 손익계산의 대상이 되는 객실 및 각 업장 자체에서 발생시킨 재료비 · 인건비 · 경비 등을 말한다. 그에 반해 간접비는 손익계산의 대상이 되지 않는 부문이나 장소에서 발생시킨 모든 비용을 말하는데, 이를테면 관리부서 직원에 대한 인건비와 그들이 업무적으로 사용하는 소모품비 그리고 접대비 등을 들 수 있다.

마지막으로 공통비는 각 업장에서 사용한 수도 및 전기료, 상품광고에 지출되는 광고선전비 등을 의미한다.

2) 매출액 대비 배부

매출액 대비 배부란 업장의 매출액에 비례하여 간접비나 공통비를 업장에 배부하는 것으로 사업량을 산출할 수 없는 경우에 사용하는 일반적인 방법이다.

3) 면적비 대비 배부

면적비는 업장이 영업을 하기 위하여 점유하고 있는 공간을 말하며, 업장의 면적비에 비례하여 비용을 배분한다.

4) 인원비 대비 배부

인원비 대비 배부는 업장의 근무인원에 비례하여 배부되는 비용을 말한다.

5) 배부작업 및 확정작업

간접비·공통비 배부기준 입력작업이 완료되면 배부작업을 수행하고, 배부기준에 의하여 배부된 금액이 이상이 없으면 배부확정작업을 한다.

6) 부문별·업장별 손익계산서

(1) 매 출 액 : 업장별 매출금액을 나타낸다.

(2) 변 동 비 : 매출액에 비례하여 증감하는 비용(재료비 등)

(3) 한계이익 : 매출액에서 변동비를 차감한 금액

(4) 직 접 비 : 인건비·경비 등의 금액을 포함하고 있으며, 매출을 발생시키기 위하여 투자된 매출원가이다.

(5) 운영이익 : 매출액에서 한계이익을 차감한 금액이다.

(6) 간 접 비 : 간접부문에서 발생된 인건비·경비를 말하며, 배부기

준에 의하여 업장에 배부된 금액을 말한다.

(7) **영업이익** : 운영이익에서 간접비를 차감한 금액이며, 실질적인 업장의 영업상태를 파악할 수 있다.

3. 부문별 손익관리의 의의

① 회사내부 중심의 정보에서, 내부관리(업장) 회계정보의 자료
② 각 업장에서 자기업장관리를 위한 정보창출의 기능 수행
③ 현장의 목표, 예산관리기능의 효율화
④ 각 업장 의사결정에의 영향과 지원 및 성과관리의 기능

〈그림 3-119〉 업장별 부문손익업무 구성

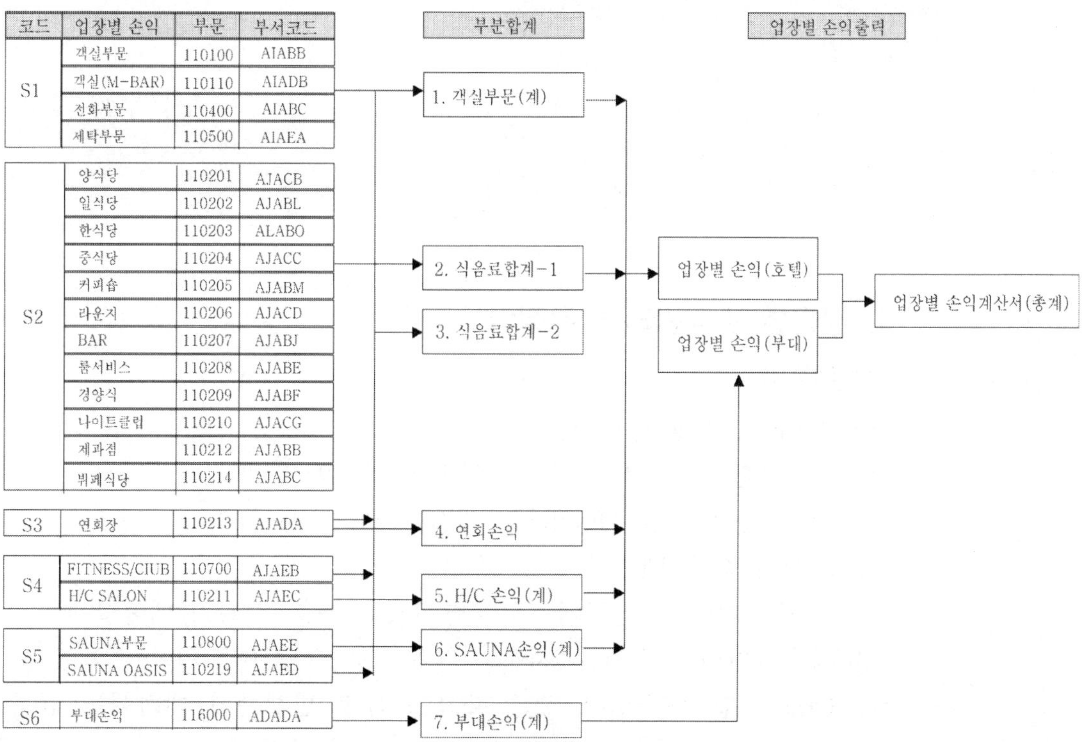

<그림 3-120> 업장별 부문손익 작성업무 Flow

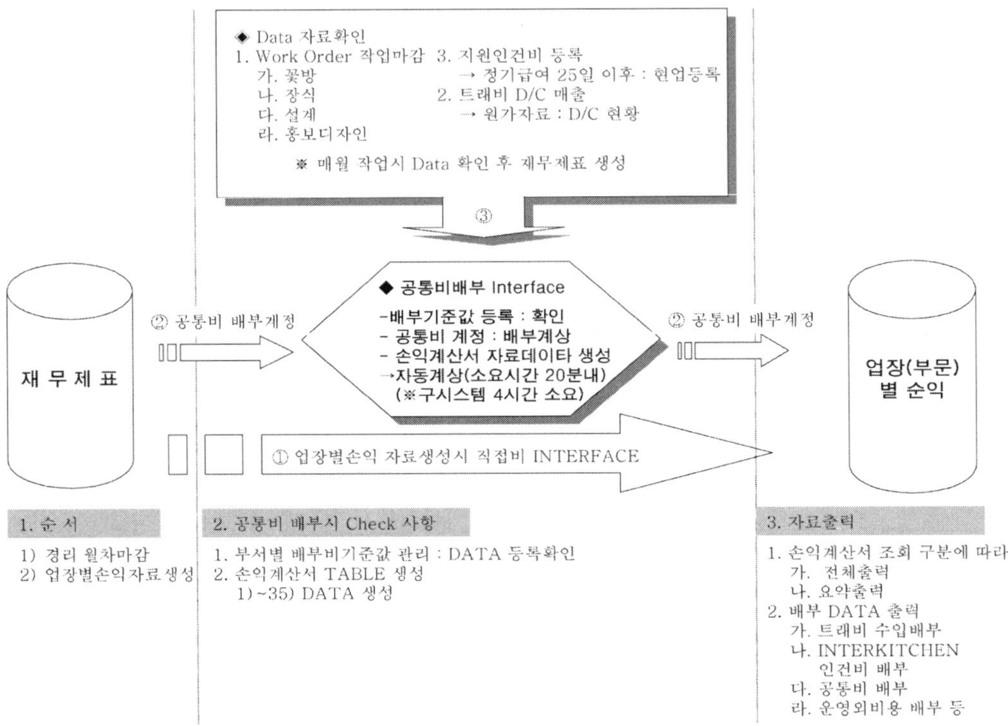

4. 부문별 손익관리 업무절차

1) 매출액

(1) 미니바 업장별 손익 작성

(2) 기타수입 : 귀속업장 포함(수입비용 대응의 원칙)

① 객실부문 : Money Exchang 객실 프론트에서 관리

② 트래비 수입배부

→ 배부기준 : 월입금액 ×업장별 Trevi 매출 ÷Trevi 매출합계

③ 사우나임대료 수입은 : 사우나 부문으로 적용시킴.

④ Other수입 : 매출업장 구분 불가 불특정 발생분에 대하여는 공평성에 의거 총매출액 구성비로 각 업장 배부함.

※ 식료기타수입(연회기타수입) : 식료수입 → 기타수입 이관

2) 내부매출(O/C 사용현황)

(1) O/C 사용현황

① 내부매출 및 내부재료비 적용

· 원가 System에서 자동 인터페이스

(2) O/C 사용 매출과 재료비 차액 적용

· 업장지배인 사용시 당 귀속업장 → 내부비용으로 적용(원가의 기타비용)

· 업장을 제외한 Back Side 사용분은 → 총매출액 구성비로 일반관리비 내부비용 배부적용시킴(일반관리비의 기타비용)

· Data 추출 : 원가 O/C 부서별 사용 매출 및 재료비 인터페이스 계상

3) 재료비

(1) 회계전표에서 직접 인터페이스

· 재무회계와 일치시킴

4) 인건비 처리

(1) 인건비 회계전표에서 직접 인터페이스 → 차액금액 없음

① 회계처리기준으로 적용→ 자동전표 발생

단 : 급여전표 처리시→영업장의 대표 귀속부서 등록(영업장 및 주방의 부속코드 등록)

② 급여의 데이터 %(예; 65%)로 상여금 설정 적용

· 상여설정 : 기본급, 시간외수당, 조정수당, 근속수당, 교통비

· 매월 급여 % 설정

③ 퇴직금 1년예상금액을 12월 균등분할하여 매월적용

· 배부기준 정직 : 매월 퇴직금 추계액 구성비로 업장 배분함

· 퇴직금 : 영업장과 주방구분 없음

5) 지원 인건비 적용

(1) 각 현업에서 등록 자체등록

① 배부대상 기준 : 업장에서 업장, 조리에서 조리

② 계상기준 : 매월 총급여기준

③ 적용기준 : 시간단위(월 25일, 근무시간 1일 9시간)

6) Inter Kitchen

· 메인주방 인건비 배부

· 단위업장 인건비 배부

(1) 원가 Interkitchen Table Data를 직접 → 인터페이스 자동배부

① 메인주방 인건비 배부
메인주방 총재료비 분에 지원 단위업장 재료비 구성비로 인건비를 배부함.

② 단위업장에서 단위업장 인건비 배부 적용

· 단위업장의 : 총재료비(전표상 재료비 + 지원재료비)분에 지원업장 재료비 구성비율 × 지원부서 인건비 배부적용

· 자동 : 원가 System Table에서 자동 인터페이스 처리하여 적용

7) 세탁비 배부

(1) 세탁실(업장사용실적) 검토

① 업장 세탁 1년기준 각 업장 사용실적에 따라 배부비율 추정처리 회계처리시 기준 근거에 의거 : 객실, 헬스, 사우나, 업장(식음공통)으로 대분류 회계처리

② 업장별(객실/식음공통) 처리시

· 객실 공통부문의 세탁비를 '직물류(객실)재고자산금액' 구성비로 배부

· 식음업장 공통부문의 세탁비를 '직물류(F&B)재고자산금액' 구성비로 배부

8) 공통비 인건비, 경비 배부

(1) F/B공통비→매출액 구성비로 배부 적용
(2) 트래비 : D/C 매출액 구성비 배부적용
(3) 연회꽃방 : 향후 W/O의 매출금액(Data Interface)
(4) 영업지원장식 : 향후 W/O의 발생비용(Data Interface)
(5) 동력 : 업장의 전력사용량기준 배부(동력 System개발시 Interface)
   · 매월 시설의 전기담당으로부터 데이터 수동입력
(6) 영선 : 면적비 구성비로 배부

9) 직접경비 처리

(1) 각 업장별 비용 적용시 담당직접 '등록' 인터페이스
· 계정, 부문등록 : 회계처리의 업무와 동일하게 데이터를 담당이 직접 관리함으로써 업무를 효율적으로 대처할 수 있다.

10) 판매비관리비 공통비 배부

· 인건비
· 경 비
· 부 대

(1) 인건비, 경비부문
구매부, 자재관리, 직원식당, 디자인, 설계, 부대시설
① 구매부 : 매출액 구성비로 배부
② 자재관리 : 매출액 구성비로 배부
③ 직원식당 : 종업원수 구성비로 배부
④ 디자인 : 향후 W/O 발생비용금액 구성비로 배부
⑤ 부대 : 주차, 사무실식당가, 일번가아케이드, 쇼핑부문 비용

(2) 내부비용 적용

① O/C 사용분 : Back Side 차액 사용분 비용 적용

→ 각 업장 총매출액 구성비로 배부한다.

(3) 부 대

재무제표와 동일한 시스템의 구축과 비교 검토시 효율적 관리

11) 운영외비용

(1) 감가상각비 배부기준

① 총면적 : 건물, 구축물, 기계장치

② 총매출액 : 차량운반구, 공구기구, 장치장식물, 무형고정자산

③ 자산-집기비품 : 집기비품

④ 자산-식기류 : 식기류

⑤ 자산-직물류 : 직물류

(2) 제세공과금 배부

· 각 부문별 제세공과는 업장손익에 그대로 반영

① 총면적 : 각종 분담금, 재산세, 종토세

② 총매출액 : 인지대, 면허세, 각종 회비, 기타 제세, 해외사무소제세, 주민세, 교육세

③ F&B 매출액 : 연주 VAT

④ 급여인원 : 사업소세, 국민연금부담금

· 식음공통부문일 경우

① F&B 면적대비 : 각종 분담금, 재산세, 종토세

② F&B 매출대비 : 인지대, 면허세, 각종 회비, 기타제세, 해외사무소제세, 주민세, 교육세

③ 급여인원 : 사업소세, 국민연금부담금

(3) 보험료 배부

① 총면적 : 유리보험료

② 총매출액 : 이태리데코, 상품화재보험, 배상책임보험, 도난보험, 신원보증보험, 차량종합보험, 창고보험, 기타보험료

③ 급여인원 : 산재보험료

(4) 부대부문

① 사무실식당가부문, 일반가아케이드부문, 주차부문, 쇼핑부문, 일반공통부문, 신규사업비→ 감가상각, 제세공과금, 보험료율을 포함

〈그림 3-121〉 부문별 손익자료 예시

〈그림 3-122〉 업장별 손익자료 예시

호텔경영정보시스템 - [식음료부문 원가(실적) Frm134]

수지 종합 객실 부문 식음료 부문 부대 부문 ID관리 종료

식음료 부문 원가(실적)

Find Export Close

기 간 2002 06 – 2002 06 호 텔 제 주 서귀포

(단위:천원)

구	분	한식당	매출비	점유율	일식당	매출비	점유율	중식당	매출비	점유율
수 익										
	객 실	99,999,999			99,999,999			99,999,999		
	식 료	99,999,999			99,999,999			99,999,999		
	음 료	99,999,999			99,999,999			99,999,999		
	부 대	99,999,999			99,999,999			99,999,999		
변 동 비										
	객실용품비	99,999,999			99,999,999			99,999,999		
	객실세탁비	99,999,999			99,999,999			99,999,999		
	고객세탁비	99,999,999			99,999,999			99,999,999		
	미니바재료비	99,999,999			99,999,999			99,999,999		
	식료재료비	99,999,999			99,999,999			99,999,999		
	음료재료비	99,999,999			99,999,999			99,999,999		
	연회장장식비	99,999,999			99,999,999			99,999,999		
	린넨세탁비	99,999,999			99,999,999			99,999,999		
한 계 이 익		99,999,999			99,999,999			99,999,999		

〈그림 3-123〉 손익분기점 화면

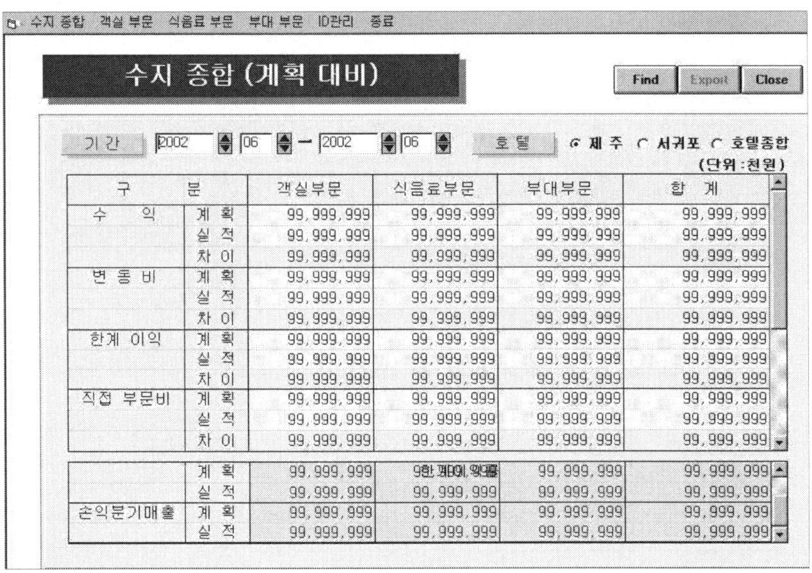

수지 종합 객실 부문 식음료 부문 부대 부문 ID관리 종료

수지 종합 (계획 대비)

Find Export Close

기 간 2002 06 – 2002 06 호 텔 제 주 서귀포 호텔종합

(단위:천원)

구	분	객실부문	식음료부문	부대부문	합 계
수 익	계 획	99,999,999	99,999,999	99,999,999	99,999,999
	실 적	99,999,999	99,999,999	99,999,999	99,999,999
	차 이	99,999,999	99,999,999	99,999,999	99,999,999
변 동 비	계 획	99,999,999	99,999,999	99,999,999	99,999,999
	실 적	99,999,999	99,999,999	99,999,999	99,999,999
	차 이	99,999,999	99,999,999	99,999,999	99,999,999
한계 이익	계 획	99,999,999	99,999,999	99,999,999	99,999,999
	실 적	99,999,999	99,999,999	99,999,999	99,999,999
	차 이	99,999,999	99,999,999	99,999,999	99,999,999
직접 부문비	계 획	99,999,999	99,999,999	99,999,999	99,999,999
	실 적	99,999,999	99,999,999	99,999,999	99,999,999
	차 이	99,999,999	99,999,999	99,999,999	99,999,999

	계 획	99,999,999	한계이익률	99,999,999	99,999,999
	실 적	99,999,999	99,999,999	99,999,999	99,999,999
손익분기매출	계 획	99,999,999	99,999,999	99,999,999	99,999,999
	실 적	99,999,999	99,999,999	99,999,999	99,999,999

XI. 영업분석 시스템

1. 영업분석 시스템의 개요

호텔의 업장별 일일매출 현황을 생산하고 이용객 및 수입금 내역을 분석하여 경영자가 신속한 경영상태를 파악하며 변화에 따라 신속히 대처할 수 있도록 지원한다.

영업분석 시스템의 주요 특징을 보면 다음과 같다

· 업장별 매출집계 기능
· POS와의 Interface 기능
· 업장별 매출목표관리
· 영업월보
· 영업일보

〈그림 3-124〉 영업분석 시스템

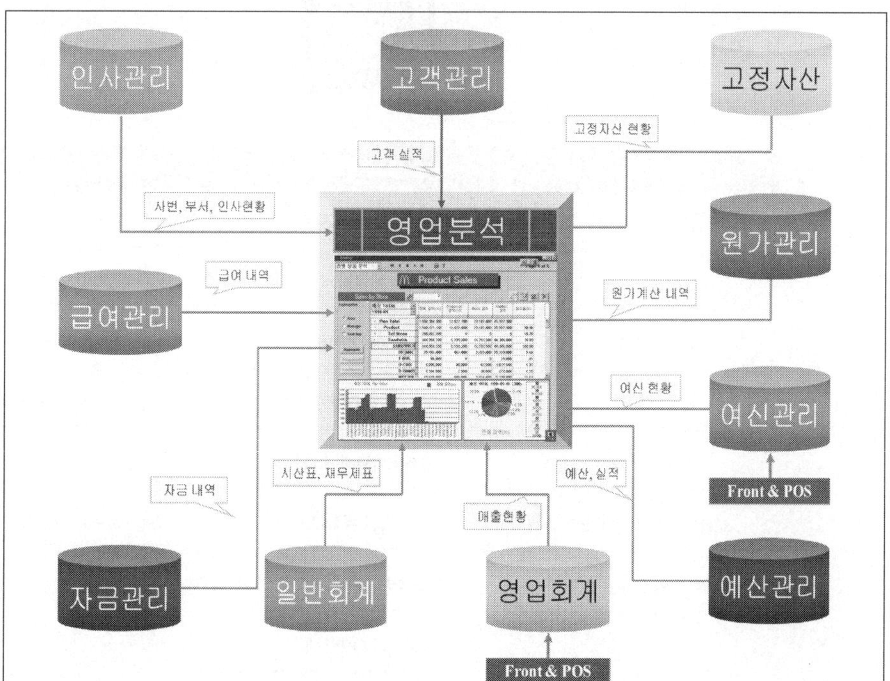

2. 영업분석 시스템의 업무내용

영업분석 시스템은 프론트오피스 시스템으로 인터페이스 시스템을 통해 자료를 받아 호텔의 영업을 일, 월별로 분석할 수 있도록 구축되었다. 이 시스템은 적은 작업량으로 당일의 영업현황분석, 해당일까지의 누적매출현황, 목표대비, 실적현황분석 등 다양한 형식의 보고서가 산출되어 호텔의 영업분석을 하는데 다양하고 정확한 정보를 제공한다. 매일 생산되는 매출현황 및 각종 분석자료를 통하여 적절한 조치 및 효율적인 경영관리를 할 수 있도록 지원한다. 각종 코드에 대한 컨피그레이션 파일을 통해 영업실정에 맞는 시스템 설정이 용이하다. 한번의 Code Match작업에 의해 프론트오피스와의 자료교환이 이루어질 수 있다. 또한 다양한 Code Help를 제공하며 시스템과 대화식 입력으로 자료입력시 곧바로 자료의 정확성 검색이 가능하다.

〈그림 3-125〉 영업분석 시스템 메뉴 구성

기초 관리	현장 재고 등록	REVENUE REPORT
업장코드 등록	월별매출지수도표	Daily Revenue
업장정보 등록	월매출목표	Monthly Revenue
매출목표 등록	부문별 매출분석(I), (II)	Outlet Revenue
객실목표 등록	여행사별 객실 이용 현황	Daily Revenue Report
업장할인 등록	객실고객별 판매실적	Monthly Revenue Report
판촉부 개인별 목표등록	영업장별 매출분석	Outlet Revenue Report
여행사 업장 이용등록	부문별 매출목표 보고서	
	업장별 할인 현황	

3. 영업분석 시스템의 기능

영업분석 시스템의 주요 기능을 보면 <표 3-18>과 같다.

〈표 3-18〉 영업분석 시스템의 주요 기능

시스템	주요기능	세부내역
영업분석	영업내역 관리	· 연간 매출목표 설정 · 일일 매출현황 입력 · Front Transaction Update · 일일 마감
	분석보고서 생산	· 영업일보 · 영업월보 · 매출일보 · 일일 매출현황 · 객실일보 · 월간 매출분석 · 연간 매출목표현황

〈그림 3-126〉 부문별 매출분석 화면

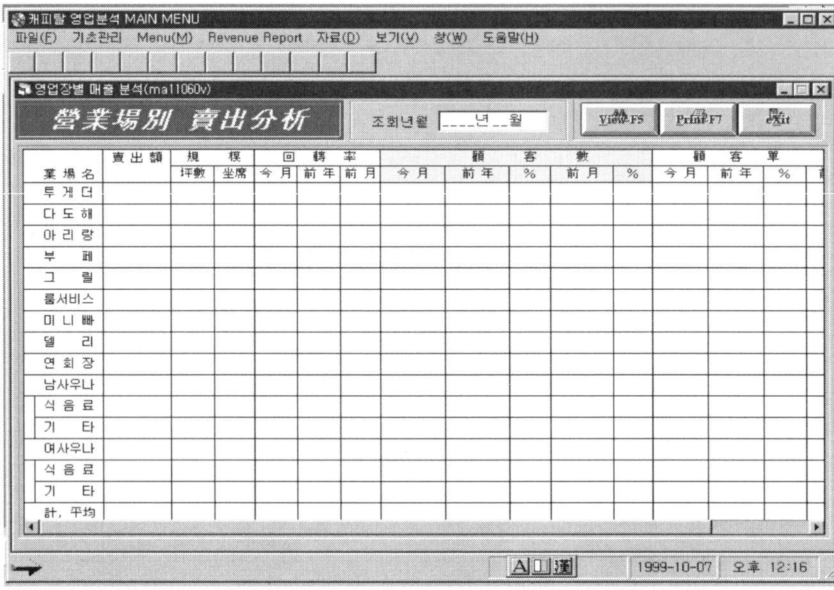

〈그림 3-127〉 부문별 매출분석 화면

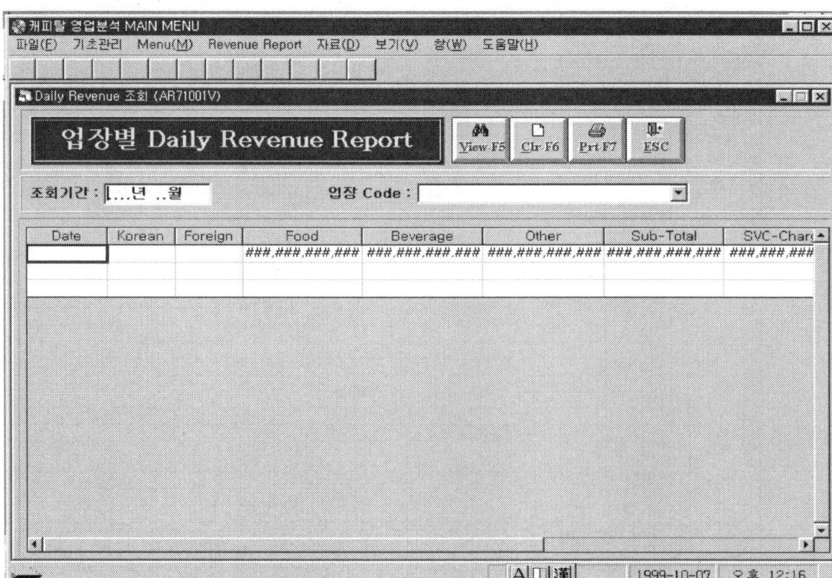

〈그림 3-128〉 업장별 매출일보 화면

제4장
호텔 전략정보 시스템의 활용

제4장

호텔 전략정보 시스템의 활용

고객정보관리는 전략시스템의 일종으로 불리워지고 있다.

SIS(Strategy Information System)라는 용어는 전략정보 시스템으로 알려지고 있지만 실상은 명확하지가 않다. 1960년대 후반부터 1970년대 전반에 걸쳐서 MIS(Management Information System) 도 유행했었지만 그것도 명확한 정의는 내려지지 않았었다고 생각할 수 있다. SIS와 MIS는 종합경영정보 시스템으로서 경영에 불가결한 요소로 여겨져 왔다. SIS는 MIS보다 타사와의 차별화를 도모한다는 부분이 다소 구체적이었지만, 여기에서는 그런 막연한 것이 아니라 구체적인 시스템을 예로 들면서 정보시스템의 역할을 살펴보고자 한다.

호텔에서의 중요한 전략은 건설 당시로서 어떠한 입지에 어떠한 경영컨셉의 시설을 만들까를 결정하는 일이 가장 크고 중요한 전략이다. 건설하고 컨셉단계에서의 의사결정의 근거는 모두 그 경영컨셉에 있기 때문이다.

그러면 경영컨셉만 확실하면 경영이 모두 잘 나아가는가 하면 그렇지도 않다. 건설단계에서의 전략은 그 단계에서의 시장을 포함한 모든 환경을 고려하고 결정하고 있기 때문에 그것들이 변화하게 되면 경영전략 역시 대응해가지 않으면 안된다. 이와 같이 호텔경영은 시장변화에 대한 예측과 대응전략이 필수적이며, 그렇게 함으로써 어떠한 방법으로 건설단계에서의 전략을 유지해 갈 것인가에 대한 해답을 찾을 수 있을 것이다.

제1절_ 고객정보관리

호텔의 시스템으로서 경영자가 가장 관심을 기울이는 것은 고객정보이다. 뭐니뭐니 해도 최종 소비자인 고객과 날마다 만나고 있기 때문에 당연한 결과이다. 모든 기업이 고객만족(Customer Satisfaction)을 경영의 근본에 두고 있는데, 서비스산업의 대표인 호텔업에서는 고객만족을 염두에 두지 않을 수 없는 것이다. 그래서 호텔에서는 고객만족에 대한 측정과 평가에 대한 업무체제를 강화시키고 있으며 이것을 전산시스템화하는 방안을 적극 모색하고 있는 실정에 있다.

여기에는 고객정보를 시스템으로서 데이터베이스화하여 고객이 필요로 하는 서비스를 착오 없이 제공하여야 한다. 그러자면 종업원들이 고객정보를 수집하는 일도 중요하지만 호텔경영자가 개인적 주관에서 벗어나 고객 입장에서 객관적인 평가를 토대로 업무조정과 개선이 이루어져야 한다.

Ⅰ. 정보관리의 목적

고객시스템을 생각할 때 누가 고객이고 정보관리의 목적은 무엇인가가 처음 직면하는 문제이다. 물론 직접 이용자가 고객인 것은 틀림없다. 게다가 그들의 주소이름을 입수하는 일은 간단하다. 그러나 그 이외에도 실제 이용을 하지는 않지만 중간에서 예약고객을 보내주는 여행사와 항공예약과 맞물려 호텔예약까지 대행해 주는 항공사도 있다.

<그림 4-1>은 호텔에 투숙하는 고객의 범위를 보여 주고 있다.

〈그림 4-1〉 숙박고객 구성

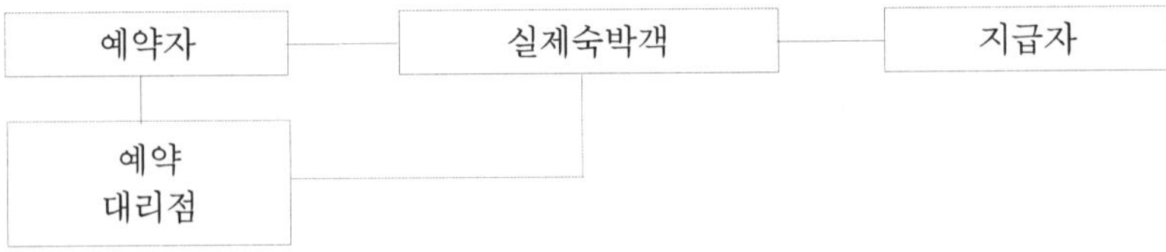

호텔에서는 직접 예약하고 투숙하는 고객 이외에도 모든 고객을 관리하는 시스템이 구축되기를 바라지만, 거기에는 일손과 비용의 문제 등 한계가 따르게 마련이다. 정보관리업무를 수행하는데 어디에 중점을 두는지는 호텔마다 다를 수 있기 때문에 먼저 고객관리의 범위를 분명히 해야 한다. 고객관리는 매출을 늘리는 것을 목적으로 하는 것이 당연하지만 그것 뿐만은 아니다. 직접적인 목적 이외에도 고객으로부터의 평가를 높이고 호텔의 이미지를 업그레이드시키는 부수적 목적도 있을 수 있다. 게다가 특정 고객과의 밀접한 관계를 확립하는 일도 필요하다. 최종적으로는 모두가 매출증진을 목적으로 하는 것이라도 각각 다르다.

<그림 4-2>는 표준적인 고객정보의 데이터구성을 나타내고 있다.

〈그림 4-2〉 고객정보의 데이터 구성

이것들의 항목은 일반적이지만 무엇을 목적으로 관리하는가를 결정해야 한다. 단순히 많은 정보를 손에 넣었다고 해서 좋은 것은 아니다. 언젠가 사용할지도 모른다는 동기로 모인 정보는 사용할 기회가 그렇게 흔하지 않는 법이다. 또 단순히 관리하고 최신의 상태로 유지해 둘 수 없는 정보도 주의하지 않으면 안된다. 한번 컴퓨터에 넣은 정보를 잃어버리는 일은 거의 없지만, 그러나 틀린 정보는 정보가 전혀 없는 것보다 무서운 결과를 초래한다.

Ⅱ. 고객정보관리의 실무

고객정보를 모으기 전에 목적을 명확히 해야 한다는 것은 이미 언급하였다. 실제에 있어서는 단독의 목표만을 설정할 필요는 없다. 매출을 올리기 위해서 총계적 자료를 모으는 일도 하고 싶고, 개인의 세밀한 데이터를 입수하여 서비스 향상에도 도움을 주고 싶을 것이다.

중요한 일은 모든 구성원들이 시스템효과와 측정에 대한 확신, 그리고 공감할 수 있는 조직분위기가 일체감을 이루어야 한다. 고객정보 시스템이 인력을 덜어주거나 비용을 절감시키는 일이 없지는 않지만, 그것들이 주목적이 되지는 않는다. 설령 매출이 오르더라도 고객정보 시스템에 의해 달성되었다고 장담하지는 못할 것이다. 그것은 현재 쓰고 있는 시스템이 다른 시스템과 효과비교 측정이 상당히 어렵기 때문이다.

그러므로 사전에 전 직원의 의사통일을 도모하고, 의심을 일으키지 않도록 해야 한다. 따라서 다음과 같이 논의해야 할 것이다.

- 누가 고객인가
- 목적은 무엇인가
- 어떤 항목이 필요한가
- 누가 보수·유지하는 것인가
- 언제, 누가, 어떻게 사용하는 것인가
- 어느 정도의 고객 수를 가지고 싶은 것인가

고객정보관리를 하고 싶을 때 어떻게 의논을 진행하여야 할 것인지, 어떤 항목에 대해서 논의를 해야 할지, 어떤 목적을 가져야 할지에 대해서 예를 들어 생각해볼 필요가 있다.

· 고객이 필요한 것을 확실히 알고 싶다.
· 새로운 상품을 개발하고 싶다.
· DM의 효과를 높이고 싶다
· 접객서비스를 향상시키고 싶다.
· 매상을 늘리고 싶다.
· 회원조직을 만들고 싶다.

만일 이러한 의견이 나왔다고 하더라도 조심하지 않으면 안되는 것은 이런 의견이 나오면 회의참석자들이 만족해버리는 사고방식이다. 다음에 그것을 시스템에 반영시키려고 해도 너무 추상적이기 때문에 어떻게 할지 방향이 서지 않게 된다. 예를 들어 접객서비스 향상을 목적으로 하고 싶다면, 접객의 어느 부분에 무엇에 대해서 향상시키고 싶은 것일까, 또 향상시킨다는 것은 어떤 의미일까를 정의하지 않으면 안된다.

다시 말하면 고객이 호텔에 도착하였을 때 접객정보를 제대로 구사해야 시스템의 기능을 활용하는 단계에까지 이르는 것이다. 이를테면

· 평소와 같은 방을 준비하겠습니다.
· 지난번과 같은 층에 방을 잡겠습니다.
· 넣는 신문은 항상 같은 것으로 준비해도 되겠습니까?

와 같이 재투숙 고객을 인식하고 우대하는 예우를 갖추지 않으면 살아 있는 고객관리정보 시스템이라고 할 수 없을 것이다.

(1) 개인고객

고객에는 개인고객과 법인고객이 있다. 기본적으로는 법인의 경우, code체계로서 AAAAA-AA처럼 번호를 세분하고, 동일 법인이라도

이용부분에 따라 독립관리시켜야 한다. 다만, 평소에 그 법인 전체에서 파악할 수 있는 방법으로 둔다.

(2) 고정고객

정보변경 가능성이 거의 없으며 이름, 생년월일이 여기에 해당한다. 연대별로 고객정보를 파악할 수 있으면 상품개발에 도움이 된다. DM 서비스 만으로도 고객만족을 끌어들일 계기가 된다.

(3) 변동정보

개인의 특성이 변할 가능성이 있는 모든 정보는 여기에 집합된다. 주소, 전화번호는 비교적 변하지 않지만 회사명은 믿을 수 없으며, 직책이 바뀌기 때문에 반드시 메모가 되어야 한다. 변동정보를 가진다는 것은 충분히 보존을 해야 한다는 것임을 말하는 동시에 거기에 있는 정보는 모두 과거의 것이므로 현재는 틀릴 가능성이 있다는 것이다.

(4) 실적정보

변동정보의 하나로 과거 이용실적을 나타낸다. 단순히 이용횟수를 기록하는 것이 아니라 부속적 정보를 가지는 것이다. 이것이 이용목적별이고 연대별 파악이다. 이용추이를 이해하고 그 증감에 의해 어떻게 대응해야 하는가를 판단할 수 있다.

한편, 목적별의 정보수집에는 판단이 필요하다. 고객이 숙박, 연회 그리고 레스토랑을 이용하는 데는 무엇인가 목적이 존재한다. 연회라면 목적의 파악이 예약절차의 진행으로 간단히 파악할 수 있지만, 숙박 등은 알 수 없다. 이러한 경우에는 고객과의 대화 중에 추측할 수밖에 없다.

(5) 영업정보

판매활동을 전개해 가기 위해서는 일반고객이 아닌 법인에 대해서 적극적으로 정보를 입수할 준비가 되어야 한다. 물론 실적 정보도 중요한 것이지만, 그것만으로는 충분하지 않기 때문에 어떠한 영업활동으로 활용할 것인가를 생각하는 것이 영업정보이다. 특징은 데이터가 숫자와 기호가 아니라 문자와 문장이 주체인 것이다. 그것들은 데이터베이스로서 컴퓨터로 자동처리 할 수가 없으므로 적극적으로 수집하여야 한다.

(6) 영업수단(Sales Tool)

영업활동, 특히 법인의 접근수단에 필요한 정보이다. 기업으로서의 정보보다 오히려 상대 창구담당자에 관한 데이터라고 해도 좋다. 기업에 대해서 영업활동은 계속적으로 행하여지나, 상대담당자가 바뀌는 경우도 있고 이쪽의 담당자가 바뀌는 일도 있다.

평소의 인간관계가 많은 영향관계를 가져온다. 또 상대의 비즈니스상의 습관을 아는 일도 중요하다. 데이터를 유효히 활용하기 위해서라도 공유화하고 특히 관리자에 의해 자주 체크되어야 한다. 그러한 데이터는 판촉담당자에 의해 직접 컴퓨터에 입력이 되어야 한다.

만약 사무직원이 입력시킬 경우 복잡한 뉘앙스를 전달하기란 어렵다. 데이터는 숫자나 기호가 아니라 문장중심이지만, 약속만 하면 숫자기호도 훌륭한 문장이다. 무엇보다 중요한 일은 필요한 것을 반드시 입력해 두는 것이다.

(7) 서비스수단(Service Tool)

이것은 직접적으로 접객서비스에 종사하는 직원을 위한 정보이다. 주로 개인고객을 위한 것으로 고객에 대해 주의가 필요한 일은 어떠한 것이라도 메모를 해둬야 한다. 음식의 기호에서부터 잠자리에서 좋아하는 베개, 좋아하는 화제 등 아무것이라도 좋다. 그 고객에 다가갈 가능성이 있는 모든 부문을 알고 있다면 그것을 타이밍 좋게 고객에 전할 때 고객만족은 100% 달성할 수 있다.

여기에서도 중요한 것은 정보의 입력은 직접 그것을 알고 있는 사람이 행하는 것이다. 영업정보는 메모이다. 종래 컴퓨터에 들어가는 형태는 숫자, 기호가 중심이고, 문자에 대해서는 성명, 주소등 한정되어진 것이다. 10만명의 고객에 100문자의 Service Tool를 가졌다 해도 1,000만 문자이다. 이 정도는 퍼스널 컴퓨터에서도 충분히 지탱할 수 있는 용량이다.

Ⅲ. 고객정보 포인트

고객정보 시스템에 있어서 중요한 과제는 어떠한 방법으로 정보를 업데이트 해나갈까 하는 것이다. 변동정보의 항목에서 설명한 대로 오래된 정보는 도움이 안될 뿐만 아니라 때에 따라서는 독이 된다. 틀렸던 정보에 기초해서 행동한 결과는 틀린 결과밖에 없다. 바로 "쓰레기를 넣으면 쓰레기가 나온다(Gabbage in Gabbage out)"의 세계이다.

그럼 어떻게 할까. 먼저 간단한 방법은 변동정보를 소유하지 않는 것이다. 기업조직에서는 입사 신청양식 등에 따라 상당히 많은 양의 개인정보를 입수할 수 있다. 거기서 얻은 정보는 처음에는 변경되는 정보가 많지 않아서 정보를 업데이트할 기회는 적다. 그러나 점차 정보변경은 많아지게 되지만, 고객쪽에서 정보변경에 대한 사실을 통보해오거나 하는 일은 극히 드문 일이다. 이때부터 가지고 있는 데이터의 신뢰성은 떨어지게 되어 사용할 수가 없다.

그렇다고 고객 정보유지 때문에 전임요원을 몇명이나 두면 비용·효익 측면에서 채산이 맞지 않게 된다. 어차피 누군가는 정보유지를 위해 업데이트는 해야 하지만 그것들을 위해서는 각각의 기업규모에 맞추어 정보체제를 구축해야 한다. 반드시 몇명의 전담부서가 필요하지는 않더라도 적어도 전임요원을 두어야 하고 점점 관심을 넓혀가야 한다.

여기에서 하나의 큰 문제는 고객정보관리에 비용이 소요된다는 것이다. 어떠한 비용이 소요되는지 살펴볼 필요가 있다.

(1) 정보를 모으는 비용

회원을 모집하면 팸플릿 작성, 배포, 회수, 회원증의 발행 등 초기비용이 필요하게 된다. 기존의 고객에 대해서도 실적 등 추가정보의 수집비용을 생각해 두어야 한다.

(2) 체계화하기 위한 정리비용

모은 정보를 데이터베이스화하는 비용이다. 고객이 기입한 것은 당초 기대하고 있었던 대로가 아닌 경우가 많다. 특히 이름 등 키워드가 되는 것에 대해서는 정확히 읽는 방법을 파악해 두어야 한다.

(3) 정보시스템에 입력하는 비용

시스템을 개시할 때에는 대량의 정보를 단기간에 입력하지 않으면 안된다. 그렇지 않으면 그 사이에도 정보는 점점 가치를 잃게 된다. 물론 중요한 것은 컴퓨터에 입력하는 비용이 추가된다는 것을 잊어서는 안된다.

(4) 유지보수(Maintenance) 비용

입력된 정보를 정기적으로 유지보수하려면 전화요금, 우편요금 비용 등이 필요하게 된다. 또 변경하게 된 데이터를 정리하고 다시금 컴퓨터에 입력하는 비용도 필요하다. 유지보수에 비용이 든다는 것은 한번뿐만 아니라 시스템의 존재하는 한 계속 소요되기 때문이다.

(5) 정보활용비용

축적시킨 정보를 사용하는 일에도 비용이 든다. 사내에서 보려고 하면 산출자료가 필요하게 된다. 물론 인쇄된 것은 상관없지만, 접객서비스에 활용하려면 실시간(Real Time)에 다른 업무를 하면서 수행해야 하므로 온라인 단말이 필요하게 된다. 호텔의 정보시스템은 근무자가 고객정보가 필요할 때 언제 어디에서든 체크할 수 있어야 한다. 그러므로 고객정보를 보기 위해 근무자가 일일이 맡은 자리를 떠날 수 없기 때문에 필요로 하는 장소에 두어야 한다.

고객정보관리의 성과를 측정한다는 것은 힘든 일이다. 투자한 비용에 균형을 이루는지, 어떤지에 대한 판단으로서는 주관적 요소가 많다. 한 개의 고객정보관리의 효과는 어느 특정고객에게만 미치지는 않는다. 한 고객의 입에서 서비스에 대한 평가가 전해지면 그 주위의 보다 많은 사람에게 영향을 미친다. 때문에 이 시스템을 실현하기 위해서는 실무 담당자들이 철저하게 논의하는 것 외에 최고경영자의 명확한 지침이 필요한 것이다.

Ⅳ. 적정 고객 수의 고려

이 시스템에서의 관심은 어떠한 항목을 가지고 있는가 또는 몇명 정도의 고객을 관리하고 있는가라는 것이다. 정보관리 고객의 수를 늘리는 것은 어려운 일은 아니다. 그렇다면 도대체 몇 명이 고객정보를 가지고 싶은 것일까. 많으면 많을수록 좋은 것인가.

만약 그것이 실적에 기초하고 있으면 다소 고려할 여지가 없다는 것은 아니지만, 대답은 '아니오'이다. 물건을 팔면 판만큼 범위가 확장하는 것과 다른 호텔비즈니스에서는 시장의 대소에 관계없이 처음부터 제공할 수 있는 상품의 양이 정해져 있다. 즉 수용인수에 한계가 있는 것이다.

고객의 수가 증가하면 단순히 좋다라는 생각은 옳지 않다. 고객 한 사람 증가하는 일에 비용도 증가하는 것을 잊지 말아야 한다. 게다가 모든 방이 특정 고객만으로 가득 차서 좋은 것인가. 언제라도 이용해 주는 고정고객에게 너무 의존하는 것은 위험하다. 연간을 통틀어 객실이용률을 생각하면 특정고객에게 배정되는 방수에는 상한이 필요하다. 특히 성수기에는 고객의 요망이 강하기 때문이다

적정고객 수는 호텔사정에 따라 모두 다르기 때문에 방정식으로 나타낼 수는 없다. 그러나 경험적으로 파악할 수 있는 것이다. 그 고객 의존도를 달성하기 위해서는 필요한 고객 수가 적정고객 수이다. 한 사람의 고객이 연간 몇 회 이용하는지 이용률부터 계산할 수 있다. 다만, 고객은 언제까지 고객이 아니다. 즉 지금 적정고객 수를 가지고 있다라고 생각하고 안심하면 이용도가 저하될 수 있음을 유념하여야 한다.

인간의 기호는 변하기 쉽고, 이것저것 시도해보고 싶은 것이 인지상정이다. 때문에 결코 움직이지 않는 고객쪽이 드물다고 하는 의식

을 가지고 있지 않으면 안심은 부주의로 인해 곧 고객 수는 감소한다. 적정 고객 수를 유지하기에는 그렇게 관계가 끊어졌던 고객을 발견하고 그 대신에 보다 가능성이 있는 새로운 고객을 보충하는 일이다.

Ⅴ. 정보활용

이 시스템에 관심을 가진 많은 사람이 하는 질문은 어떠한 항목을 가지고 있을까 하는 것과 몇명 정도 고객을 가지고 있는가 하는 것이다. 그러나 어떻게 정보를 이용하고 있을까에 대해 물어보는 사람은 대부분 없다. 고객정보시스템이 단지 정보를 부지런히 모으기 위해서 구축한 것이 아니라 거기에 축적시킨 정보를 활용하고자 시간과 노력 그리고 예산을 투입하는 것이다.

그러나 일단 정보를 소유하고 있는 것만으로 안심하는 것인지 그 데이터를 추려내어 이용하려는 생각을 하지는 않는 것 같다. 정보를 프론트시스템에 짜 넣고 서비스 도구로서 체크인, 체크아웃처럼 접객 장소에서 시스템으로부터 제공할 수 있다. 그러나 시스템의 할 수 있는 일은 거기까지이고, 그것을 접객과정에서 활용하는 것은 사람이다.

예를 들어 고객이 지난번 투숙한 경우와 같은 방, 혹은 같은 층에 준비할 수 있다면 “방은 전에 숙박하셨을 때와 같은 1234호실입니다”라든가, “지난번 묵었던 같은 층을 준비했습니다”가 된다. 그러나 만약 같은 방, 같은 층에 준비할 수 없다면 대화는 성립되지 않는다. 여기에서 사람의 서비스 차이가 나타난다. “공교롭게도 저번에 숙박하셨던 방이 차서 다른 층이지만 같은 방향의 방으로 안내하겠습니다”라고 할 수 있다.

이로 인해 고객은 자신이 과거에 숙박했던 사실을 알아주는 것에 대하여 이해하는 것이다. 이와 같은 대화가 성립되면 정보는 활용되지만 같은 방이 없다는 이유에 의해 양해를 구하지 않으면 고객의 차별화는 되지 않는다. 또한 고객도 자신이 고객으로서 인식받고 있는지 어떤지 의문을 갖게 된다.

정보를 활용하기 위해서는 시스템을 숙지하고 어디에 어떠한 데이터가 있는지를 알고 충분히 그리고 적절히 표현해야 한다. 표현력을 훈련으로 향상시킬 수 있지만 훈련만으로는 좀처럼 익숙해지지 않는다. 머릿속에서 서비스란 무엇인가, 고객만족이란 무엇인가를 이해하지 않으면 순식간에 이러한 대화를 하는 것은 어렵다.

제2절_ 마케팅지원 시스템

고객 데이터로부터 필요한 정보를 골라내어 서비스 차원의 정보활용을 하는 것도 마케팅지원 시스템의 일부이다. 상품을 기획하고 생산하고 판매시키는 모든 비즈니스활동이 마케팅영역에 포함되어져 있기 때문이다. 이러한 관점에서 마케팅시스템을 파악하면 호텔시스템은 대부분이 여기에 포함되어 버린다.

여기에서는 판매에 대한 기획, 조사, 경영활동 지원에서 범위를 한정하여 정리하려고 한다.

Ⅰ. 호텔의 마케팅 시스템

기업에 따라서는 마케팅이라 하는 명칭을 조직 속에 가지고 있지 않는 경우도 있고, 자신들에게 명확히 무엇이 마케팅인지를 의식하지 않는 경우도 있을 수 있다. 그러나 기업인 이상 마케팅기능이 없어서는 존재하지 않는다. 앞에 있는 항목의 고객정보관리도 좁은 의미에서 마케팅이다. 마케팅 시스템은 판매에 관한 광범위한 업무가 관계하고 있는데, 여기에서는 마케팅 시스템이라고 말할 수 없어도 그 한 부문이라고 생각할 수 있는 것을 찾아보려고 한다.

<그림 4-3>은 마케팅 시스템의 구성요소를 가리키며 필요한 정보 대부분은 다른 기관시스템에서 수집하는 것이다. 다만, 새롭게 받아들여야 하는 것은 판촉담당자의 활동기록 정도인 것이다. 마케팅을 의식하지 않아도 충분히 기능하고 있는 것은 다른 업무 속에서 이미 필요성이 있기 때문이고 후에는 그것들의 데이터 전체를 조망해 볼만도 하다.

〈그림 4-3〉 마케팅 시스템의 구성요소

마케팅 시스템은 종합시스템이라고 할 수 있으며 그것은 판매와 비용에 관계한다. 소위 부문시스템끼리 서로 관련하고 종합적으로 마케팅 시스템을 달성하는 것이다.

Ⅱ. 협의의 마케팅 시스템

호텔의 기간시스템인 프론트, 연회, POS, 회계 등의 시스템이 가동하고 있다면, 다음과 같이 마케팅정보를 소유하는 것이 가능하다.

- 투숙객 예약소스 분석
  - ·개인별 ·기업별 ·여행사별
- 투숙객 지역별 집계
- 투숙객 국적별 집계
- 객실료 분석
  - ·판매가격대 ·개인 ·단체 ·예약소스
- 객실료 할인카운트 분석
- 연회예약소스 분석
  - ·개인별 ·기업별, 업종별

- 같은 목적별
- 같은 형태별
  - · 요리별(한식, 양식, 일식, 중식, 기타)
  - · 형식별(착석, 입식, 기타)
- 같은 단가별
- 연회장별
- 레스토랑, 바 ABC 분석(아침, 점심, 저녁)
- 같은 가격대 분석(아침, 점심, 저녁)
- 투숙객, 외래객 동향
- 객층 분석
  - · 남녀　　　　　　· 연령(추측으로 좋다)

이상은 한가지 예이지만 판매를 위한 자료이다. 이것이 좁은 범위에서의 마케팅 시스템이다. 이것에 각각의 경영담당자가 소유하는 고객정보를 보태면, 일상의 판매활동에 필요한 정보는 확보할 수 있다.

Ⅲ. 광의의 마케팅 시스템

이것이 본래의 마케팅 시스템으로서 협의의 마케팅 시스템처럼 눈앞에 보이는 것만을 쫓는 것이 아니라 미래를 잘 예측한 후 판매전략입안을 위한 시스템이다. 그러나 여기서도 이것이 마케팅 시스템이라고 하는 것은 존재하지 않는다. 우선 자사가 소유하고 있는 정보를 모으고 다듬어야 한다.

그리고 외부 데이터를 적극적으로 활용하는 것이 포인트다. 퍼스널 컴퓨터와 관계를 잘 맺으면 필요한 정보를 짧은 시간에 얻을 수 있다. 경제 등 매크로 정보에서 각각의 기업정보에 이르기까지 다양하게 제공받을 수 있다. 뿐만 아니라 전문회사, 신문사 등 데이터서비스의 활용은 회사 내에서 노력만으로 얻을 수 없는 정보를 얻을 수 있다.

제3절_ 글로벌 예약 시스템

GDS(Gloval Distribution System)는 항공사가 실시하고 있는 컴퓨터에 의한 예약, 발권 시스템이다. 미국의 항공사들이 1970년대 후반의 규제완화에 의해 경쟁 속에서 살아남은 수단으로서 개발한 것이 GDS이다. 그렇지만 GDS라고 불려지게 된 것은 1994년 또는 1995년부터이고, 이전까지는 간단히 CRS(Computer Reservation System)라고 불려졌었다.

Ⅰ. GDS의 등장배경

컴퓨터에 의한 예약 시스템으로 항공회사에 한하지 않고 호텔도 포함하고 있음에도 불구하고, CRS라는 대문자로 쓰여져 항공사만을 대표하였던 것은 그만큼 효과도 컸던 것을 말하고 있다.

미국 항공업계의 규제완화는 순식간에 자유경쟁을 촉진했다. 타회사와의 차별화로 고객획득을 위해 이른바 GDS방법을 강구했다. 그 때의 강한 무기가 이 GDS였다. 미국 내의 여행사들은 그 당시만 하더라도 주체는 독립된 소규모 기업이고, 항공회사는 자사 예약 단말에 여행사를 거두어야 할 창구로 도입하고 있었다. 가장 유명한 것은 아메리칸항공이 소유하고 있는 'SABRE'가 있다. 이것을 위해 에이전트를 포함하는 몫(Share)을 확대하고, 항공회사의 재편성에까지 발전했다.

자사에서 CRS를 보유할 수 없었던 항공회사는 대형회사 예약발권 업무에 의존하지 않을 수 없었고, 그 경우에 큰 회사는 자사 쪽의 에이전트가 사용하는 단말기에 우선적으로 접속하였다. 이에 정부는 그 강한 위력을 우려해서 자유경쟁을 깨트리려고 1982년에 이러한 편견 행위를 금지함과 동시에, GDS를 별개의 회사로 분리하도록 명령했다.

그렇지만 이것 때문에 GDS의 전략성이 결코 없어지지 않았다. 예약 시스템의 운영에는 자사에 유리하게 되도록 타사와 차별화하는 세밀한 배려가 여전히 존재하고 있다.

현재 광범위한 기업에서 고객을 철저히 에워싸는 수단으로서 도입하고 있는 포인트제도(매상에 따른 포인트를 부여하고 일정량에 달하면 경품과 교환하는 제도)는 항공회사에 의해 마일리지, 즉 비행기로 여행했던 거리에 따라 포인트를 부여하고 획득한 포인트에 의해 항공권과 교환하는 계획도 이 시기에 시작하고 있었다. 비행시간을 짧게 하는 것보다 많은 거리를 운행하는 것을 요구하는 손님이 생겼던 것은 이 GDS의 전략의 결과이며, 자사의 항공노선만을 이용하게 하는 항공권의 발행은 에이전트에서는 다른 방법으로는 불가능하다.

이와 같이 GDS는 항공회사의 전략 그 자체이다. 결국 GDS가 본래 좌석예약과 항공권의 발행이외에 호텔예약을 취급하는 매력까지 갖추게 되었다. 미국내의 항공권 한 장당 평균단가는 백수십여 달러이고 왕복 구입한 경우에도 취급금액은 대수롭지 않다. 그것에 비해 호텔예약은 객실료의 폭은 물론 있겠지만 아마 평균하면 항공권과 큰 차가 없어진다. 하지만 호텔은 숙박일수가 있어서 2박하면 항공권의 왕복과 같아지고 더 연장하면 매상은 더 올라가기 때문에 호텔시장의 매력은 크다. 에이전트에서의 항공권예약은 대부분 모두 GDS경유로 행해지도록 되었지만, 이것은 에이전트를 통하는 경우가 편하기 때문이다.

그리고 GDS는 항공권뿐만 아니라 여행에 부수적으로 따라 붙는 렌터카의 예약을 취급하게 된다. 에이전트에 오는 손님은 항공기에 타는 것을 목적으로만 하지 않는다. 여행이 목적이기 때문에 부수적인 예약이 발생하는 것은 당연하고, 항공사가 편리함을 제공하는 일은 타사와의 차별화에 관련된다.

앞에서 말한 것처럼 호텔예약을 취급하는 것은 판매대행사, GDS 쌍방에 있어서 모두 유리하다. 결과적으로 에이전트에서의 GDS경유를 통한 호텔예약은 항공권 전체 예약에 미치지는 않지만, 이미 70% 이상이라고 한다.

Ⅱ. 호텔 예약 시스템의 구조

<그림 4-4>는 여행사에서 GDS을 경유하여 호텔에 설치시킨 전용 단말기에 보내어지는 시스템으로 GDS와 호텔의 예약 시스템은 어떤 연관관계가 있으며 어떻게 행해지고 있는지를 보여준다. 여기에서는 여행사의 요구가 단말기의 화면에 나타나고 그것을 보고 예약담당자는 자사의 예약 시스템에 빈방을 조회하고 결과를 다시 단말기를 통해서 반송한다.

〈그림 4-4〉 간접접속 예약경로

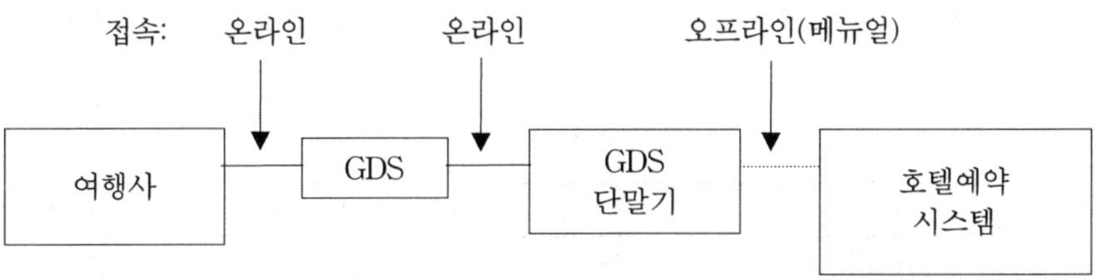

그것에 반해서 <그림 4-5>는 여행사에서 중간매개체 없이 직접 호텔 예약 시스템에 예약요청을 하면 호텔에서는 객실상황을 확인하고 결과를 여행사에 회신한다. 이 방법을 직접접속(Direct Link)이라고 말하고, 여행사가 공실조회를 요구하고 나서 결과가 7초 이내에 회신하게 되는 의무가 부여된다.

〈그림 4-5〉 직접접속 예약경로

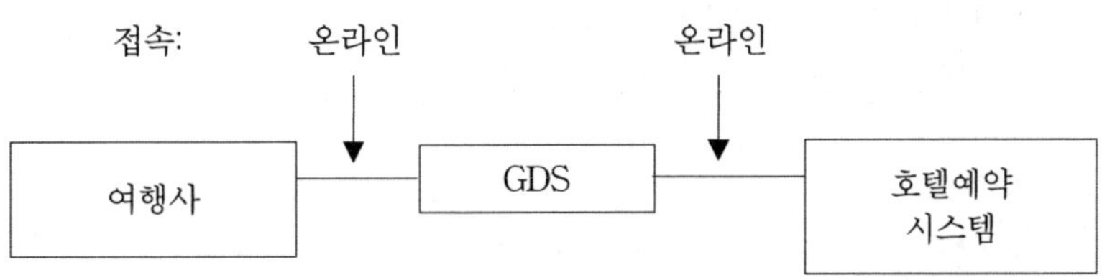

그러나 호텔측에 예약담당자가 없으면 대응할 수 없다는 전제가 되며, 담당자의 일손문제뿐만 아니라 세계 호텔이 대상이 되고 있는

경우에는 당연히 시차의 문제도 일어나기 때문에, 24시간 체제를 펴지 않으면 세계적 예약요구에는 대응하지 못하게 되어 버린다. 물론 이러한 편리성을 얻기에는 그것에 해당한 비용을 발생하는 것은 당연하다. 그러나 그것은 호텔에 있어 타사와의 차별화를 할 수 있는 시스템이 되는 것은 틀림없다.

최근까지 세계의 GDS 현황은 전략성이 확실한 시스템이기 때문에 항공회사로서는 어떤 형태로든 그것을 취하지 않을 수 없게 되었다. 그런 경우에도 에이전트라고 하는 상대가 있는 것으로 각 항공회사가 맘대로 단말기를 에이전트에 둘 수는 없다. 에이전트 면에서 보면 GDS의 수만큼 단말기를 설치하는 것은 물리적으로 불가능한 일이다.

현재 GDS의 규모와 개발시기의 결과를 보면 <표 4-1>과 같다.

〈표 4-1〉 GDS의 규모와 개발시기

GDS	모 항공사	계열 GDS	모 항공사
SABRE	AMERICAN	FANTASIA	QUANTAS
APOLLO/ GALILEO	UNITED AIR	유럽의 GDS중 하나. GALILEO와 1993년 합병. GALILEO의 모체는ALITALIA, BRITISH, AW, SWISSAIR 등	
WORLDSPAN PARS DATAS	TWA, NORTHWEST DELTA	WORLDSPAN 자신이 PARS와 DATAS가 통합됨.	
ABACUS	CATHAY, CHINA SINGAPORE 외	INFINI	全日空
AMADEUS	AIR FRANCE, LUFTHANSA, SAS 등	미국의 CONTINENTAL 항공에 의해 SYSTEM ONE이라고는 GDS를 합병함	
SOUTHERN CROSS	AUSTRALIAN ANSETT		

제4절_ 시설 · 설비관리

Ⅰ. 시설 · 설비관리의 개념

미국의 국제시설 · 설비관리협회(International Facility Management Association)는 시설 · 설비관리에 대한 정의를 "최신의 테크놀로지를 이용하여 휴먼으로 효율적인 작업환경을 만들어 내는 기술을 시스템화 한 것이고, 그것들은 계획, 시공과 생산성의 높은 직장환경의 운용관리이다"라고 말하고 있다.

FM(Facility Management)이라는 용어가 사용되기 시작한 것은 1980년대가 되고 나서이다. 특히 화이트컬러의 생산성 향상을 부르짖는 OA기기가 사무실에 등장하면서 FM이 주목받기 시작했다. 그 배경에는 로봇을 시작으로 생산현장에서의 블루컬러의 비약적인 생산성 향상에 비해 사무실 업무의 그것은 느려서 진행할 수 없었던 것이었다.

사무실의 생산성은 대상이 사람이었기 때문에 오랫동안 다른 관리의 문제라고 생각하고 방치시켜 두었던 것이다. 거기에 정보시스템과 통신시스템이 등장하면서 한 사람 한 사람 자신의 컴퓨터를 가지게 되고, 그것에 따라 일상생활의 효율이 향상되었다. 덧붙여 고금리의 미국에는 세계의 돈이 모이고 그 돈은 높은 부가가치를 가졌으며 대개는 인텔리전트빌딩(Intelligent Building)의 건설에 투입시켰다. 이 건물들은 단순히 사무실의 효율성 뿐만 아니라 높은 보안기능과 컴퓨터 이용의 에너지절약 시스템 등을 갖추었던 것이다.

그러한 건물을 일관한 건축 컨셉을 근거로 설계, 시공하고 관리운영하는 일이 FM이라고 할 수 있다. FM이 주목받은 것은 이러한 하이테크사무실이 새로운 문제를 가지게 되기 때문이다. 그것은 OA기기가 일으키는 소음과 발열, 설치공간의 확보 등이다. 또 장기간 OA기기를 사용하는 인간에 대해서는 문제도 발생한다. 그 때문에 눈에 편한 조명기구와 인간공학에 따라 책상과 의자도 개발시켰다.

이렇게 일관된 시설관리를 FM이라고 한다면, 가장 중요하고 최대의 상품인 건물을 관리하는 것이니까, 호텔을 경영하는 자체가 FM이라고 할 수 있다.

Ⅱ. 호텔에서의 의미

호텔에서는 운영(Operation)과 건물은 불가분의 관계이다. 건물은 건축하는 시점부터 운영에 대한 최적조건을 상정하면서 최적의 시설을 결정시키는 것이고, 운영이란 부여된 시설을 어떠한 방법으로 컨셉대로 가동시킬까에 불과하다.

· 건물과 시설의 수명은 그것들의 물리적 수명이 아니라, 고객의 요구 등 시장의 변화에 의해 개선해 나가지 않으면 안된다.

· 보수·유지관리는 반드시 건설단계에서의 경영컨셉에 기초를 두지 않으면 안된다.

· 조직과 사람은 변하기 때문에 처음부터 기본 컨셉설정이 중요하다.

이러한 환경에서의 FM의 필요성은 분명하다. FM의 정의가 최신의 테크놀로지를 구사한다고 하는 것처럼 정보시스템을 사용한 경영컨셉을 시설관리에 활용해나가는 방법을 생각해야 한다.

Ⅲ. 시스템 구성

<그림 4-6>은 FM 전체 시스템이지만, 이것들은 모두 일관하고 있을 필요는 없다. 다만, 운용상 시스템이 연결되어 있으면 서로에게 편리한 것은 점선에 의해 표시하고 있다. 각각의 시스템을 설명하면 다음과 같다.

(1) 프로젝트 관리 시스템

프로젝트 관리 시스템은 큰 프로젝트에서부터 증축, 개·보수 등을 운영해 가는 과정에서 반드시 필요하게 되는 중소 프로젝트까지 포함한다. 목적, 범위, 기간, 예산, 관계회사, 기기 등에 대한 기록이고, 데이터베이스는 문자, 숫자와 더불어, 그림, 사진에 의해 구성된다.

〈그림 4-6〉 프로젝트 관리 시스템

경영컨셉은 가장 중요하게 다루어야 할 시스템이고, 컨셉은 추상적인 것이 아니라, 구체적인 그림과 사진 혹은 도면에 데이터베이스화 시키지 않으면 안된다.

(2) 비교모델 작성 시스템

이른바 비즈니스계획으로 조건을 바꾸어 각각의 프로젝트의 수지를 예측하는 시스템이다. 투하자본, 금리, 감가상각의 방법, 경기동향 등을 변화시키는 일에 의해 보다 현실적인 수지를 예측하는 것이다. 경영컨셉은 투자의 회수기간, 영업이익 그리고 세전이익을 생각하는 과정에서 중요한 요건이 될 수밖에 없는데 숫자가 주체이다.

(3) FF&E 관리 시스템

FF&E(Furniture, Fixture & Equipment)는 가구 및 집기비품을 가리킨다. 시설내의 어느 부분에, 어떤 디자인을, 어떠한 수준의 것으로 하려는 것인지에 대한 디자인을 포함해서 데이터베이스화한다. 동시에 어떠한 시설에는 어느 정도의 FF&E가 필요하게 되는지도 정의해 두었다가 프로젝트가 필요하게 되었을 때 신속하게 끄집어낼 수 있도록 해 둔다. 문자, 숫자, 그림, 사진이 주체가 된다

(4) Spec 관리 시스템

FF&E 관리시스템을 보완하는 시스템으로 각각의 FF&E에 대한 사양을 정의한다. 사이즈와 디자인 등을 세밀하게 관리하는 발주데이터로 처리할 수 있도록 편리한 장소에 관리해 둔다. 이러한 데이터는 각각의 FF&E와의 관련으로 결정시키려는 것이고, 그러한 관계가 중요하다. 개·보수할 때에는 반드시 여기에 최초 경영컨셉에 따르고 있는지 어떤지, 확인을 하기 위한 시스템도 있다.

(5) 보수기록 시스템

일상의 보수기록을 컴퓨터에 입력해 둔다. 필요에 따라 도면과 그림, 사진도 등록한다. 컴퓨터에 문장을 입력하는 것은 결코 어려운 것은 아니다. 요점은 일기(월, 일, 시간)를 날마다 쓰는 것이 중요한 것이다. 포인트는 관계자 사이에 언어의 의미를 통일해 두는 것이고, 같은 장소, 시설, 기기 등은 같은 명칭을 사용하는 것이다. 또 그것들의 상태를 기술할 때에도 표현을 통일해 두는 것이다. 예를 들어 좋다, 보통, 나쁘다 등의 단계를 공통의식을 두는 것이다. 이것은 시스템 이전에 보수관계자는 실제에 실시하고 있는 것으로 어려운 일이 아니다.

(6) 계획보수 시스템

계획보수란 사전에 위험한 가능성이 있는 것에 대해서 실시하는 계획적인 보수이다. 이것도 일상의 정기적인 일로서 실시해야 하지만, 인간의 한계로 보면서 놓치거나 잊어버리는 것들을 정보시스템에서 찾아내는 시스템이다. 그것은 보수기록 속에 나타나는 말과 문장을 컴퓨터에서 검색하는 일에서 실시한다. 일단 사건이 일어나고 나서 실시하는 개선과 보수는 아니다. 계획적으로 실시한다는 것은 영

업에 영향을 끼치지 않는 시기를 고르는 것뿐만 아니라 재무상에서도 큰 의미를 가진다.

FM이 이렇게 호텔에 있어서 중요한 업무인데도 지금까지 적극적으로 논할 수 없었던 것은 대상건물 및 시설 등 건설단계에 종사한 사람이 운영단계에서는 대부분 근무하지 않고 있다는 것 외에 내용이 전문적이라는 선입견이 있기 때문이다. 확실히 설계와 건축은 극도로 전문화 된 분야이지만, 그것을 유지 관리해 가는 것은 운영업무에 속한다.

FM 범위가 넓고 복잡한 것은 정보시스템이 보완해 준다. 이 분야에서의 시스템화가 늦어진 것은 관리해야 할 정보가 문자, 숫자뿐만 아니라 그림, 사진이라는 이미지 중심이기 때문이다. 이미지 정보는 그 기억을 위해서 대량이 기억영역이 필요했다. 또 문장정보 같은 것은 입출력이 간단하고, 기억영역도 적어서 좋지만 검색기술이 어려워 그것 때문에 대형 컴퓨터를 필요로 한 시대가 오랫동안 이어졌다.

현재에는 그러한 일을 모두 퍼스널 컴퓨터의 세계에서 해결할 수 있게 되었다. 다음은 FM시스템의 기본적인 하드웨어, 소프트웨어에 대해서 살펴보고자 한다.

〈그림 4-7〉 하드웨어

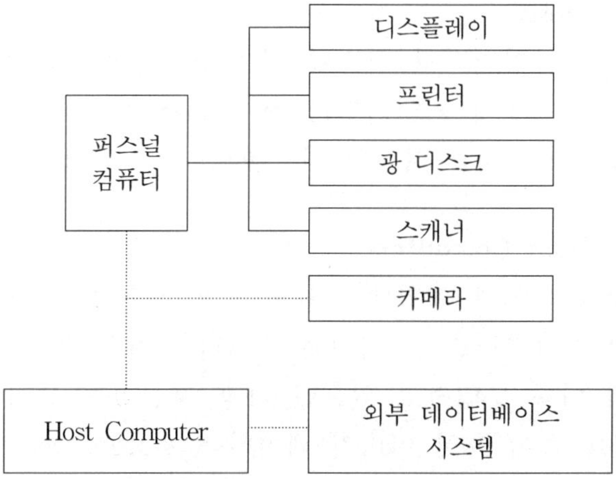

(7) 퍼스널 컴퓨터

그림이미지를 취급하기 때문에 처리속도의 빠른 것이 좋은 것은 말할 필요도 없다. 이미지 데이터베이스를 위해 기억용량은 큰 쪽이 좋다.

(8) 디스플레이

컬러가 바람직하다. 특히 디자인 관계에는 필요하게 된다.

(9) 프린터

디스플레이와 같이 컬러가 바람직하다.

(10) 광 디스크

대량의 이미지 정보를 축적하기 위해서 필요하다.

(11) 스캐너

도면, 그림 등을 알고 이해하기 위한 것이다. 시스템을 도입할 때에는 이미 대량을 가지고 있는 이미지 데이터에 대해서 기간이 걸리는 일이 있기 때문에 고속으로 읽고 이해하는 것은 가능한 외부기업에 위탁하면 좋다.

(12) 카메라

카메라로 촬영해서 퍼스널 컴퓨터에 입력하기 위한 것이다. 직접 플로피 디스크에 기억시키는 전자 카메라와 디지털 비디오도 좋다. 일상에서 발생하는 자잘한 자료를 남기기 위해서는 최적이다.

(13) Host Computer

대량의 기억과 처리에 대해서는 퍼스널 컴퓨터와 비교해 훨씬 유효하다. FM 시스템을 위해서 도입할 필요는 없지만 이미 다른 시스템용에 이를 도입하고 있으면 가장 자신있는 분야를 담당시키면 좋다. 예를 들어 특히 이미지 데이터를 필요로 하지 않는 비교모델 작성 시스템은 외부의 일반 정보들도 필요하기 때문에 Host Computer

의 영역이다.

하드웨어는 현재로 보면 전혀 특수한 것은 아니다. 카메라를 퍼스널 컴퓨터에 연결하는 것 등은 가정에서도 사용할 수 있게 되었다. 기업내 시스템, 대량인 데이터라는 것을 제외하면 간단한 시스템 구성으로 실현이 가능하다.

그러면 어떻게 소프트웨어에 의해서 FM시스템이 실현할 수 있을지를 살펴보자. 기본적으로는 퍼스널 컴퓨터가 가지고 있는 표계산 소프트의 범위에서 행할 수 있는 것이지만, FM시스템은 이것보다 획기적이었다고 생각할 수 있는 것을 두 가지 소개한다.

(14) 도면관리 소프트

건물의 설계도면 관리를 실시하기 위한 소프트이다. 설계도면이라 함은 가장 기본이 되는 건물의 구조도면에서 전원관계의 배선도면(強電과 弱電)과 전화의 배선, 상・하수도, 가스, 공기조절, 컴퓨터 배선 등이다. 무엇인가 공사를 수행하려면 그것들 모든 도면을 체크하고 공사에 의해 다른 영향이 있는지 없는지 검증한다. 그 도면관리 소프트를 사용하면 6종류의 도면을 따로따로, 그리고 겹쳐서 디스플레이상에 표시할 수 있을 뿐만 아니라 체크 유출도 막을 수 있다.

또, 항상 이러한 컴퓨터 정보의 도면을 최신상태로 유지해 두면 종류가 다른 각각 다른 부문에서 관리되기 때문에 생기는 문제를 피할 수 있다.

(15) 문장관리 소프트

컴퓨터는 같은 종류의 것을 정리하거나 코드에 의해 분류할 수 있으며, 그것이 발전하여 단어를 키워드로 분류할 수도 있게 되었으며 더 발전하여 문장을 검색할 수도 있게 되었다. 물론 이런 것은 20년 전부터 연구되어 실용화되었지만 그것들은 대형 컴퓨터에서만 가능한 영역이었다. 그런데 이것이 퍼스널 컴퓨터의 세계에도 등장했다. 그것을 사용하면 '보수기록' 중에서 예를 들어 '몸 상태가 좋지 않다'에 해당하는 문장을 다 추출할 수가 있다. 이로써 사전에 의심스러운

부분 전체를 파악하고 손질해둘 수가 있다. 또 자료를 불러오는 단계에서 인간의 판단을 배제할 수가 있다. 사정을 잘 아는 담당자일수록 추출된 자료를 대수롭지 않게 여기는 일이 많기 때문이다.

이 문장관리 소프트는 앞으로 오피스시스템의 중심소프트가 될 것이다.

Ⅳ. Facility Manager의 역할

호텔경영에 영향을 미치는 FM(Facility Manager)시스템은 누가 운용하는 것일까. 일반 기업에서는 총무부와 시설부 등이 실무를 담당하고 있으며 호텔에서도 마찬가지이다. 그러나 지금까지 보았던 것처럼 호텔의 FM은 경영과 직결하고 있다. 지금 미국에서는 FM이 주요한 직종이며 엄격한 테스트를 받고 자격을 취득하고 있다. 특히 사무실을 유효하게 활용하고 건물의 유지관리의 테두리를 넘어 회사문제가 되고 있는 환경보호를 위한 시설과 건물관계도 FM의 관할이다. 환경파괴를 방지하는 시설과 건물의 본래의 모양이 크게 관계되고 있기 때문이다.

호텔에서 이렇게 할 수 있는 사람은 물론 총지배인 이외는 없다. 경영컨셉을 이해하고, 상품인 건물에 반영시키고, 그것을 유지해나가는 것은 바로 총지배인의 업무이다. 우리들의 세계에서는 날마다 변화하는 일상업무에 눈을 빼앗기기 쉽지만, 밑바탕을 착실히 파악하는 FM이야말로 전략이고, FM시스템은 전략시스템인 것이다.

마지막으로 호텔에서의 현실을 생각해보자. 어떻게 되고 있는가를 생각해본다면 방대한 양의 보수해야 할 건수를 전부 보충할 수는 없는 것이 현실이다. 보수의 기록에서도 최근 것은 둘째치고 과거의 많은 것은 사라져 버린다. 건물의 수명은 거기에 근무하고 있는 사람의 근무기간보다 길다. 경험과 기억만으로 실시하기에는 한계가 있는데, 증개축을 한 건물이면 더욱 그렇다.

FM시스템의 투자효과는 고객정보시스템과 마찬가지로 하루아침에 뚜렷이 가시적으로 나타나는 것은 아니며 다음 세대가 되어야 처음

효과가 나오는 것이다. 그러나 우리들은 최대의 상품인 건물시설에 어느 정도 투자를 실시하고 왔었는가. 일반의 사무용 건물의 예에서는 건물본체의 물리적 수명이 다하기까지 유지관리비는 대략 건설비용의 3배가 필요한 것으로 말하여지고 있다. 더군다나 호텔에서는 그와 비교를 떠나 건물유지비용이 1%라도 절감할 수 있으면 막대한 경제효과인 동시에 상품가치의 유지는 결국 고객만족으로 되돌아오는 것이다.

FM의 목적을 다음과 같이 호텔기업의 흐름으로 해석해 볼 수 있다.

- 쾌적하고 기능적인 환경을 고객과 종업원에게 제공한다.
- 생산성을 향상시킨다.
- 환경보전을 실현하고 환경파괴를 막는다.
- 경비절감을 가져다 준다.
- 경영컨셉을 이어받는다.

제5절_ 가격정책 지원시스템

Ⅰ. Yield Management란 무엇인가

GDS가 항공업계의 규제완화에 따라 나온 것과 같이 Yield Management도 판매가격의 자유화에 따라 도입되었다. 노선의 변경이 비교적 용이하고 이익요구를 도모할 수 있는 계기로 항공회사는 당연한 귀결로서 가격정책에 돌입했다. 그 결과는 단지 가격을 내리려는 것이 아니라 높은 가격으로 팔 수 있는 것과, 낮게 하지 않으면 팔리지 않는 것을 명확히 하게 되었다. 즉 가격정책을 새롭게 한 것이다.

원래 항공기 요금은 거리에 따라 결정되기 때문에 다른 상품과 같이 마케팅에 의해 좌우된다.

인기가 있는 노선과 그렇지 않은 노선, 인기가 있는 시간과 그렇지 않은 시간이다. 그리고 시간이라 해도 바쁜 시즌뿐만 아니라 일주일이 처음과 끝, 하루 중에도 시간에 따라 달라진다. 국내선에도 이른 아침과 심야이용 패키지인 경우에는 저렴한 가격인 것을 알고 있다. 비행기 한 대를 운항하는 비용은 물론 중량에 따라 달라지지만, 기체 자체의 중량을 생각하면 승객의 조금은 많아도 어느 정도 큰 영향은 되지 않는다. 비행기를 운항하는 비용 자체가 압도적이기 때문이다. 그렇다면 크게 할인을 한다 해도 공석보다 좌석을 채우고 운항하는 쪽이 훨씬 경제적일 것이다.

미국의 예로 보면 뉴욕에서 마이애미편은 겨울에는 황금노선이 되지만 여름에는 좌석이 많이 빈다. 마이애미가 피한지이기 때문이다. 또 같은 겨울이라도 주중에는 만석인 것에 비해 주초는 비어있다. 이와 같이 동일노선이라 하더라도 수요공급에 의하여 가격이 책정되는 것이 시장가격(Market Price)이다.

이런 이유가 1980년대 중반에 호텔객실판매 분야에도 도입되었다. 물론 호텔영업에서도 말만 다르지만 같은 일을 실시해 왔다. 성수기

요금과 비수기 요금은 존재하고 있었으며 주로 경험에 의한 부분이 많았다고는 하지만 단체고객 유치에서는 시즌, 요일을 고려해서 앞으로 유치할 수 있으리라는 기대에서 여행사에게 요금을 제시해 왔다.

이것이 일드매너지먼트로서 도입되었을 때의 큰 차이점은 과학적 방법에 근거한 정보시스템으로서 등장한 것이다. 미국에는 이미 1992년대 초부터 퍼스널 컴퓨터에 의해 패키지 프로그램을 발매되었고 몇 개의 호텔에서는 실용화까지 시켰다.

시스템에 들어가기 전에 일드매너지먼트의 기본적 개념을 복습할 필요가 있다.

- 동일 상품이라도 판매가격은 다르다.
- 변화요인은 시장수요이다.
- 결과적으로 가격할인이지만 단지 타회사와의 경쟁에 이기기 위해서 가격을 할인을 해서는 안된다.
- 가격정책은 과거의 데이터에 기초해서 행하여야 한다.
- 시장수요에 의해 가격정책이란 시간상품인 객실을 시즌, 월, 요일별 등의 시간적 요소에 의해 요금을 변화시킨다..

이러한 조건에 적합한 때 최대이익 추구를 목적으로 한 가격정책을 일드매너지먼트라고 부른다.

Ⅱ. Yield Management의 데이터베이스

과거의 정보란 지금도 호텔의 예약부서가 무의식으로 행하고 있는 일로서 정리해 보면 어떤 데이터가 필요한 것인가는 간단하다. 바로 가격과 예약시기이다. 그것은 <그림 4-8>과 같이 개인, 단체에 대해서 각각의 요인이 있는 국적과 규모별로 집계하는 것이다. 집계한다 해도 정형을 만드는 것은 아니며, 그러한 집계가 가능한 상태로 데이터를 가지고 있으면 된다.

〈그림 4-8〉 가격대별 예약시기별 집계

마찬가지로 예약경로별에도 가격대와 예약시기에 대한 요인에 따른 집계를 할 수 있는 상태의 데이터로서 가지고 있으면 좋다. 이 데이터는 과거 수년 분이 필요하지만, 그러나 그것은 과거의 평균치를 내기 위한 것이 아니다. 이것은 매우 중요한 사항이며, 결국 호텔에서 알고 싶어하는 것은 어떠한 경향일까이다.

예약이 들어오는 방법은 그 내용에 의해 일정의 경향을 나타낸다. 개인 예약의 경우에는 예약시기가 느리며 단체의 경우는 빠르게 들어오는데, 그것들을 일반적으로 논하지 않고 실제의 데이터에 기초해서 자사의 경향을 파악하는 것이다.

이는 표시한 내용을 짜 맞추는 것보다 어떠한 가격정책을 할 것인가를 결정해 가는 것이다. 한 호텔의 객실매상을 분석해보자.

- 개인고객 전체의 60%
- 단체고객 전체의 40%

- 직접예약은 50%
- 여행사 경유는 50%

- 개인고객 중에 법인은 40% (전체의 24%)
- 여행사 경유는 60% (전체의 30%)

이러한 예약접수방법에 대한 구조를 생각해 본다. 그 다음에 이 구조에 대해서 예약시기를 부가해간다. 이 경우 과거의 데이터의 평균치가 아닌 경향치로 해야 한다. 가능한 한 3개월씩 평균치를 낸다. 그것을 시기별로 보면 시장의 강도 수급의 균형이 보인다.

여기에는 자사의 경영노력도 들어 있고, 단순한 경향이 아니기 때문에 주의하지 않으면 안된다. 게다가 이 데이터에 객실단가를 부가해 간다. 만약 이런 작업을 사람의 능력만으로 시행하려고 한다면 불가능에 가깝지만 컴퓨터의 힘을 빌리면 어렵지 않은 일이다. 원래 예약 데이터에 이와 같은 식별만 입력하면 간단하다. .

지금까지의 작업은 일드매너지먼트를 위한 판단자료의 작성이며, 본격적인 작업과정은 다음과 같다.

· 목표매상(이익)을 설정한다.
· 객실매상구성을 결정한다(개인, 법인, 그룹 등)
· 역산에 의해 매상구성별 매상을 산출한다.
· 거기에서 객실단가를 산출한다.

처음에 결정한 매상을 달성하기 위해서는 매상구성을 정하기 때문에 그것을 지키는 것이 원칙이다. 예약시기를 조사하는 것도 그 때문이고, 단체예약이 아무리 빨리 들어온다고 해서 계약하는 것이 아니라 그 구성의 범위를 유지하는 일, 그리고 그러기 위해 산출한 단가를 확보하는 일이 중요하다. 이것은 예약의 운영문제가 아니라 관리의 문제이다. 이런 약속 위에서 이루어진 결과가 반드시 기대한대로 되지 않았다고 해도 그것은 운영책임이 아니며 관리책임이다.

일드매너지먼트는 어디까지나 목표이익을 확보하기 위한 가장 확률이 높은 이론적 방법이다. 단기적으로 본 경우에는 해당되지 않는 것이 있다고 해도 경향을 보면 그렇다라는 것으로 이것이 일드매너지먼트가 가진 한계이다. 짧은 기간 내에 이익을 확보할 수 있으면 좋겠지만 꼭 그렇게 집착할 필요는 없다.

이와 같이 고객의존도를 결정하는 것도 일드매너지먼트의 한 방법이다. 또한 매상구성 중에 고객분야를 확보하고 이것은 예약시기가 아주 짧기 때문에 리스크를 짊어지는 일이 되는데 그것은 매너지먼트의 책임이다.

Ⅲ. 호텔에서의 한계

여기에서 호텔에서의 일드매너지먼트는 정말로 가능할까라는 것에 대해서 생각해 보고자 한다. 원래 그것은 항공회사의 전략에서 생겨났다고 전해지고 있으며, 항공좌석이 비어 있다고 가정하면 값이 규정요금보다 싸더라도 팔아버리는 쪽이 좋다는 견해이다. 결과적으로 이익을 확보할 수 있다면 족하다는 입장인 것이다. 고객측면에서 본다면 저가격의 상품을 감사하게 생각한다 하더라도 항공사 측면에서는 그것에 의해 고객으로부터 회사의 평가가 변하는 것 등을 생각하지 않는 것이다.

호텔에서는 이러한 문제를 어떻게 받아들여야 할 것인가. 되풀이해서 말하지만 호텔은 건설단계에서 일관된 명확한 경영이념에 기초해서 운영되어지고 있으며, 저절로 고객층도 정해져 간다.

미국에서의 사례로서 Manhattan의 한 고급호텔이 이 이론을 수용하여 시스템의 데이터에 기초한 다음 예약을 받기 시작하였다. 비즈니스 고객이 주류를 이루었기 때문에 종전에는 주중은 만실이 되나 주말이면 비는 악순환이 계속되었었는데 주말은 저가격의 그룹을 적극적으로 유치한 결과 객실이용률이 상승되면서 일시적으로 이익이 증가하였다.

뉴욕은 세계 제일의 관광도시이므로 세계의 모든 관광객이 모여든다. 저가격의 고객들은 T셔츠에 청바지, 운동화 차림이다. 평일의 넥타이 손님과는 대조적이다. 당연히 호텔이 이미지가 바뀌는 것은 물론 평가도 바뀐다. 이런 사례를 짚어보면 호텔은 어떻게 변화해야 하는지에 대해서 명백한 대답이 나오게 된다. 즉 사례의 호텔은 장기적으로 보면 점점 비즈니스 손님을 잃게 되는 것을 의미하고 있다. 그래서 호텔과 항공회사의 경우는 크게 다른 것이다.

누구나 이용하는 항공회사는 각각 이미지를 가지고 있지만, 그것은 평가와는 다르다. 세계의 VIP를 모신 후 돌아오는 편에 수학여행 단체가 탔다고 해도 그것으로 인해 평가가 바뀌고 비즈니스에 영향을 준다고는 생각하지 않는다.

그렇다고 해서 일드매너지먼트가 호텔에서 기능하지 않는다는 것은 아니고 한 개의 조건을 제시하고 있는 것이다. 이 조건을 이해한 다음에 그러한 시스템의 운영으로 효과를 올리는 곳도 있는데 그곳은 리조트이다. 리조트는 계절에 따라 요일에 따라 변동이 심하다. 이것도 미국의 예로서 캘리포니아의 디즈니랜드 주변의 호텔에서는 일드매너지먼트에 기초한 가격정책을 실시하고 이익을 늘려왔다. 한 번 성공하면 데이터베이스에 들어 간 데이터의 정밀도는 점점 올라가고, 게다가 일드매너지먼트의 자사에 의해 행동은 좋은 결과를 가져오게 된다.

일드매너지먼트는 경영자가 결정하는 것이며, 시스템은 그러기 위해 정보를 제공하는 것이다. 제공한 정보는 모두 경영자의 머리 속에 있는 것일지도 모르지만, 그것은 대량의 관점에서 분석한 정보일 뿐이다. 시스템의 역할은 거기까지이며, 그 속에 어느 정보를 중시하고 가격정책을 결정하는지는 경영자의 역할이다. 시스템과 인간이 서로 관여하는 이상적인 모습의 하나이다.

제6절_ 멀티미디어와 인터넷

인터넷은 멀티미디어의 네트워크이다. 멀티미디어도 인터넷도 시대의 총아이고 이것들은 무엇인가 획기적인 비약을 기대할 수 있을 것처럼 선전하고 있다. 산업계 전체로서 보면 바른 것도 호텔업계에 있어서는 직접 어떻게 관계해나가는 것이며, 어떠한 메리트를 기대할 수 있는지 생각해봐야 한다.

인터넷이란 정보 네트워크이지만 무엇이 네트워크인지에 대하여 이해하려면 먼저 멀티미디어부터 시작하여야 한다.

Ⅰ. 멀티미디어는 새로운 것인가

1980년대는 뉴 미디어의 시대로서 캡틴시스템(Captain System)은 그 대표였다. 그 외에 케이블 TV도 이 시대에 나왔다. 캡틴시스템이란 컴퓨터에서 이전처럼 문자와 숫자만이 아니라 그림을 그리고 그것을 전화선에 의해 배선하고, 게다가 쌍방향으로 이용자의 선택에 의해 필요한 정보를 꺼내는 획기적인 것이었다. 캡틴시스템 이외에도 비디오 텍스에 의한 정보제공 서비스가 등장하고 거리에 단말기가 설치되어 있었지만, 몇년 안되어 사라졌다.

케이블 TV도 이용자를 직접 케이블에 연결함으로써 지금까지 지상파에서는 불가능이었던 다수의 TV방송을 실현했다. 이것도 쌍방향으로서 이용자는 자신의 보고 싶은 채널을 선택할 수 없는 한정된 범위였지만 요청하거나 앙케이트에 대답할 수 있었다. 위성방송도 등장했는데 지상파와 다른 산악지역 등 지형에 관계없이 넓은 범위에 전파를 보낼 수 있다.

TV회의도 이 시대의 산물이다. TV에서 방영한 영상을 압축, 혹은 생략하고 전화선에 늘여서 원격지와 회의하는 것으로 확실한 뉴미디어이다. 비디오 텍스(Video Tex)라고 하는 말은 그다지 들리지 않게 됐지만, 그것은 컴퓨터에 의해 문자나 숫자 이외를 취급하는 기초가

되는 것으로 현재 유용하게 사용하고 있다. 지금까지의 한정된 통신 미디어에 대립하는 새로운 미디어로서 나타났던 것이다.

그것이 1990년에 들어오자마자 멀티미디어라는 새로운 언어가 등장하였다. 멀티미디어 즉 복수의 미디어의 조합이다. 내용미디어 그 자체는 새로운 것이 아니라 문자, 숫자, 그림, 사진, 음성 등이다.

그럼 왜 갑자기 멀티미디어가 등장한 것일까. 멀티미디어란 컴퓨터 정보로서 취급하도록 되어 있고 그것들을 컴퓨터상에 취급하는 기술이기 때문이다. 그러한 기술은 새로운 것이 아니지만 그것에는 대형 컴퓨터를 필요로 하고 누구나 사용할 수 있는 것은 아니었다. 정보시스템은 컴퓨터가 만들어내는 것이 아니라 이용자가 필연성을 느끼고 만들어내는 것이다. 아무리 기술이 앞서나가도 이용자가 그것의 필연성을 인지할 수 없으면 진보하지 않는다. 때문에 멀티미디어는 뉴미디어의 연장이라고 할 수 있으며, 게다가 싼 가격으로 우리들의 눈에 들어오게 되었던 것이다.

컴퓨터가 단지 사무처리의 도구로서 존재했던 단계는 문자와 숫자를 취급하고 있으면 충분하였다. 바꿔 말한다면 문자와 숫자밖에 취급할 수 없었기 때문에 사무처리밖에 할 수 없었다고 해야 할지도 모른다. 그러나 그 시대에서조차 초대형 컴퓨터를 사용했던 보험회사의 사무처리 시스템에는 보험의 개인정보에 부가되고 이미지 처리했던 보험증서가 컴퓨터 정보로서 취급하고 있었던 것이다. 그런데 멀티미디어시대에 들어와서 간단히 싼 가격에 문자와 숫자 이외를 컴퓨터 처리할 수 있게 되면서 이용범위는 크게 넓어졌다. 정보를 그림과 사진, 음성으로 전할 수 있으면 컴퓨터의 이용자는 특정의 사람뿐만 아니라 누구든지 알기 쉽게 이용할 수 있게 된다.

은행의 ATM(Automatic Teller Machine)단말기에는 예금의 인출, 입금에서 불입까지도 누구든지 간단히 할 수 있도록 되었다. ATM단말은 멀티미디어 단말이다. 호텔에서도 그때는 컴퓨터의 존재가 호텔의 종업원을 위한 것이지만 이제는 누구든지 알기 쉽게 되고 손님도 사용할 수 있는 시스템이 되었다. 그것이 호텔안내 시스템이고, 혼례소개 시스템이다.

1. 호텔안내 시스템

호텔에서는 객실의 TV로 비디오에 의해 호텔안내를 하고 있다. 시설의 소개와 레스토랑의 안내들이다. 영상이라는 것은 눈에 들어오기 쉽지만 시설비용이 방대하다. 또 거기서 제공하고 있는 정보는 그 비디오를 작성할 때인 것이고, 지금의 것이 아니다. 결국 정태정보이자 동태정보인 셈이다.

여기서 멀티미디어를 사용한다면 어떻게 될까, 멀티미디어는 컴퓨터 속에서 관리하기 때문에 편성은 자유이고, 그림과 사진의 정보를 작성하는 것도 FM시스템으로 소개한 것처럼 스캐너와 전자 카메라를 사용하면 간단하다. 만일 비디오로 알기 쉽게 소개하려면 원래의 정보는 그대로 두고 변화시키고 싶은 정보에 대해서만 멀티미디어로 구성하면 된다.

예를 들어, 레스토랑은 어디에 있을까, 무엇을 먹을 수 있을까는 중요한데, 비디오에 의한 부분은 적다. 장소에 대해서는 안내도 그림을 그리고 메뉴에 대해서는 내용을 사진과 문자를 사용하고 설명하면 좋을 것이다. 또 오늘의 메뉴도 소개할 수 있을 것이다. 나날이 바꾸지 않더라도 1주일 단위로 특별메뉴를 바뀌는 것이 좋다. 그렇게 되면 고객입장에서는 지금 무엇을 먹을 수 있을까에 대한 동태정보를 간단히 소개할 수 있는 것이다. 일반정보보다 가치가 있는 것은 말할 것도 없다.

만약 비디오 정보를 도입하지 않으면 작성비용은 아마 10분의 1이하일 것이다. 또 유지비는 퍼스널 컴퓨터를 사용하여 자사에 행하면 무시할 수 있는 범위이다. 퍼스널 컴퓨터는 겸용으로 좋고 플로피 디스크에 정보를 저장하여 TV시스템에 방영시킬 수도 있다. 이 멀티미디어가 동태정보를 간단히 만들 수 있다는 것은 중요하다. 역으로 말하면 멀티미디어를 사용한 시스템에는 그때 그때 동태정보를 유지관리하지 않으면 의미가 없다는 것이다.

2. 결혼예식장 소개시스템

호텔에서 예식업이 허용되면서 각 호텔에서는 결혼예식에 관련된 상품경쟁이 치열해지고 있다. 혼례상품은 상당히 소개하기 힘든 상품이다. 호텔이 제공할 수 있는 것은 예식공간과 요리이다. 전체적인 이미지를 떠올리게 하기 위해서는 관련되는 모든 정보를 그림과 사진, 실물을 사용하고 알기 쉽게 소개해 가지 않으면 안된다.

전체적인 구성을 보면 그것은 방대한 양이 된다. 양이 많아지고 구성이 복잡해지면 그것은 정보시스템 분야이며, 그리고 거기에서 취급하는 정보가 그림과 사진이라면 멀티미디어 세계이다. 멀티미디어 시스템 구축으로 가장 비용이 소요되는 것은 컴퓨터에 입력하는 원래의 정보, 즉 그림과 사진 비디오 등의 작성이다. 그러나 다행스럽게도 호텔에서는 이미 혼례상품 소개를 위한 방대한 팸플릿과 비디오를 가지고 있다. 처음부터 컴퓨터에 수록할 예정으로 작성했을 이유가 없기 때문에 팸플릿에서 뽑아내는 데에는 다소 어려움이 있지만, 새롭게 작성하는 비용과 비교하면 무시할 수 있는 범위이다.

이 시스템 구축에 가장 중요하게 고려할 점은 다음과 같다.

- 시스템에 따라서는 노동력을 줄일 수 있다고는 생각하지 말아야 한다.
- 그것에 의해 타사와의 차별화로 주문을 늘리는 것을 목적으로 한다.
- 어느 정보를 어느 미디어로 표현할까를 연구한다.
- 화면의 Layout, Color에 배려한다.
- 전체에 즐거운 분위기를 만든다.

여기에는 정보시스템적 요소는 하나도 나오지 않는다. 어디까지나 어떻게 하면 이용자가 사용해줄까를 중점적으로 생각하여야 한다. 이 시스템은 시스템의 전문가가 만드는 것이 아니라 호텔에서 스스로 만들지 않으면 효과를 기대할 수가 없다.

다른 대부분의 시스템은 노동력을 줄이는 것이 목적이지만 이 시스템은 노동력을 줄일 필요는 없다. 물론 예식장을 찾으러 가는 커플 스스로가 조작할 수 있도록 사용하기 쉽게 키보드 대신에 화면을 터치하는 것이 필요하나 담당자가 설명할 때 그것을 이용하면 더욱 효과도 크다. 화면을 주시하는 일로 내용에 집중할 수 있고, 어디에 흥미를 가지고 있느냐는 화면을 보고 반응하는 것으로 파악할 수가 있고 그것에 의해 좀더 관련되는 화면을 시간이 걸리지 않게 소개할 수 있기 때문이다.

그리고 어떤 정보를 어떤 미디어로 소개할까를 생각하는데 중요한 계기가 된다.

〈표 4-2〉 소개항목 및 이용미디어

소개항목	이용 media
식장	비디오, 사진
연회장	사진, 그림
요리	비디오, 그림
조화	사진, 그림
의상	사진
사회자	비디오, 음성
초대장	그림, 사진
견적서	문자, 숫자, 동화(에니메이션)
답례품	사진, 음성

한 예이지만 그 외에 싫증나지 않도록 한 화면에서 다른 화면으로 전개될 때 동영상을 사용하는 등 변화를 주는 것도 재미있다. 이 혼례소개 시스템은 프레젠테이션(Presentation)의 대표적 예이고. 호텔에는 이 것 이외에도 멀티미디어를 사용하고 소개가 유효한 것은 얼마든지 있다. 이벤트와 시설의 소개뿐만 아니라, 지역의 관광정보등 동태정보가 필요한 것에 대해서는 가장 싼 가격에 효과적인 것이 이 멀티미디어 시스템이다.

Ⅱ. 인터넷의 활용

1. 이메일의 활용

인터넷이란 멀티미디어의 네트워크이다. 그렇다면 그것은 왜 세상을 변하게 할 정도로 큰 임팩트를 가지는 것일까. 인터넷은 항상 네트워크이며 정보를 자유롭게 가고 오게 할 수 있다. 말하자면 그것은 도로에 비유할 수가 있다. 도로의 존재는 중요하지만 도로 그것이 있을 뿐 아무런 의미도 없다. 다만, 그 위에 무엇이, 트럭이 또는 승용차가 어떤 목적을 가지고 특정의 장소에 도달하는 것에 의미가 있는 것이다.

인터넷도 마찬가지이다. 원래 인터넷은 학술(학문, 기술), 군사목적의 정보교환을 위해 무료로 사용하게 했던 네트워크이다. 필요한 정보를 간단히 주고받기 위한 네트워크로서 특정 사람들이 측정목적으로 사용했을 만도 하다. 지금 우리들이 인터넷이라고 말하고 있는 것도 그것이 상용으로 개방하고 누구라도 이용할 수 있도록 되었기 때문이다. 게다가 무료이다. 그러나 지금까지 전용도로로 일반사람이 금지했던 것을 개방시켰다고 해서 갑자기 상용하게 되는 것일까. 따라서 그것을 이용하면 가깝다라든가 싸다라든가의 필연성이 따르지 않으면 안된다.

인터넷은 네트워크를 사용하여 보내야 할 정보가 있어야 한다. KRNIC(Korea Network Information Center)에 의하면 2002년 2월 현재, 전세계 인터넷 이용자수는 544백만명이라고 한다. 그리고 그 대부분이 전자메일 이용자이다. 전자메일은 컴퓨터상에서의 메일을 주고받고, 전화, 팩시밀리에 이어지고 통신혁명을 일으키고 있는 편리한 통신수단이다. 전자메일에 대해서는 기업 속의 통신수단으로서 출발했던 것이지만, 순식간에 기업간, 그리고 개인의 세계에 침투하고 있다.

지금 여기에 전자메일의 예를 들은 것은 인터넷 이용의 필요성을 말하고 싶었기 때문이다.

전자메일은 컴퓨터의 네트워크를 통해서 우편처럼 상대의 메일박스에 배달한다. 컴퓨터 네트워크는 전화회선으로 구축하고 있기 때문에 거기에 전화요금이 발생한다. 그와는 다르게 인터넷은 무료이기 때문에 당연히 전자메일 이용자는 쇄도한다. 인터넷의 급속한 보급 뒤에는 이러한 필연성이 있었던 것이다.

호텔에서의 이용상황은 어떤지, 네트워크 이용의 방법을 생각해보자. 하나는 필요한 정보를 인터넷을 통해서 꺼내는 것이고 또 하나는 이쪽이 상대에 필요하다고 생각되어지는 정보를 보내는 것이다. 호텔측면에서 보면 비즈니스활동 중에 인터넷에서 정보를 꺼내 사용한다는 경우는 그렇게 많지는 않다고 생각한다. 물론 세계 속의 이른바 모든 정보가 들어 있기 때문에 도움이 되는 정보는 반드시 있을 것이다. 다만, 아직 그것에 의존할 정도의 필연성이 없는 것뿐일지도 모른다.

2. 광고매체로서의 활용

인터넷을 통해서 광고를 내는 것은 간단하다. 멀티미디어에서 작성한 그림, 사진, 문자에 있어서 만든 광고를 컴퓨터에서 내보낼 수가 있다. 자기 자신의 컴퓨터에 광고를 가지고 그것을 인터넷에 접속할 수도 있고 인터넷상에서 이미 그러한 광고 비즈니스를 실시하고 있는 서비스를 이용해도 좋다. 자사에서 직접 제공하는 경우에는 서버(server) 기능을 가져야 한다.

그러기 위해서 컴퓨터가 필요하게 되는데 퍼스널컴퓨터도 상관없다. 또 광고도 자신이 만들 필요는 없으며 전문회사에 위탁해도 좋다. 그렇게 해서 만든 자신의 광고화면을 홈페이지라고 부른다. 인터넷상에서의 광고는 원칙적으로 이쪽에서 상대방에게 보내는 것이 아니라 상대방이 홈페이지를 방문하는 것이다. 광고는 전자메일을 이용하면 보낼 수 있지만 그러기 위해서는 상대의 주소, 메일주소를 알아야 한다. 알았다고 해도 수에 한계가 있었고 광고효과도 한정된다.

그것보다는 세계에서 544백만명이 되는 인터넷 가입자들을 대상으로 광고하는 쪽이 훨씬 나을 것이다. 그러나 어떻게 해서 이쪽의 광고에 찾아오게 하느냐가 문제이다. 한 호텔이 단독으로 광고를 냈다고 하면 어떻게 해서 이용자는 그것을 보게 될까. 인터넷광고를 보게 하기 위해서 어떻게 하면 좋을까. 그것은 가장 먼저 상대방의 주소를 아는 것이다. 즉 인터넷 주소를 알아내어 그 쪽이 원하는 광고를 띄우는 것이다. 물론 인터넷에도 전화번호수첩 같은 것이 있지만 아직도 광고효과를 극대화시키는 데는 한계가 있다.

어쨌든 어떻게 하면 광고를 필요로 하는 이용자로부터 제대로 이용받을 수 있게 할 것인가는 광고매체의 숙제이다. 단독의 호텔이 명칭 하나만으로 이용자가 선택해 주는 것은 상당히 큰 호텔체인에서도 힘들다. 자사에서 컴퓨터를 가지고 인터넷에 직접 접속하고 자기가 비용을 부담하는 일도 좋지만, 그 경우에는 어떻게 해서 이용자에게 선택받을 수 있을까를 우선 생각하지 않으면 모처럼 광고가 무용지물이 되기 쉽다. 이러한 과제를 풀 수만 있다면 인터넷은 가장 값이 싸고 넓은 범위에 전달할 수 있는 광고매체가 될 것임에 틀림없다.

3. 예약매체로서의 활용

호텔에서 인터넷을 이용한다고 보도되었을 때 여행사에서의 반응은 대단히 민감하였다. 이용자로부터의 직접예약이 증가함에 따라 여행사가 위협받을 것이라는 느낌이 있었던 것이다. 과연 어떻게 그리 되는 것일까. 누군가에게 인터넷 멀티미디어에 따라 호텔로부터의 정보가 직접 이용자에게 전해지는 것은 크다.

예를 들어 지금까지 벚꽃을 볼 때에는 4월 초순이라는 일반적 정태정보만이 전해질 수밖에 없었던 것이지만 지금은 다르다. 오늘 아침 촬영한 벚꽃나무 사진들을 소개할 수 있기 때문이다. 이것이 멀티미디어의 강점이다. 그렇다고 할지라도 갑자기 그것이 호텔예약으로 이어지는 것일까 하는 데는 의문이 있다. 직접예약의 매체라면 전화가 있고 팩시밀리가 있다. 그러면 그것들과는 어떻게 다른 것일까. 다만, 인터넷은 시대가 요구하고 있고 통신판매들의 분야에서 이용자 또는 소비자와의 직접 맺어지는 시대가 도래하고 있지만, 아직도 넘어야 할 많은 장애물이 있다.

4. 인터넷의 위험도

먼저 보안(Security)의 문제이다. 예약은 인터넷에서 받아들임으로써 신원, 지급의 확증을 얻어야 한다. 신용카드 번호를 받는 것이 가장 안전한 방법이지만 이용자는 그것에 선듯 응해주지는 않는다. 아직도 우리는 인터넷의 이용성이라는 밝은 부분만 논의하고 있는 느낌이 있는데 그 위험성에 대해서는 최근에서야 대두되고 있는 실정이다. 인터넷은 국제 네트워크이고 우리나라가 안전하다라는 핑계는 통용되지 않는다. 컴퓨터 범죄자는 세계 속에 존재하고 있고 한국이 인터넷 범죄에 대한 방어망이 낮다고 하면 순식간에 쇄도해 올 것이다.

컴퓨터 바이러스를 여기저기 흩뿌리는 범죄와는 달리 신용카드 번호를 훔치는 것은 그것이 바로 현금이기 때문이고 점점 증가해 간다는 것이다. 그러한 범죄를 막기 위한 방화벽(Fire Wall) 프로그램이라고 불려지는 것이 개발되고 있지만, 범죄와 방범은 뒤쫓아 가기만 할 뿐 이것으로 안전이 보장받는 것은 아니다.

그렇다고 해서 신용카드 번호를 필요로 하는 예약업무를 실시하지 않는다는 것은 아니다. 그것에 어울리는 아이디어가 필요하다는 것이다. 그것은 호텔측면만의 문제가 아니라 신용카드 번호를 제시해야 하는 이용자측면의 문제이기 때문에 충분히 배려하지 않으면 안되는 것이다. 인터넷에서의 예약문의에 대해서 호텔측은 응답해야 하지만, 컴퓨터의 온라인 시스템이 아니기 때문에 자동적으로 상대의 예약요청에 바로 대답을 할 수가 없다. 여기에는 전화, 팩시밀리, 전자메일 등 종래의 미디어를 사용해야 한다. 거기에서는 직접 대화의 형태가 발생하기 때문에 거기서 상대확인을 하여야 한다.

그러나 그것은 아직 인터넷에서의 예약이 극히 적기 때문에 가능한 것이고, 만약 이 후 본격적으로 증대해 가면 노동력이 문제도 큰 문제가 될 것이다. 이제부터는 예약자에 대한 신원사항에 관해서도 관심을 가져야 할 것이다. 인터넷상에서 얼마든지 예약할 수 있다면 장난예약을 할 수도 있다. 그때까지는 가명으로 예약을 했는지도 알 수 없다. 호텔은 가명예약에 의해 판매기회를 놓칠 수 도 있다. 여기에는 인터넷에서 제공하는 객실의 수를 제한하고 블록화함으로써 리스크를 최소한으로 줄일 수 있다. 그러나 그렇게 되면 인터넷에 의해 예약을 늘리고 싶다고 하는 희망은 충족할 수 없게 된다.

5. 어떻게 참가하는가

또다른 과제는 어떤 형태로 인터넷에 참가할 것인가라는 것이다. 모처럼 참가해도 아무도 봐주지 않으면 의미가 없다. 큰 철도의 역과 공항에 가면 여행사 카운터를 통하여 중저가에서 고급호텔까지 형편에 따라 호텔예약을 할 수 있다. 이용객들이 거기에 가려고 생각하는 것은 거기에 가면 자신이 요구하는 호텔을 고를 수 있는데, 이유는 거기에는 여러 종류의 호텔시설들을 비교할 수 있기 때문이다.

인터넷에 대해서도 마찬가지라고 말할 수 있다. 인터넷상에 무엇인가 공통요소를 가진 카운터를 개설하고 거기에 모두를 참가하는 방안도 생각해 볼 수 있다. 공통요소란 지역이나 호텔의 등급도 있고 리조트라면 제공할 수 있는 서비스를 분류해도 좋을 것이다. 이용자가 흥미를 가지고 접근해줄 수 있는 정보의 장을 마련하여 준다면 이용하기 쉬울 뿐만 아니라 호텔입장에서는 화면의 통일성을 이루게 되어 시스템 제작비용을 절약케 하는 효과를 가져 올 것이다.

신기해서 관심을 모았던 인터넷은 이제는 편리한 통신 미디어의 한 수단으로서 우리가 전화와 팩시밀리에 특별한 관심을 보이지 않는 것과 마찬가지가 된다. 전화와 팩시밀리에도 정보제공 서비스가 있고, 쇼핑도 할 수 있다. 멀티미디어도 그 특기 분야에서 그 가치를 발휘할 수 있을 것이다.

따라서 호텔이 인터넷에서 예약을 받기 위해서 할인하는 방법으로 단기적인 화제는 가져올 수 있지만 언제까지 계속할 수 있을까가 문제이다. 지금 단계에서는 인터넷에서의 예약으로 대응하지만, 취급하는데 노동력이 걸리고 할인해 주어야 할 근거가 없다. 여행사를 통하지 않고 예약을 바로 할 수 있게 하려면 그에 상응하는 인센티브를 주어야 하는데, 그에 따르는 문제점도 생각해봐야 한다. 예를 들면 여행사와의 차별화는 어떻게 해야 하는지, 그로 인하여 얻을 수 있는 이해득실은 어떻게 되는지 분석해 볼 과제가 놓여 있다. 향후 인터넷이 여러 가지 문제를 극복하고 예약 미디어로서 커질 것임이 틀림없기 때문에 시급한 것이다.

6. 동태정보의 활용

인터넷은 멀티미디어의 네트워크이며 멀티미디어는 동태정보를 전달하는 최상의 매체임을 인식하여야 한다. 여기서 일단 인터넷상에서 광고를 내는 이상 지속적으로 자주 내용을 바꿀 필요가 있다. 한번 본 이용자가 또 보았을 때에 새로운 정보로 바뀌지 않았다면 그 다음에 보려고 하는 기회는 훨씬 줄어들 뿐만 아니라 본다한들 먼 과거가 돼버린다. 인터넷에서의 투자효과를 올리기 위해서라도 콘텐츠의 유지보수는 불가결이다.

호텔에는 적어도 주 단위로 이벤트가 있다. 그때마다 동태정보를 새로 단장하여 고객의 시선을 집중시킬 수 있어야 한다. 그러한 것도 좋다. 그를 위해 팸플릿을 그대로 이용해도 좋으며, 바뀌고 있는 것이 중요한 것이다. 그렇게 하면 일반이용자뿐만 아니라 여행사도 반드시 중요한 정보원으로서 활용해 갈 것임이 틀림없다.

7. 인터넷과 인트라넷

인터넷은 누구라도 사용할 수 있는 네트워크로서 급속히 이용자가 증가해왔는데 그것을 차단, 즉 자신들만의 네트워크로서 이용하는 것을 인트라넷이라고 한다. 예를 들어 기업이 본·지점 간의 컴퓨터 시스템을 연결하려 하면 네트워크회사와 계약하고 이용방법에 따라 사용요금을 지급한다. 요금은 이용시간, 회선의 속도 등에 의해 결정한다.

그 네트워크는 그 기업이 자신들을 위해서만 이용한다. 인터넷은 누구라도 이용할 수 있고 게다가 네트워크 사용요금은 무료이다. 이 경제성에 기업이 주목하지 않을 수 없다. 지금까지 네트워크 회사와 계약하고 요금을 지급하고 있었던 것이 무료가 되기 때문이다. 요금으로서 발생하는 것은 우리들이 인터넷을 이용할 때에 지급하는 것과 같고, 자사의 시스템에서 인터넷의 입구까지 전화요금이 된다.

새로운 움직임은 1995년 후반부터 나왔다. 사용료가 필요 없다고 하는 것은 큰 매력이다. 특히 국제간의 네트워크라면 비용절감효과는 크다. 그러나 그렇게 간단히 보급해 가지 않는 이유도 있는데 그것은 인터넷의 안전성이다. 개인이 인터넷을 이용하고 정보를 얻거나 전자메일을 주고받는 범위에도 물론 안전성은 중요하다. 그러나 연결되기 어렵다거나 만일 해커들이 컴퓨터에 침입했다 해도 그것이 개인의 범위라면 피해는 상대적으로 적다.

그렇다고는 하지만 인터넷 이용에는 통신판매 등 신용카드 번호의 송신에 대해서는 이미 많은 범죄사례가 소개되고 있으며, 급기야 사회적인 문제로 대두되기에 이르렀다. 신용카드 번호를 도둑맞는 범죄에 대해서는 방화벽(Fire Wall)이라고 불리는 소프트웨어를 개발하고 있지만 아직 완전하지 않다.

기업이 주고받는 정보에는 수·발주 데이터와 경리데이터 등의 중요한 정보가 많다. 그것들이 도중에 분실하거나 네트워크를 통해서 해커가 컴퓨터에 침입하여 기억장치 내에 축적하고 있는 방대한 데이터를 파괴하거나 하면 그것은 큰일이다. 방화벽도 계속해서 개발하고 있지만, 해커들도 계속해서 새로운 침략의 수법을 고안해내고 있다.

남의 컴퓨터에 침입하여 프로그램과 기억장치를 파괴하는 컴퓨터 바이러스에 대해서는 왁진이라는 프로그램을 개발하게 하거나 컴퓨터를 시동시킬 때에 이상이 없는지, 체크하는 프로그램을 깔거나 퍼뜨리거나 방선을 이용해도 새로운 바이러스가 바로 나타난다. 인터넷상에도 같은 일이 일어난다. 이러한 문제점은 있지만 비용의 면을 생각하면 인트라넷의 매력은 크다. 이제부터 네트워크 회사에 이 인트라넷이 중심적 역할을 달성할 것이다.

8. 그 외의 과제

인터넷이 모두 좋은 것은 아니다. 컴퓨터 범죄에 대해 얘기하였지만, 여기에서는 문제점을 간단히 정리하고자 한다.

- 확실히 전달되는지에 대한 보증이 없다.
- 정보를 제공하고 있는 상대가 어떤 사람인지 알 수 없다.
- 무료 네트워크라서, 비즈니스의 부가가치를 첨가하는 것이 어렵다.
- 국경을 초월하고 정보가 들어오기 때문에 내용의 법적 규제가 곤란하다.
- 인터넷은 무료이지만 접속까지 비용은 필요하다.
- 접속회사에 따라 잘 연결되지 않는 일이 있다.

인터넷은 이처럼 문제점을 많이 포함하고 있다. 참가할 때에 그 편리함과 동시에 문제점을 잘 파악하여야 한다. 반복해서 말하지만 인터넷을 부정하고 있는 것이 아니라 그것을 이용하는데 리스크가 있다는 것을 주지시키고 싶은 것이다.

9. 인터넷과 EDI

EDI(Electronic Data International)는 전자거래의 약자이다. 국제간의 거래업무가 컴퓨터에 의해 처리할 때 각 국가가 각양각색으로 나오게 된다면 모처럼 컴퓨터 정보에 연속성이 없어져 버린다. 그것에 대해서는 무역절차의 표준화가 빠르게 진전되어 왔다. 간단히 말하면 전표의 표준화이다.

호텔에서도 관계가 없는 것은 아니다. 인터넷을 통해서 세계 각처에서 예약이 들어오는 시대인데, 여행사와 항공회사에서 보내오는 예약의 형식이 틀리면 순서를 일일이 자신들이 처리하기 쉽도록 다시 진열해야 한다. 그러한 불편을 해소하려고 한 것이 EDI의 표준화이다.

여기에는 EDIFAG라고 하는 국제연합이 앞장서고 있으며, 거기서 제창하고 있는 표준화가 세계적으로 확산되어가고 있는 중이다. 호텔산업은 TTL(Travel, Tourism and Leisure) 분과회에서 검토하고 있다. 예를 들어 여행에 관련되는 예약이면 여행자의 주소, 성명에서 시작하고, 항공기, 렌터카, 여객선, 호텔 등 예약의 가능성의 있는 모든 사항을 망라하고 있으며, 뛰어난 기업들은 그 속에서 자신의 필요로 하는 부분만을 꺼내면서 연구하고 있다. 그리고 컴퓨터를 사용한 거래는 모두 이 양식에 따라 실시하면 어디에서 들어온 예약도 한 개의 프로그램으로 처리할 수 있게 되는 것이다.

이것은 국제간의 거래에서 발생한 것이지만 국내에도 마찬가지이다. 인터넷을 이용한 예약이 본격적으로 많아지게 되면 이용자들이 제멋대로 사용을 하지 못하도록 표준화를 도모해야 한다. 그렇지 않으면 이용자는 예약하고 싶은 호텔마다 Format이 다른 예약화면에 입력해야 하므로 결과적으로는 업체들의 불편이 늘어나게 되는 것이다.

인터넷에서의 참가방법으로서 EDL에서 권장하는 Format 내용을 보면 다음과 같다.

〈TTL의 EDL 양식(Format) 실례〉

BUSINESS FUNCTION, CODED
- 1 항공
- 2 렌터카
- 3 호텔
- 4 FERRY
- 5 선편여행
- 6 철도
- 7 TOUR
- 45 COACH
- 46 BUS

MESSAGE FUNCTION, CODED
- 1 SELL
- 2 MODIFY CURRENT
- 3 MODIFY PREVIOUS
- 4 CANCEL
- 5 IGNORE
- 6 END TRANSACTION
- 7 DISPLAY
- 8 REFERENCE SELL
- 9 BEGIN

RESPONSE TYPE, CODED
- 1 OK
- 2 WARNING
- 3 ERROR
- 4 RECEIVED PENDING
- 5 IN REQUEST
- 6 ADDITIONAL INFORMATION EXISTS
- 7 BOOK AIRLINE RESERVATION
- 8 RENT-A-CAR RESERVATION
- 9 RAILWAY RESERVATION
- 10 FERRY RESERVATION
- 11 HOTEL RESERVATION
- 12 INDIVIDUAL REPLY
- 13 IMPOSSIBLE TO TRANSMIT

이상은 EDI 자료의 일부이며 각각의 내용을 전부 이해할 필요는 없지만, 전 세계 차원의 약속을 착착 진행하고 있다는 것을 이해하면 좋겠다. 각각의 기업이 제멋대로 결정할 수 있어도 여객 비즈니스 세계에도 네트워크의 시대가 되면 그러한 EDI에 준거한 시스템으로 전환해야 한다. 인터넷의 세계에는 그러한 표준화가 가장 중요한 요소가 된다.

제5장

호텔정보 시스템의 과제와 방향

제5장

호텔정보 시스템의 과제와 방향

제1절_ 경영자 관점에서의 호텔정보 시스템

노동력을 줄이는 도구로서 등장한 정보시스템은 바야흐로 조직에 있어서 신경망이 되어버렸다. 서비스산업에도 이미 정보시스템은 접객 전면에 등장하고 있고 경우에 따라서는 부가가치를 높이는 역할까지 담당하게 되었다.

나아가 정보시스템을 새로운 상품으로 격상시키고 고객에게 직접 이용하게 하는 시대에 들어섰다. 또한 인터넷의 등장은 정보제공 서비스를 개인의 영역에 확대하였다. 그러한 환경 속에서 호텔경영자 자신도 시스템을 충분히 활용하면서 최종 목표인 고객만족을 얻는 것이다.

Ⅰ. 정보시스템의 투자

정보시스템이 컴퓨터의 범위에 머물고 있던 시대에는 투자금액을 총 매상의 1% 미만이라는 목표가 있었다. 그것은 하드, 소프트, 인건비 소프트 등을 모두 포함하고 있다. 호텔의 시스템이 갖는 숙명이지만 운영규모가 크든 작든 업무의 내용은 변하지 않기 때문에 필요로 하는 프로그램의 내용은 같고 취급하는 정보량이 다를 뿐이다. 따라서 적은 운영규모는 값이 비싸게 된다. 정보량, 기억해야 할 데이터의 차이는 기억장치의 대소에 반영되지만, 현재의 하드웨어의 가격에서 보면 큰 비용은 아니다.

이 1%라고 하는 숫자는 비용 대 효과의 계산에서 산출한 것이지만 경험적으로도 실증되고 있다. 그러나 지금처럼 정보시스템의 범위가 확대되고 지금까지 서술해 온 것 같은 종래에는 없었던 영역을 대상으로 하는 것이면 새로운 기준이 필요하게 되며 그것은 바로 경영판단이 된다. 정보시스템에 대한 투자가 운영측면 이외에 어느 정도 기여하고 있는지 생각하는 방법과 실례를 들어 보자.

· 건설단계에서는 시설, 설비의 삭감에 공헌한다(구내 배선을 통일화하는 LAN 시스템의 도입에 의해 부설비용이 경감한다).
· 지금까지 불가능했던 서비스를 실현할 수 있다(보고 싶을 때에 볼 수 있는 On-Demand TV와 보이스 메일).
· 시대에 바로 반응하는 화제성도 있다(손님에 의한 인터넷 이용과 멀티미디어 안내시스템).
· 새로운 상품이 된다(객실 내에서의 TV 쇼핑과 TV게임).

이러한 시점에서 종합적으로 판단을 하지 않으면 투자의 가부는 결정되지 않는다. 다음에 정보시스템의 비용을 어떻게 배부할 것인지를 생각해 보자. 관리회계상에서는 시스템의 범위가 프론트 업무와 같이 특정한 부문에 한정시키고 있었던 시대에는 그 부분이 직접 부가되어 있었지만, 범위가 확대됨에 따라 그 한계가 불명확하게 되었다. 인포메이션 등은 회사의 전체 시스템이다. Uniform System 에서도 정보시스템을 독립과목으로 규정한 것도 그러한 관점 때문이다. 따라서 회사 전체의 밸런스 안에서 평가하면 좋은 것이지 반드시 배부해야만 하는 것도 아니다.

한가지 조심해야 하는 것은 하드, 소프트를 한번에 구입한 경우에는 자산계정이기 때문에 자본지출이 되지만, 리스(lease)한 경우에는 그때마다 비용계상을 하게 된다. 경영위탁, 수탁의 형태를 생각하는 경우에는 평가기준이 하나인 고정비전이익(固定費前利益), GOP(Gross Operation Profit)의 위에 계산할 것인가, 아래에 계상할 것인가에 따라 크게 달라지기 때문에 주의해야 한다.

유감스럽게도 투자기준이라는 것은 존재하지 않는다. 그것은 정보

시스템에 한정한 것은 아니지만 최고경영자의 판단사항일 것이다. 그 때의 기준은 경영이념에 따른 Facility Management의 시점과 고객만족의 시점이 교차점을 스스로 발견하는 것이다. 과소투자는 운영에 지장을 초래하지만, 과잉투자도 경영에 지장을 초래하는 것이다.

Ⅱ. 시스템 감사

시스템 감사는 정보시스템이 기업 내에 깊게 침투하고 그 영향이 너무나 크기 때문에 시스템에 문제가 발생하면 기업전체 또는 사회에도 영향을 주기 때문에 정해진 것이다. 범위는 개발환경에서부터 관리체제에까지 미치고 있다.

호텔시스템도 마찬가지이다. 게다가 호텔처럼 접객서비스에 직접 관여하고 있는 시스템의 문제발생은 상품가치를 떨어뜨리고 고객 만족을 잃게 된다. 상세하게는 시스템조사 기준을 참고하게 하고 싶지만, 각각에서는 시스템 구축에 맞춰서 주의해야 할 몇 가지의 요점을 예로 든다.

- 시스템의 범위가 바른가, 객관적으로 평가하고 있는가.
- 정보를 알아야 할 사람과 몰라도 좋은 사람을 명확히 구분하고 쓸데없이 정보가 유출되고 있지 않는가.
- 네트워크 시대에 외부에서의 침입을 막을 연구를 하고 있는가,
- 시스템 책임자를 정하고 있는가,
- 시스템 투자는 체크하고 있는가,
- 시스템 구축은 중장기 계획에 따르고 있는가,

이러한 조사기준을 가지고 있는 것과 동시에 이 조사기준을 이해하고 실행할 수 있는 경영체제인 것이 가장 중요하다.

Ⅲ. 고객만족의 기대

정보시스템의 방향은 회사의 방향이다. 그것은 즉 고객의 일상생활의 방향과도 같다. 호텔은 손님에 대해서 안정되고 마음이 여유를 중심으로 한 비일상성과 기능을 중심으로 하는 일상성이라는 양쪽 방향을 제공해 가지 않으면 안된다. 따라서 호텔은 경영자의 시점과 손님의 시점을 가지고 이 일상성과 비일상성을 만족시키는 정보시스템을 선택해야 한다.

이것은 어려운 일은 아니다. 호텔의 비즈니스는 이른바 일에 대해서 항상, 이 양자의 입장에서 판단을 내리고 현재까지 발전해 왔던 것이다. 정보시스템은 오늘날 우연히 만난 물건에 불과할 수도 있다. 다만, 그것을 어떠한 방법으로 능숙하게 자기편으로 끌어들일 수 있는지에 따라 경영에 큰 영향을 줄 것임에 틀림없다.

제2절_ 호텔정보 시스템의 발전방향

나날이 변화하고 있는 정보시스템의 세계는 어디까지 발전이 계속될지 누구도 예측을 할 수가 없는 게 현실이다. 다만앞으로도 발전의 속도와 그 범위가 지금에 한정하지 않고 점점 더 넓어지리라는 추측은 가능하다.

현재는 컴퓨터가 주역이고 그 자리가 쉽게 바뀌지는 않겠지만, 전화와 TV 등도 정보시스템 속에 끌어들여 중요한 역할을 담당할 수 있도록 되어가고 있다. 물론 전화와 TV는 이전부터 중요한 정보시스템의 구성요소이었지만, 그것이 디지털화한 컴퓨터에 의해 제어가 쉽게 되었던 것이기 때문에 단번에 주목을 받게 되었던 것이다. 이러한 정보시스템 도구들은 항상 자신의 근처에서 마음만 먹으면 간단히 조작할 수 있는 정보시스템의 구성요소가 된다면 이상적이다.

향후 호텔업무에 필요한 새로운 시스템을 소개하고 그것들이 호텔정보 시스템에 어떠한 역할을 담당해야 할 것인지에 대해서 생각할 필요가 있다.

Ⅰ. 시스템의 지능개발

컴퓨터는 프로그램에 따라 지시한 것을 명확히, 고속으로 실행하는 것이 특징이다. 이 특징은 철저하게 인공지능에 의존하고 있다. AI(Artificial Intelligence)라고 불리는 이 시스템은 인간보다 정확, 고속으로 생각하는 시스템이다.

사람들은 중요한 의사결정시에 가지고 있는 지식과 과거의 경험과 필요에 따라서 외부에서 받아들인 새로운 지식에 의해 최적의 해답을 유도해 낸다고 할 수가 있다. 그러나 가지고 있는 지식은 필요한 때에는 나오지 않고, 경험에 있어서도 정확히 기억하고 있지를 못한다. 외부에서 필요한 지식을 받아들인다 해도 한번에 얻을 수 있는 양은 충분할 정도는 아니다. 그렇다면 절대로 잊지 않는 정확한 컴퓨터에 이것을 맡기면 어떨까, 호텔에서는 예약 등 계절과 요일에 있어서 예약이 들어오는 상황을 정확히 파악하고 그 정보를 이용하여 가격정책에 반영하고 있다. 즉 일드매너지먼트가 바로 그것이며, 그러한 현상을 분석한 후 민감한 가격정책을 세워나가고 있는 것이다.

필요한 많은 데이터를 컴퓨터에 기억시키는 일정의 법칙에 따라 조합을 만들고, 그것을 비교하고 최적 해답을 찾는 것이 인공지능인 것이다. 호텔의 세계에서 인공지능이라는 말이 익숙하지 않는 Expert 시스템이라 말해도 좋다.

호텔 속에서 그러한 인공지능에 따른 시스템이 필요하게 되는 것 중에 근무 종업원의 Shift 작성이 있다. 여러 가지 직종이 그 성격에 대해여 각각의 근무를 가지고 있다. 회사의 경향으로서 근무시간의 단축, 휴일 증가의 속에서 우리들의 Shift 작성은 점점 곤란하게 되고 작성 때문에 많은 시간을 사용하게 된다.

본래 제일선으로 지휘를 해야 할 매니저가 상당한 시간을 이 Shift 작성을 만드는데 소비하는 것이 현실이다. 레스토랑의 Shift를 만들려면 영업개시 전에 준비에서부터 나중에 마감정리하기까지 시간마다 필요한 직종(Manager, Head Waiter, Cashier 등)을 shift에 조합해 간다.

종업원들의 휴일과 휴가 등 조건과 변수의 변화는 심한 편이다. 그래서 근무스케줄을 짜는 데는 전문적인 일이고 매우 많은 조합 속에서 최적인 답을 얻는 것이다. 이 근무스케줄 작성은 퍼스널 컴퓨터로 만들 수 있지만, 컴퓨터 안에 여러 가지 조합을 만들고 비교하는 것이기 때문에 처리속도가 빠르지 않으면 상당한 시간이 걸린다.

이외에 Expert 시스템은 고객이 호텔에 체크인할 때 객실배정(Room Assignment)을 신속하게 도와줄 수 있을 것이다. 호텔이 경우에는 객실 종류와 금연객실, 연결된 객실, 방에서의 경치, 다른 그룹 손님과의 관계 등은 객실을 결정할 때에 고려해야 하는 요소이다.

사전에 방을 결정하는 경우에도 되도록 짧은 시간 내에 결정할 수록 좋다. 벨보이와 하우스키핑 등에서의 근무경험이 없으면 같은 방끼리의 위치관계 등 머릿속에 있는 것만으로는 이해하기 어렵다. 게다가 실제에는 카운터에서 새로운 방에 대해서의 주문이 나오는 것도 있고, 정확히 신속하게 대답을 할 필요가 있다. 특히 새로 개관할 때에는 경험자를 채용했다 해도 갑자기 새로운 호텔에서 이것을 실행하는 것은 어렵다.

여기에서도 객실배정의 규칙만 만들어 놓으면 나중에는 프로그램에 맡기는 쪽이 확실하다. 여기에서 주의할 일은 특정 부분만이 판매되지 않도록 배려하는 것이다. 또 언제까지 판매대상이 되지 않는 방도 나올 가능성도 있기 때문에 청소상황의 관리, 언제 청소를 실시하고 체크한 것일까를 시스템상에서 관리해 두어야 한다.

그러나 호텔 Expert시스템에는 한계가 있다. 특히 Shift 스케줄 작성에는 종업원 수에 한계가 있기 때문에 이상적인 Shift를 만드는 것은 어렵다. 따라서 시스템에 기대하는 한도를 70%라고 생각하면 좋다. Shift 스케줄이라 하더라도 어느 정도 할 수 있는 것에 여러 가지 요소를 첨가하는 것은 힘든 일이 아니다. 0에서 70%까지 만드는 것이 힘든 것이다.

〈그림 5-1〉 Shift 작성 시스템

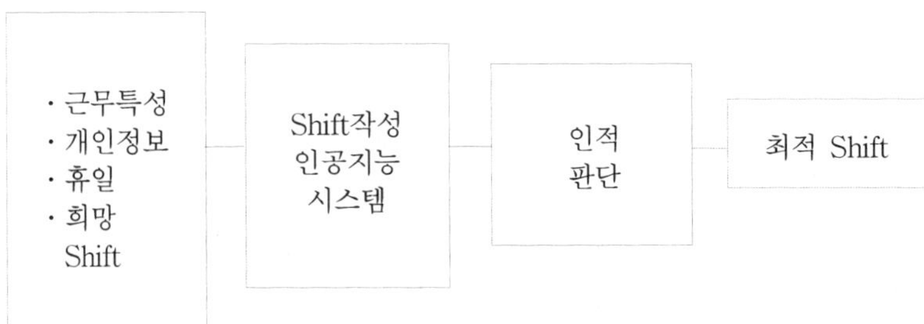

객실배정도 마찬가지이다. 시스템을 선택한 객실에 대해서 인간으로서 생각해야 하는 요소, 시스템에는 입력하지는 않지만 개인고객이기 때문에 단체는 떨어져서 Assign 한 쪽이 좋다든가, 가족동반하기 때문에 엘리베이터에 가까운 쪽이 좋다는 것에 대해서는 임기응변으로 인간측면에서 대응해 가면 좋다는 것이다. 그렇게 해서 지금까지 시스템으로 대처하고 있지 않았던 부분을 규칙으로서 파악할 수 있도록 하되, 될 수 있으면 그것을 프로그램으로서 추가해 가면 좋다.

그것에 의해 더한층 정밀, 정확도는 향상한다. 이 시스템은 오래 사용하는 것에 의해 점점 정확한 답을 Output 하도록 된다.

우리들로서는 시스템으로부터의 회답을 절반을 의심하고, 그 답을 참고로 하면서도 최후는 인간의 판단을 중시하는 조직을 계속해서 한정한다면, 시스템의 정확도는 향상되지 않는다. 시스템에서의 지시에 따르고, 그것에 의해 얻을 수 있는 효과를 추가정보로서 영향을 주는 것에 의해 정도는 향상되어 간다. 결국은 처음에는 시스템에서 나온 답이 납득하지 않는 경우가 있다 하더라도 그것에 따라서 판단할 수 있을지에 대한 관리자세가 중요하다.

인공지능은 사용하는 것에 의해 더욱더 정밀도를 높여 가는 것이다.

〈그림 5-2〉 객실을 결정하는 시스템

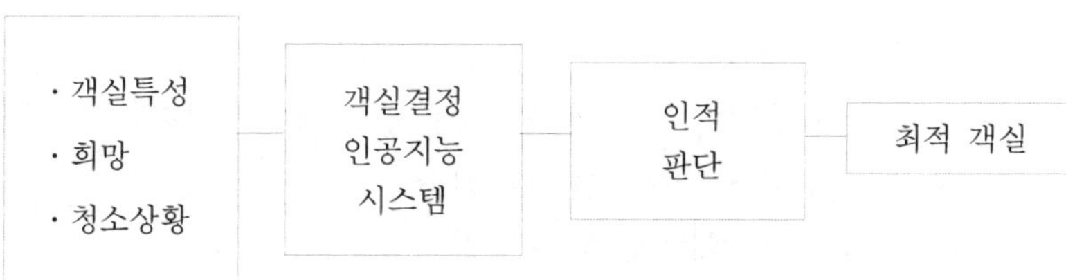

Ⅱ. 네트워크의 위력

네트워크라는 말은 달리 정보시스템에만 사용하고 있는 것은 아니지만, 지금은 네트워크를 통하지 않는 정보시스템은 의미가 없는 것처럼 쓰인다. 정보라는 것은 필요한 모양으로 필요에 따라서 꺼내 쓰면 되는 것이지만, 그것을 필요로 하는 장소에 보내야 하는 작업이 발생하고 그것이 네트워크가 되는 것이다.

호텔처럼 업무가 원칙적으로 시설 내에서 완결되는 비즈니스에는 네트워크에 의한 정보전달에는 지금까지 관계가 없는 것처럼 여겨져 왔다. 그러나 원래 호텔이라는 복잡한 구조의 시설에서 더욱이 정보의 발생장소가 흩어져 있는 상태에서 네트워크가 없었을 리가 없다.

객실 내에는 빈번히 정보가 발생한다. 냉장고의 이용상황, 전화이용, 유료TV, 메시지 전달, 또는 인간의 방법에 따라서 정보 네트워크로서 필요한 부문에 미칠 수 있는 것이다. 개인단위에서 가지고 있었던 워드프로세서와 퍼스널 컴퓨터는 점차 네트워크화하고 정보를 공유화하도록 되어 왔었다. 게다가 정보의 새로운 전달수단으로서 이 네트워크가 사용되어지도록 되어 왔다. 또한 이메일은 전화, 팩시밀리에 뒤를 이어 편리한 통신매체로 군림하고 있다.

이 이메일은 한 개의 시설에서 나와서 여러 개의 시설 사이를 연결하고 있으며, 개인 사이의 통신수단이 되어 오고 있다. 인터넷은 멀티미디어 네트워크라고 말했지만, 현실에는 그 이용의 90%가 이메일 네트워크로 하고 있다.

이메일의 기본기능은 다음과 같다.

· 특정의 상대에 전화를 걸도록 메일을 보낸다
· 동일 내용을 여러 곳에 동시에 발송할 수 있다.
· 상대 번호를 등록해 둘 수 있다.
· 메일 내용은 보존해 둘 수 있다.
· 상대가 메일을 보았는지 확인할 수 있다.
· 수신한 내용을 보존해 둘 수 있다.
· 보존기간을 지정할 수 있다.
· 수신메일의 주소가 있다.
· 아직 읽지 않은 메일의 유무를 일목요연하게 알 수 있다.

또한 이메일은 전화와 다르게 상대가 있거나, 부재에 관계없이 일방적으로 보낼 수 있기 때문에 보내는 방법은 편하다. 다만, 상대가 확실히 읽었는지 어떤지는 항상 체크해 둘 필요가 있다. 원칙으로는 메일은 개인에게 보내기 때문에 만약 장기간 출장이라도 하면 내용이 전혀 전해지지 않는 경우도 있기 때문이다.

호텔운영에서 사내전달의 수단으로서 이메일 시스템이 매우 유용하다고 생각하는 기업은 아직 많지는 않다. 이것은 사무실에서 일하는 사람의 수는 한정되어 있고 운영에 있어서 필요한 정보는 이미 어떤 방법에 의해 해결하고 있기 때문이다. 그러나 인터넷 광고와 예약 시스템에서도 말한 것처럼 외부에서부터, 특히 개인으로부터의 문의가 네트워크를 통해서 이루어지는 일이 증가한다. 또 기업끼리의 네트워크 이용도 역시 증가한다. 이미 은행과의 자금이동에 대해서는 은행 네트워크를 활용하고 있는 호텔도 많다.

<그림 5-3>은 여행객 비즈니스로서 예상되는 네트워크와 그 속에서의 호텔의 위치를 살펴본 것이다.

〈그림 5-3〉 여행객 비즈니스 · 네트워크

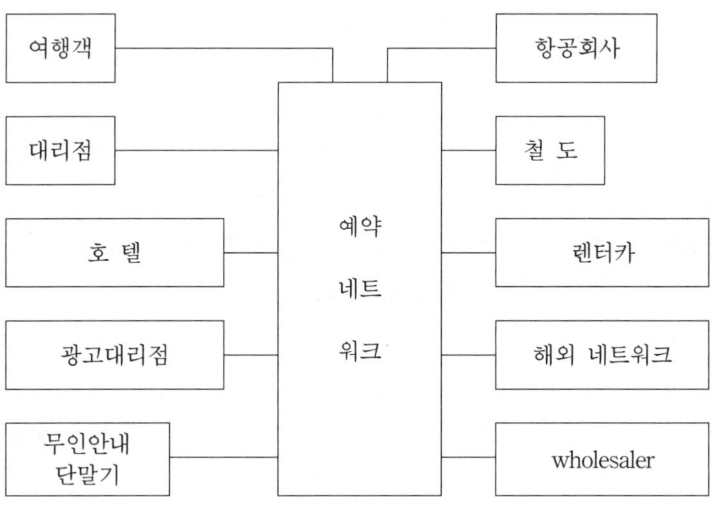

III. 전화서비스의 역할증대

정보의 디지털화는 전화와 전화교환기를 일약 정보회사의 주역으로 밀어 올렸다. 네트워크에 있어서도 전화교환기의 존재가 없어서는 생각할 수 없다. 디지털 교환기의 등장에 의해 호텔의 전화시스템이 비약적으로 기능이 향상되었다는 것은 말할 것까지도 없을 것이다.

그러나 아직도 충분한 상태는 아니다. 교환방식은 디지털화시키고 음성 이외의 정보도 객실의 청소상황과 투숙객명단 표시 등도 전화시스템의 일부가 되어 왔었지만 아직 부자연스럽다. 투숙객 명단을 서비스 전화상에 표시하는 시스템이라 해도 프론트 시스템의 컴퓨터에서 일단 투숙객이름을 확인한 후 전화시스템의 컴퓨터에 입력하여 표시하고 있다.

현재 실용단계에 계속해서 들어오는 것이 ATM(Asynchronous Transfer Mode)교환기라고 불리워지는 것이다. 이 교환기는 호텔에 어떠한 메리트를 초래하는 것일까. 먼저 생각되어지는 것은 이 교환기 시설내의 모든 디지털 정보의 교환을 할 수 있다는 것이다. 전화, 컴퓨터, 냉장고, TV, 공기조절 컨트롤, 온도센서, 습도 센서, 그러한 정보 일체를 케이블 위에 모두 통제할 수 있다.

객실에 한 개의 회선을 부설해 두면 후에는 필요한 부문에 교환기를 통해서 각각이 필요로 하는 정보를 나누어 보내 주는 것이다. 21세기의 시스템으로 불려지고 있는 이 시스템과 광케이블를 연결하면 TV 프로그램까지도 이것에 의해 송신할 수 있다. 호텔을 새롭게 건설하는 경우를 생각해 보면 좋다. 공사비용은 대폭으로 경감하고 있고, 그 후의 보수도 편하게 된다.

이것은 세계적으로 관심을 모으고 있고, 아직 표준화 등 문제도 남았지만 다음 세대는 ATM교환기이다. 호텔처럼 여러 가지 정보를 취급하는 업무에 있어서는 가장 필요한 시스템이며, 전화교환기의 역할은 지금 이상으로 중요하게 된다. 기술적인 것은, 어쨌든 많은 관심을 가지고 지켜보고 있는데, 적어도 ATM교환기는 전화교환기가 아니라 정보 교환기라는 인식을 가져야 한다.

Ⅳ. On-Demand TV

TV 세계도 많이 변하고 있다. TV는 방송한 것을 수신하는 일방통행 방식이었지만, 계속 수요가 변하여 주문형, 즉 시청자로부터 요구에 대응하는 TV가 등장한 것이다. 시청자는 채널을 선택하는 이외에 TV를 통해서 보내지는 정보에 대해 반응함으로써 커뮤니케이션의 매체가 된다.

현재에도 On-Demand 타입의 프로그램이 없는 것은 아니며, TV를 통해서 선택을 실시하거나 하고 있는 중이다. 미국의 호텔에서는 고객으로부터 TV를 통해서 앙케이트를 실시하고 있다. 앞으로 On-Demand TV는 어떻게 변해 갈까. 먼저 유료 TV가 변한다. 종래는 비디오 테이프에 의해 영화를 보고 극장과 같게 상영시간을 결정해 두고 보고 싶은 사람은 그 시간에 맞춰서 채널을 선택한다. 즉 이용자가 시스템에 맞추고 있는 것이다.

그것에 비해 디지털화시킨 영화를 디스크상에 기억하고 있는 On-Demand TV에서는 보고싶은 때에 언제라도 불러 낼 수 있다. 자택에서 보고 싶은 때에 비디오를 보는 것과 같은 이치다. 말하자면 시스템을 시청자에 맞추는 것이다. 영화는 기본적으로 엔터테인먼트라는 의미에서도 개시시간을 기다린다는 것은 엔터테인먼트 성격에 맞지 않는다.

아직은 디지털화된 즉, 디스크에 저장되어 있는 영화의 수는 한정되어 있지만, 이것은 곧 시간이 해결해 줄 것이다. 현재 On-Demand TV로 영화를 보는 간편한 방식으로서 원래대로 비디오테이프를 사용하는 방법도 있다. 디지털화된 영화 1개를 동시에 몇 명이라도 이용할 수 있지만, 비디오테이프로 처음부터 보기 위해서는 미리 동시에 사람 수를 계산하고, 그 몫 만 비디오테이프를 준비해 두는 것이다. 당연히 비디오데크(Video Deck)도 그 수만큼 준비한다. 영화도 한 종류의 수만은 아니기 때문이다. 게다가 그것에 대응한 비디오데크를 준비하지 않으면 안된다. 그러나 재생전용 비디오데크의 가격 등 대수롭지 않은 것이다.

그러한 시스템은 영속하는 것은 아니다. 디지털화된 영화가 대량으로 등장하고, 시스템도 싼 가격이 되기까지의 일시적인 것이다. 그러나 고객으로부터 이미 요구가 있기 때문에 어떤 방법으로라도 대응해 가지 않으면 안되는 하나의 선택일 것이다.

On-Demand 기능을 활용하는 것이라면 시내 안내와 쇼핑도 생각할 수 있다. 지금은 일방적으로 흐르고 있는 지역 안내 역시 고객의 요구에 따라서 선택성을 가지게 하고 제공할 수도 있다. 지금의 정보, 동태정보를 전할 수 있기 때문에 레스토랑의 메뉴, 지역 이벤트 등을 알게 하는 정보를 꺼내는 일에 의해 서비스도 향상된다.

쇼핑에 대해서는 인터넷 등이 있지만, 객실 내의 TV를 통하여 주문방식 형태로 필요할 때마다 찾아볼 수 있게 하는 것도 가능하다. 직영 Logo Shop에서 취급하고 있는 상품이면 가게가 닫혀진 심야에 주문을 받아도 다음날 아침 체크아웃까지에는 준비할 수 있기 때문에 리조트 호텔과 비즈니스호텔 타입의 호텔에서의 매출 증가에도 공헌할 수 있다.

On-Demand TV는 겨우 등장했을 뿐이지만 호텔에 있어서는 필수 시스템이다. 왜냐하면 그것도 고객만족 달성의 도구가 되기 때문이다. 그러나 객실내의 정보시스템을 생각할 때 그것이 TV든 전화든 간에 절대로 주의하지 않으면 안될 점이 있다. 그것은 그 기기가 하이테크에 의해 기능이 많이 향상되었다고 해도 본래의 기능을 사용하려고 했을 때 그 많은 기능이 장해가 되어서는 안된다는 것이다. 즉 아무리 성능이 좋은 TV라도 조작기능상 복잡하다면 고객이 원하는 바가 아니라는 것이다.

그렇다고 해서 하이테크를 부정하는 것은 아니다. 다만, 항상 무엇인가 새로운 매력적인 것을 계속 가지고 있지 않으면 안되지만, 그것이 세상과 지나치게 떨어져서는 안되며, 사용자 즉 고객의 시선을 가지고 생각해야 한다는 것이다. 반보 먼저 나아갈 필요는 있지만 한발짝은 지나치게 큰 것이다.

〈그림 5-4〉 On-Demand TV 영화

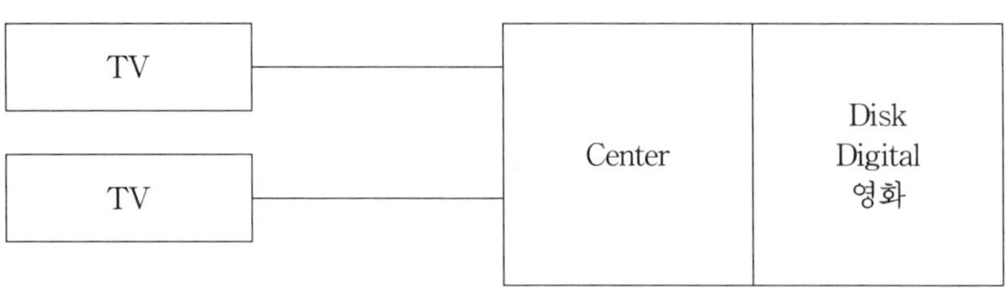

〈그림 5-5〉 유사 On-Demand TV 영화

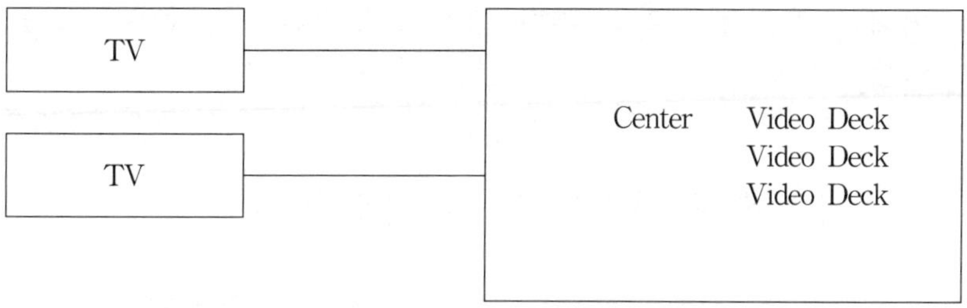

Ⅴ. 객실내 퍼스널 컴퓨터

현재 객실 내에 있는 정보관계의 기기는 전화, TV, 팩시밀리 등이지만 각각의 목적이 명확하다. 그것은 각각의 이용목적에 접점이 없기 때문이다. 그런데 음성이든지, TV든지, 영상이든지 디지털화하면 정보시스템으로서의 취급은 완전히 같게 된다. 그것이야말로 ATM 교환기 상에서 취급하게 된다. 이것은 기계상의 일만은 아니다. 우리들의 정보취급방법도 변해 간다. 지금까지 팩시밀리를 보낼 때는 먼저 필요한 내용을 종이에 써서 그것을 상대의 팩시밀리에 송신하고 다시 종이에 재현하였다.

그런데 보내야 할 내용을 워드로 즉 퍼스널 컴퓨터를 통한다면 시간과 노력을 훨씬 절약할 수 있다. 또한 전화를 사용하지 않고도 퍼스널 컴퓨터 스피커를 통하여 목소리를 직접 들을 수 있는 것이다. 퍼스널 컴퓨터는 물론 TV수상기도 있다. 그렇다면 퍼스널 컴퓨터 한 대로 객실내의 정보관리는 모두 할 수 있지 않을까, 게다가 컴퓨터 그것으로서도 사용하기 때문에 퍼스널 컴퓨터, 워드, 인터넷 이용 등 새로운 서비스를 객실 내에서 제공할 수 있게 된다. 더욱 중요한 것은 퍼스널 컴퓨터의 가격은 다른 기기의 가격의 합계보다 확실히 낮다는 것이다.

ATM과 함께 21세기는 객실내 컴퓨터의 시대이다. 객실내 컴퓨터를 실현할 즈음이면 호텔의 고객은 퍼스널 컴퓨터를 일상생활 속에서 충분히 활용하고 있기 때문에 걱정할 필요는 없다. 은행이 단말기에서 현금을 인출할 수만 있다면 누구든지 능숙하게 다룰 수 있게 된다.

Ⅵ. 장소에 구애받지 않는 시스템 사용

퍼스널 컴퓨터의 활용은 호텔의 시설내에서뿐만 아니라 필요하면 밖에서도 사용할 수 있다. 퍼스널 컴퓨터는 점점 소형 경량화되고 있다. 이미 생명보험에서는 영업사원이 소형컴퓨터를 가지고 실제로 사용하고 있다. 먼저 아침에 출근하면 금일 방문예정자의 계약 내용과 조사내용을 자신의 컴퓨터에 회선을 통해서 거둬들이고, 방문처에서는 필요에 따라서 꺼내면서 세일즈를 실시한다. 물론 권하는 상품의 계약요금 등도 컴퓨터로 계산한다. 계약이 성사되면 계약서를 인쇄한다. 회사에서 돌아오면 이번에는 오늘이 결과를 컴퓨터에서 회사의 대형 컴퓨터에 보낸다.

이 시스템은 휴대전화를 사용하고 있다면 어디서든지 직접 실시할 수 있게 된다. 호텔영업활동에도 충분히 활용 할 수 있는 시스템이다. 객실과 연회장의 예약 상황 등도 전화로 문의하는 것보다 확실히 빠르고 정확하다. 방문처의 고객정보도 마찬가지로 가지고 갈 수도 있고 필요에 따라서 받아들일 수도 있다.

첫째 객실에서 연회, 레스토랑까지의 방대한 상품정보를 모두 컴퓨터에 수용 할 수 있는 것이다. 그것을 인쇄물로 가지고 가게 되면 부피와 무게로 영업판촉을 할 수 없게 될 것이다. 다만, 사용하는 방법에는 주의할 필요가 있다. 퍼스널 컴퓨터를 사용하면서 비즈니스를 하는 것이 좋은 것인지, 또는 직전에 학습하고 머리 속에 넣고 개인의 역량으로 비즈니스를 실시하는 것인지는 경우에 따라야 할 것이다.

그것에 직접 컴퓨터와 통신을 하고, 공실상황을 파악해서 그것을 그대로 판매해서 좋은 것일까, 어떨까. 만일 다른 영업담당자도 같은 휴대 컴퓨터를 사용하고 영업하고 있으면 이중예약의 우려도 나온다.

그것에 대해서는 블록을 하는 등 컴퓨터 측면에서 해결하는 방법을 생각할 수 있지만 어차피 사용방법의 연구는 필요하다.

퍼스널 컴퓨터는 앞에서 얘기했지만 컴퓨터뿐만 아니라 팩시밀리, 전화, 이메일 등 몇 개의 통신매체이고, 이 후 영업담당자에 강한 힘이 되는 것임에 틀림없다.

Ⅶ. CD 팸플릿

호텔의 방대한 상품을 소개하자면 대형 팸플릿 페이지 수가 많이 필요하게 되었다. 그것은 문자의 설명뿐만 아니라 설명할 수 있는 그림과 사진의 부피 때문이다. 그러한 정보를 받아들이는데 가장 적합한 것이 컴팩디스크인데 지금까지 팸플릿의 수를 모두 수용할 수 있는 용량이다.

여행대리점 또는 대부분의 기업은 이것을 이용하고 있으며, 개인에게도 많은 이용자가 있다. 이미 팸플릿 제작을 하는데 필요한 사진과 그림이 있기 때문에 그것을 이용하면 쉽게 CD 제작에 들어갈 수 있다. 다만 고객들이 흥미를 가지고 보게 되도록 디자인 등을 연구 해야할 필요가 있다. 제작비용도 팸플릿 제작예산과 차이가 없어서 보는 측의 관점에서 어떻게 하면 흥미를 가지고 봐 줄 것인가에 주의를 기울이면 될 것이다.

우송한다 하더라도 대량의 팸플릿을 보내는 것과 비교하면 적은 비용으로 끝난다. 내용이 바뀌어도 그 부분만 수정할 수 있어서 좋다. 보수비용도 큰 폭으로 경감하게 한다. Paperless는 호텔에 공간활용에도 적지 않은 공헌을 하게 되고, 이용하는 측도 쌓여만 가는 팸플릿에서 원하는 정보를 찾아내는 것은 어렵기만 하다. 그렇다면 퍼스널 컴퓨터에 CD를 삽입하고 화면에서 찾는 쪽이 훨씬 간단하고 빠름에 틀림없다.

Ⅷ. 위성방송

앞에서 TV에 대해서 언급했지만, 그것은 On-Demand TV기능에 대해서였다. 여기에서 소개하고 싶은 것은 프로그램 내용에 대해서이다.

지금도 TV의 프로그램은 케이블 TV의 등장 등 날이 갈수록 증가하고 있다. 호텔로서도 어느 정도까지 대응해야 할지는 큰 문제이다. 무료로 수신할 수 있으면 모르지만, 이제부터 등장하는 것은 대부분 유료가 된다. 케이블 TV는 물론 유료이며 그 외에도 특별한 내용을 전달하는 것들은 계속 나올 것이다.

현재에 있는 것만으로도 영화, 스포츠, 뉴스, 비즈니스 뉴스, 엔터테인먼트 등이 있으며, 게다가 이런 것들은 한 종류가 아니다. 호텔에서는 그러한 프로그램을 제공받고 어느 정도 유료화할 수 있는 것일까. 고객들은 TV라고 말하면 어찌되든 간에 대부분 무료가 당연하다고 생각해 버린다. 케이블 TV의 보급이 늘어서 고민하고 있는 것도 이러한 생각이 강하기 때문이다.

그렇다고 해서 TV프로그램을 증가한다 하더라도 그것들을 모두 받아들일 이유는 없다. 다만, 이제부터 위성방송의 시대에 돌입하고 일반가정에 보급하기 시작하면 채널의 선택은 더욱 확대될 것이다. 위성방송은 국내뿐만 아니다. 지금도 Parabola Antenna 만 설치하면 세계방송을 수신할 수 있다. 홍콩과 일본의 위성방송은 이미 한국을 주요 시장으로 간주하고 방송을 실시하고 있고, 그것도 유료이다.

디지털 위성방송은 채널 수를 단번에 확대한다. 단지 경비가 증가할 뿐이라고만 생각해서는 안되며, 이에 대한 대고객 서비스차원에서 연구가 이루어져야 한다.

Ⅸ. 개인인식 시스템

비접촉 타입의 ID 카드가 있다. 무인 개찰구용의 정기권에 대해서는 타고 내릴 때 일일이 읽어 내게 할 필요가 없는 비접촉 타입의 ID

카드가 개발중에 있다.

호텔영업장에서도 손님을 어느 정도의 방법으로 인식할 수 있다면 서비스면에서 향상이 될 뿐만 아니라 보안면에서도 큰 진보가 된다. 이미 여러 가지 방법이 연구되고 있는데, 손님이 받는 ID쪽이 발신해 주는 것이 가장 간단하지만 그것은 크기와 중요함에 문제도 있어 무리일 것이다.

종전에는 Key Tag에 기능을 가지는 일도 생각했었지만 현재는 Card Key 가 주류로 이어지고 있다. 물론 카드 키는 그것만으로 ID 카드이기 때문에 기능으로서는 충분하지만 한번 카드를 읽어 내면 내용을 알 수 없기 때문에 이용범위를 한정시켜 버린다. 다만, 손님이 이름을 인식할 수 있다 해도 그것을 어떻게 활용할까 하는 것은 다른 문제로서 논의할 필요가 있다.

지금으로서는 인쇄할 수 있는 Aluminium Coil을 생각해 볼 수 있다. 그것은 종이 위에 ID된 Coil을 인쇄하고 그것을 자장 근처에 놓으면 전류가 일어난다. 그것을 인쇄한 Coil을 변화시키는 것에 의해 ID가 다른 전류를 발생시켜 그 차이를 읽어 들이는 것이다. 인쇄된 Coil이 접근해야 하지만 지금도 1미터 이내에서 읽어내는 것은 가능한 일이다. 이것은 단지 숙박객이 ID로 인식하는 것 뿐만 아니라 다른 용도로도 생각할 수 있다. 예를 들어 파티 등의 봉투에 인쇄하고서 고객이 봉투를 지참해 받으면 이름을 보거나 이름을 대지 않아도 이쪽에서 이름을 부를 수 있다.

X. TV 회의

호텔이 TV 회의시설을 갖추고 그것을 사용한다는 생각은 이전부터 있었지만 걸프전쟁의 반발이 더욱 그것을 촉구했다. 비행기가 위험하다는 것 때문에 업무책임자(Executor)가 출장을 가지 않게 되어서이다. 그 대신에 사용했던 것이 TV회의이다. 처음에 TV회의를 생각한 것보다 늘리는데 고민한 것은 영상이 완전히 Real Time으로 움직이지 않아서였다. 회선이 속도에 따라서 딱딱하게 움직이는 것과

TV회의용의 넓은 공간의 필요한 것, 기계가 비쌌던 것 등을 들 수 있지만 무엇보다도 사용방법에 문제가 있었기 때문이다.

회의 종류에 따라 비용도 많이 걸리고 공식적이어서 대체로 그러한 회의는 TV회의에 적합하지 않다. 회의용 카메라는 Zoom Up 도 할 수 있고, 음성 콘트롤도 연출을 할 수 있다. 그러한 시스템에는 모든 참가자의 발언이 공평히 전해진다고는 생각하기 어렵다.

사실 공식적인 회의에 사용되는 예는 적고, Ceremony로서 사용하는 경우를 많이 볼 수 있다. 적어도 공평히 발언할 수 있을 것 같은 내용의 회의에서는 위력을 발휘하고 있다. 또 회의와는 조금 다르지만 최고 권위자가 일방적으로 스피치하는 경우에도 자주 사용한다. 지금이야말로 네트워크 시대이고 고속회선이 이용요금은 저렴해져 가고 있다. 게다가 TV회의 기기도 비용이 내려가고 있다.

고객이 이용하기 위한 시스템은 이른바 회의가 아니라 Ceremony로서 이용하는 경우일 것이다. 또 원격지의 권위자와 고객이 인사를 받거나 하는 컨벤션 등으로 이용을 생각할 수 있다. 교신으로 사용하는 스크린은 적어도 확대해서 대형 화면에 투영할 수도 있게 되었다.

대규모적인 기기를 체인호텔에 도입하고 원격지간 회의를 호텔에서 한다는 아이템도 있지만, 지금은 작은 기기를 연회장에 간단히 거둬들여 스크린에 투영하고 있는 형태이다. 체인호텔 등에는 자사의 용도, 연결뿐만 아니라 레시피 소개와 서비스형태 등이 있다. 네트워크 시대에 주목받을 만한 시스템이다.

XI. 클라이언트 서버 시스템(Client Server System)

종래의 컴퓨터시스템(메인 프레임)은 모든 처리를 중앙의 대형 컴퓨터가 행해왔다. 그 때문에 오퍼레이터가 사용하는 단말기는 기본적으로 처리를 행하지 않았으며, 단지 입력과 표시기능만을 가지고 있었다. 즉, 형태는 PC와 비슷하더라도 메인 프레임의 단말기와 PC는 전혀 다른 것이다.

이에 비해 소형 컴퓨터를 네트워크로 연결하여 분산해서 처리하는 컴퓨터 활용모델을 '클라이언트 서버 시스템'이라고 한다. 이것의 크기는 소형이지만 전체에서의 처리능력은 이미 메인 프레임을 상회하는 능력을 발휘하고 있을 만큼 기술이 발전하고 있다.

따라서 이 모델은 컴퓨터 기억장치 속에 있는 프로그램을 가공할 때 데이터가 필요한 사람이 데이터의 가공을 컴퓨터 본체가 아니라, 자신의 퍼스널 컴퓨터에서 행하게 하는 시스템을 말하며, 줄여서 CS라고 말한다.

전임요원이 필요 없는 이 퍼스널 컴퓨터에서의 가공 프로그램은 사무의 연장으로 손쉽게 만들 수 있고, 데이터도 새롭게 입력하는 것이 아니라, 이미 기억장치에 있는 것을 사용하기 때문에 노력도 비용도 컴퓨터 본체에서 실시하는 것에 의해 대폭 줄어든다. 다시 말하면 정보를 필요로 하는 사람(Client Computer Server)에 축척되어 있는 정보를 2차 가공한 시스템이 클라이언트서버시스템이다.

클라이언트서버시스템의 이점은 정보를 필요로 하는 사람이 스스로 개발하는 것이다. 하지만, 호텔의 제일선에서 정보를 필요로 하는 사람에게 그 만큼 시간이 있을까. 많은 사무업무를 안고 있는 기업이라면 안에서 한사람 두 사람이 시스템을 개발해도 문제가 되지 않을 것이고, 그것으로 효과가 발생하면 적극적으로 실시해야 한다. 호텔에서도 비정형적인 정보는 중요하다.

그러나 밖으로 나가 영업하거나 접객에 종사해야 할 사람이 컴퓨터앞에 붙어 있는 게 좋은 것인지, 게다가 그 일이 지금 정말로 필요한 것인지, 어떤지에 대해서는 누가 체크할 것인가. 정보를 필요로 하는 사람에게 개발하도록 맡겨 버린 일에 대해 업무적으로 개입하는 것은 어렵다. 몇 개의 부서에서 그런 개발이 이루어지면 부분단위에서는 원하는 것이 간단히 손에 넣을 수 있는 메리트가 있는 대신 오히려 효율은 저하될 수 있다.

그러한 경우에는 개발은 오히려 한사람에게 집중시켜야 한다. 그런 신개발 시스템은 필요하기 때문에 나타나는 것이고 그 후 점점 그러한 경향은 강해진다. 경영자, 관리자는 정보시스템의 방향을 보면서,

동시에 그것이 정말 자신의 기업에 맞는 것인지에 대해서 생각하고 있지 않으면 안된다.

〈그림 5-6〉 종래의 시스템 개발

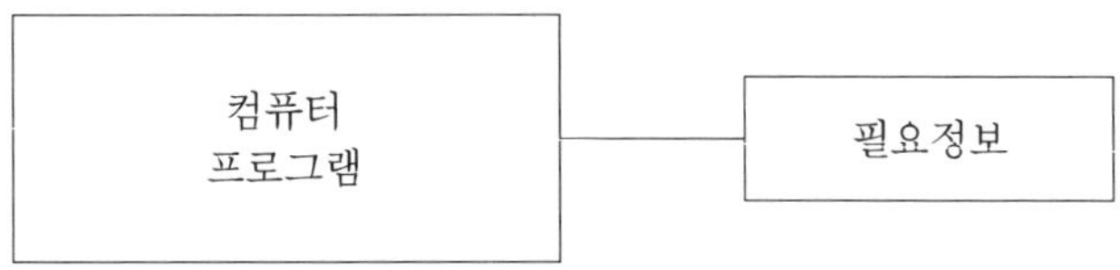

〈그림 5-7〉 클라이언트 서버에 의한 시스템 개발

CS의 흐름은 멈추지 않지만 그것에 의해 무엇을 얻을 수 있는지에 대해서는 호텔이 결정할 수 있다. <그림 5-6>, <그림 5-7>처럼 시스템은 이미 실존하지만 다만 아직 호텔의 시스템으로서 사용하기에는 응용기술과 가격면에서 타협의 여지가 좁다는 것뿐이다.

앞에서 소개한 정보시스템들 중 몇 가지는 호텔에 도입이 되었지만 본격적인 이용은 이제부터이다. 그러한 최신 시스템의 이용가능성에 대해 생각하는 것은 경영자 또는 관리자의 일이다. 일상 업무에 종사하고 있는 사람에게는 마음 쓰기 어려운 것이다. 우리들은 특히 새로운 발견을 하려고 하는 것은 아니다. 새로운 이용 방법을 고안하려고 하기 때문에 반드시 어려운 일만은 아니라고 생각을 바꿔 볼 필요가 있다.

제6장
호텔정보 시스템 교육훈련계획 사례

제6장

호텔정보 시스템 교육훈련계획 사례

Ⅰ. 교육훈련의 의의

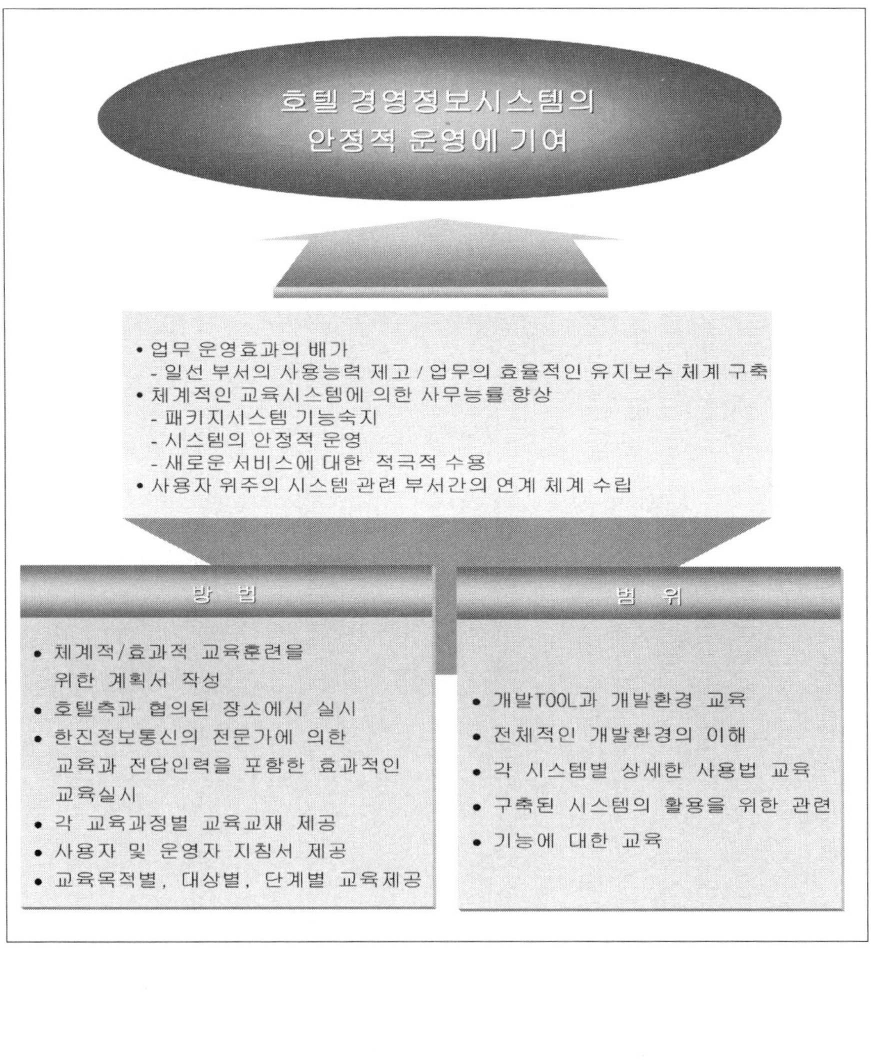

Ⅱ. 교육훈련대상

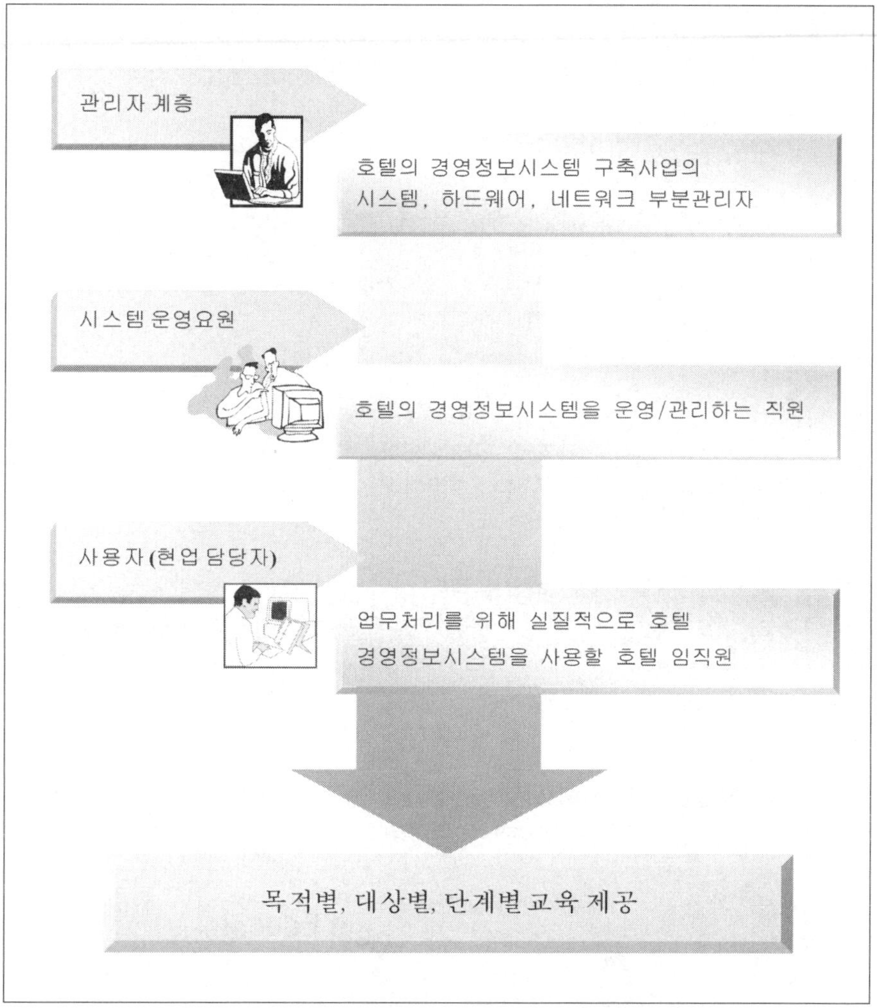
관리자 계층
호텔의 경영정보시스템 구축사업의
시스템, 하드웨어, 네트워크 부분관리자
시스템 운영요원
호텔의 경영정보시스템을 운영/관리하는 직원
사용자(현업 담당자)
업무처리를 위해 실질적으로 호텔
경영정보시스템을 사용할 호텔 임직원
목적별, 대상별, 단계별 교육 제공

III. 교육훈련 과정 및 내용

구분	역할	교육내용
시스템 관리자	호텔 경영정보시스템 구축 후 시스템 관리업무의 원활한 수행 및 시스템 운영과 문제 발생시 신속한 조치를 취할 수 있는 능력배양	- 시스템의 구조, 활용 및 관리방안 - 개발도구에 대한 교육 - DATABASE의 구조 및 운영방안
사용자	호텔 경영정보시스템을 통해 자신의 업무를 수행하는 임직원으로서 시스템을 효율적으로 활용	- 업무처리에 대한 교육
네트워크 관리자	호텔 경영정보시스템의 네트워크 및 보안관리자로서 사전 문제점에 대한 점검 및 문제발생시 즉각적인 대응조치	- 네트워크 장비 및 운영방안
제작사 현지교육	안정되고 원활한 호텔경영정보시스템 관리 및 운영에 따른 고객에게 최상의 서비스를 제공	- Front Office, Back Office, POS 시스템관리와 어플리케이션 관리 교육 - 선진사례 활용방안

Ⅳ. 교육훈련 일정 및 과정

교육과정	교육내용	교육대상	기간	교육기관	교육장소
프로젝트 관리 방법론	• 효과적 프로젝트 관리 기술과 계획 수립 • 프로젝트 데이터의 기록 유지와 평가 • S/W 개발 절차 및 품질보증 Guide	• 전산관리 요원 • 관리자	3일	한진정보통신 (기술연구소)	한진정보통신
개발 방법론	• 효율적인 업무분석 및 설계 기법 • 정형화와 표준화 문서작성방법	• 전산관리요원 • 관리자	3일	한진정보통신 (기술연구소)	한진정보통신
개발 TOOL	• TOOL 활용방안 (Visual Basic)	• 전산관리 요원	3일	한진정보통신	호텔
사용자 교육	• 시스템 개요 / 흐름도 • 화면단위 기능 / 사용법 • 출력자료 취급법 설명 • 비밀번호 취급관리	• 사용자	3일	한진정보통신	호텔
운용자 교육	• 설계서 관리 • 단위업무별 설명 • S/W 구성항목 설명 • DB 관리 • 업무별 DB 구조 / DB 연관관계 • 프로그램 관리 • 프로그램 사양서 • 프로그램 내역서 • Interface Software 교육 • Network Management 교육	• 시스템 운용자	3일	한진정보통신	호텔
Server	• 시스템 설치방법 • 시스템 운용방법 • 시스템 기본기능 등	• 시스템 관리자	1일	LG&IBM	호텔
Internet	• 인터넷 비즈니스 • 인터넷 마케팅 전략	• 전사원	1일	한진정보통신	호텔

V. 유지보수계획

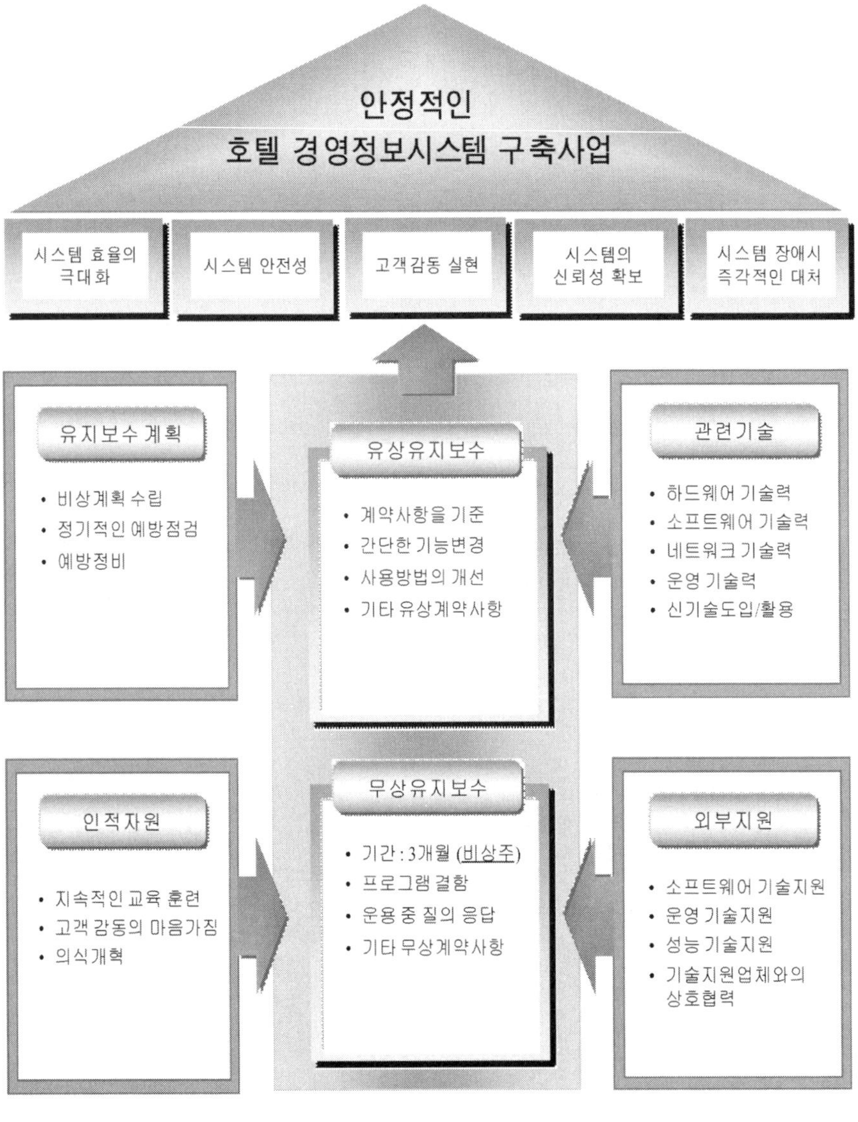
안정적인
호텔 경영정보시스템 구축사업
시스템 효율의 극대화
시스템 안전성
고객감동 실현
시스템의 신뢰성 확보
시스템 장애시 즉각적인 대처
유지보수 계획
• 비상계획 수립
• 정기적인 예방점검
• 예방정비
유상유지보수
• 계약사항을 기준
• 간단한 기능변경
• 사용방법의 개선
• 기타 유상계약사항
관련기술
• 하드웨어 기술력
• 소프트웨어 기술력
• 네트워크 기술력
• 운영 기술력
• 신기술도입/활용
인적자원
• 지속적인 교육 훈련
• 고객 감동의 마음가짐
• 의식개혁
무상유지보수
• 기간 : 3개월 (비상주)
• 프로그램 결함
• 운용 중 질의 응답
• 기타 무상계약사항
외부지원
• 소프트웨어 기술지원
• 운영 기술지원
• 성능 기술지원
• 기술지원업체와의 상호협력

Ⅵ. 기대효과

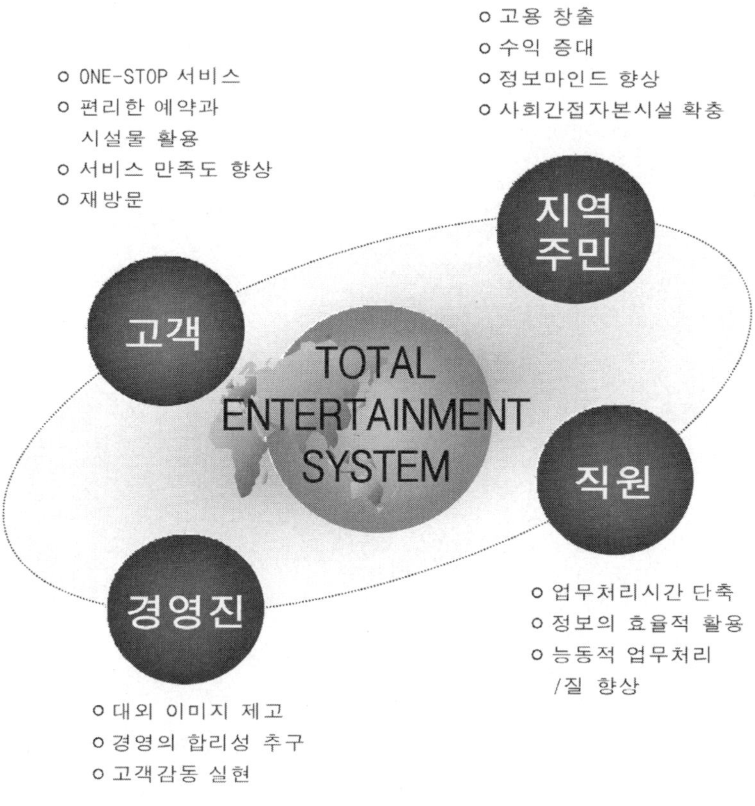
o ONE-STOP 서비스
o 편리한 예약과 시설물 활용
o 서비스 만족도 향상
o 재방문
o 고용 창출
o 수익 증대
o 정보마인드 향상
o 사회간접자본시설 확충
지역 주민
고객
TOTAL ENTERTAINMENT SYSTEM
직원
경영진
o 업무처리시간 단축
o 정보의 효율적 활용
o 능동적 업무처리 /질 향상
o 대외 이미지 제고
o 경영의 합리성 추구
o 고객감동 실현

제7장

호텔정보계획(ISP) 수립 사례

제7장

호텔정보전략계획(ISP) 수립 사례

Ⅰ. 추진배경

호텔의 근본개념인 고객서비스 외에도 대내외적인 호텔경영환경의 급속한 변화에 대응하기 위한 호텔운영의 생산성 및 효율성을 시키고 새로운 Biz 기회를 창출할 수 있는 중장기적인 정보화전략계획의 수립(Information Strategy Planning Consulting) 필요성이 대두되었다.

호텔경영의 대내외적 환경의 변화

외부환경의 변화	내부환경의 변화
· 호텔간 고객 유치 경쟁심화 · 외국계 호텔의 국내 잠식 · 관광산업의 급속한 시장 확대 · 선진 호텔과의 연계 · 인터넷 기반의 정보화 환경 확대	· 경영층의 정보요구 증대 · 신규전산 개발 요구 증대 · 고객만족도 및 경영업무 효율성 증대 필요 · 마케팅 활성화를 위한 CRM도입 요구 증대 · KMS, ERP, SCM 도입 활성화

환경변화에 대한 대응책 마련

↓

중장기 정보화전략 계획수립 컨설팅

CRM:Customer Relationship Management
KMS:Knowledge Management System
ERP:Enterprise Resource Planning
SCM:Supply Chain Management

Ⅱ. 추진목적

호텔경영의 업무생산성, 효율성 및 수익 극대화를 도모하기 위한 정보화 전략계획 컨설팅을 수행함으로써 궁극적으로 경영합리화 및 경쟁우위를 확보할 수 있는 중장기 정보화추진전략 수립에 그 목적을 두고 있다.

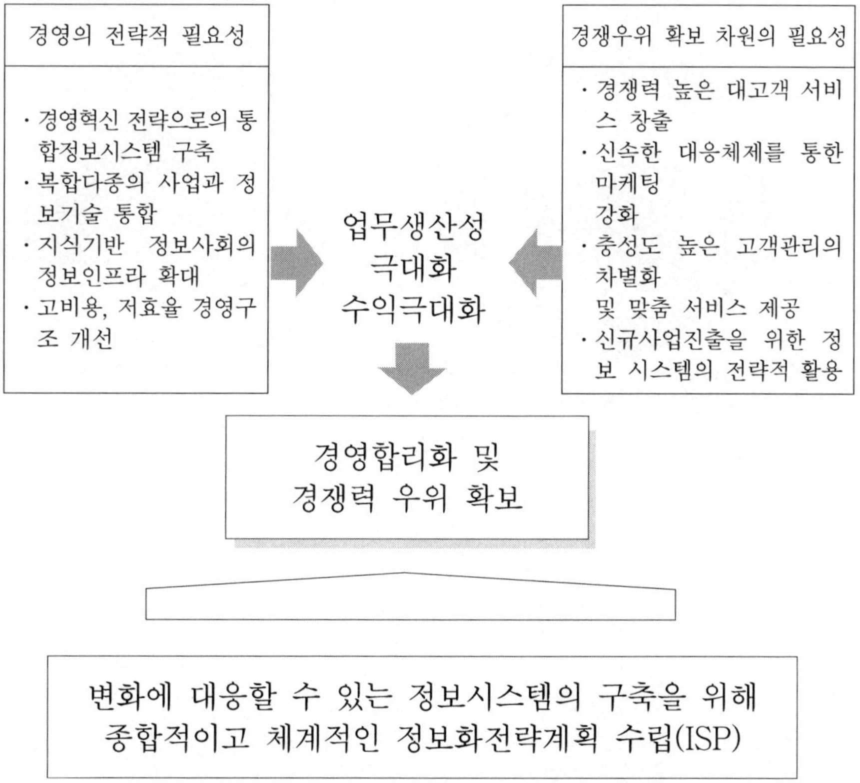

Ⅲ. 추진목표 및 범위

호텔의 사업전략과 부합되는 정보시스템 구축을 위하여 경영전략, 기업모델, 현 시스템 및 정보기술 등에 대한 다각적인 분석을 통해 최신 정보시스템으로의 전환방안, 시스템과 추진사업의 연계를 통한 시너지확보 방안 및 인터넷 기반을 정보체계 구축방안을 도출하는데 목적을 두고 있다.

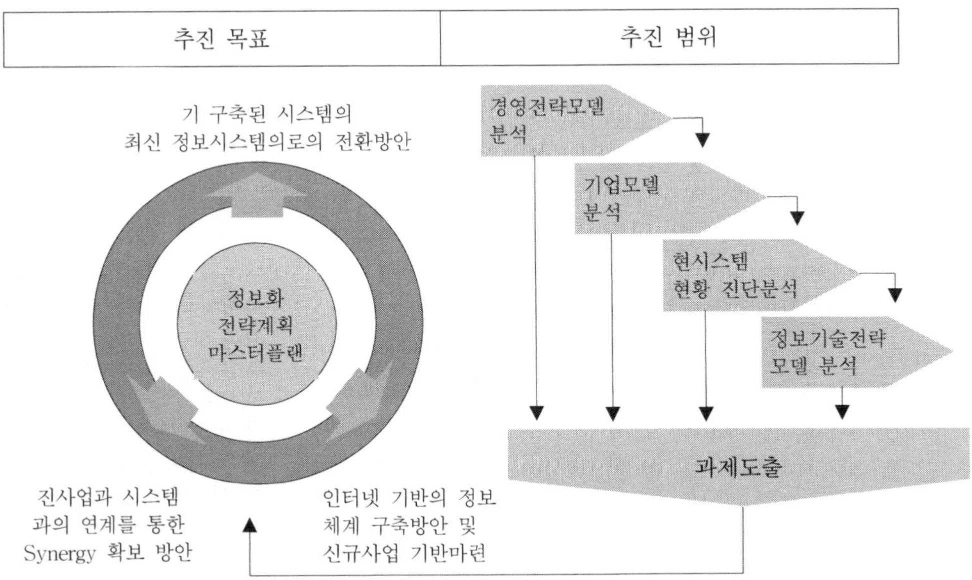

Ⅳ. 정보화 전략계획 수립의 중요성

새로운 정보시스템을 구축하기 이전에 반드시 거쳐야 되는 과정이 정보화 전략계획 컨설팅이며 그 중요성은 다음과 같다.

(1) 업무정보의 규모와 복잡성의 증가

· 경영의 변화, 시장의 변화 등에 따른 정보의 홍수 속에 정보의 통합 감시 및 제어가 필요

· 기존의 IT Infra를 점검하고 문제점을 도출하여 이를 보완할 수 있는 방법 마련

(2) 경영차원의 정보자원 가용성이 중요

· 경영목표와 정보기술전략은 불가분의 관계

· 정보시스템을 조직과 효과적으로 연계활용해야 할 필요성

· 인터넷이 주도하는 디지털 경제시대의 도래 등

(3) 경영의 전략적 도구로서 향후 지속적으로 개발, 관리될 정보시스템의 유형과 크기 등에 대한 방안을 제시할 정보전략계획 수립의 선행은 필수적임

· 신 IT 기술에 대한 수용 타당성 점검

· 성공적인 IT 프로젝트 수행을 위한 실행계획 수립 필요

V. 정보화 전략계획 수립의 필요성

각종 전략의 새로운 창출을 통해서 경영진과 관리자의 요구사항을 충족시킬 수 있는 방향 설정이 필요하다.

최고 경영자의 관심 (Top Management Interest)	관리자의 관심
· 어떻게 조직을 보다 잘 운영할 수 있을 것인가? · 미래 경영에 대한 정확한 방향설정의 전략적 Vision 제시 · 정보기술과 환경변화의 추세를 분석하여 새로운 사업기회 제공 · 조직 목표의 달성을 위한 중요한 사업영역/정의 경쟁력 확보 · 경영을 위한 제어(Control) 체계 확보 등	· 조직 운영 및 구조의 재고 · 어떻게 효과적인 의사결정, 경영지원, 정보체계를 만들어야 하는가?

사업이 어디로 가야 하나? 이유는?	사업전략 (Business Strategy) ↓	· 사업목표 설정과 달성방안
무엇이 필요한가?	정보시스템 전략 (Information System Strategy) ↓	· 요구사항 파악과 주요 응용 업무
어떻게 구축할 것인가?	정보기술 전략 (Information Technology Strategy)	· 활동 기반을 위한 주요 정보기술

Ⅵ. 정보화전략계획 수립의 기대효과

조직 내 계층별로 얻을 수 있는 기대효과는 각기 다르게 나타나며 본 컨설팅 프로젝트를 통해 창출될 것이다.

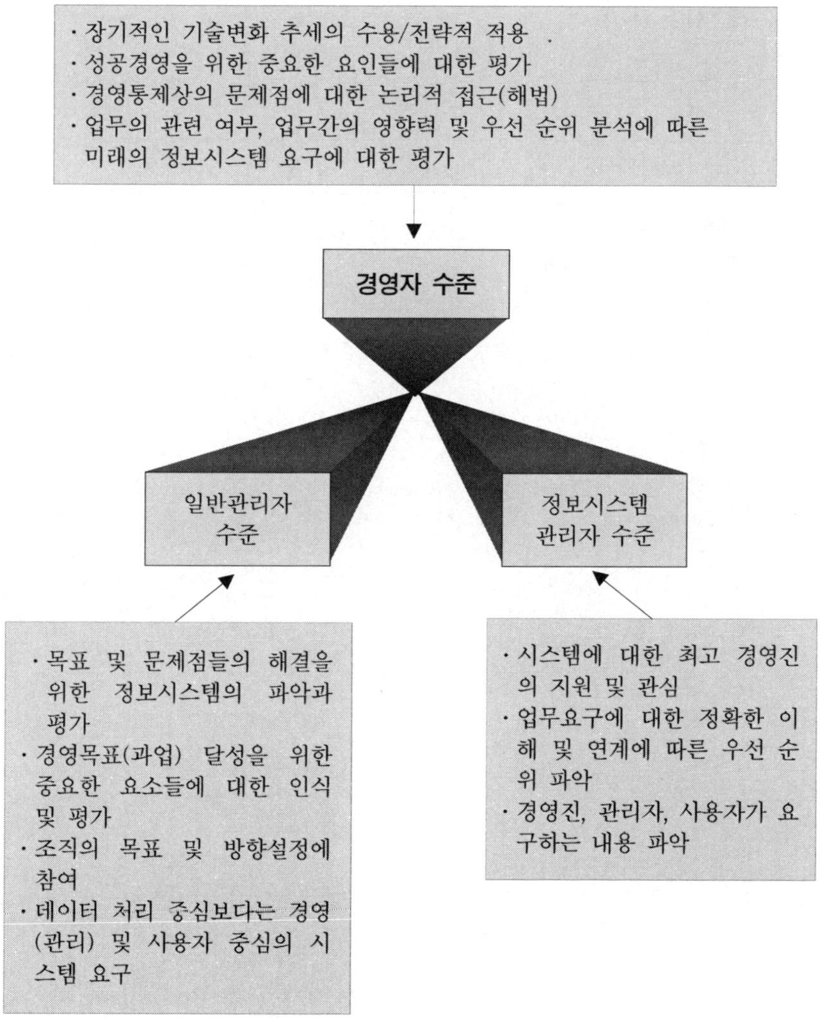

Ⅶ. 추진 개요

본 프로젝트 수행방법론은 호텔의 거시적인 사업목표를 달성하기 위하여 기존 사업영역을 신규 정보기술 동향의 관점에서 철저히 재해석하고 향후 사업의 추진을 위한 전략적인 정보화 모델을 구축하는데 활용한다.

방법론 적용 단계	적용 단계별 수행절차				
경영전략 모델 분석	SWOT 및 니즈 분석	거시환경 분석	전략분석 (장단기 전략도축)	전략적 Business 관계 파악	경영환경/전략분석
기업모델 분석	조직과 전산업무간 환경분석	전산업무 수행역량 평가	정보시스템 조직전략 수립		현 경영요소 분석
현시스템 현황진단 분석	전산자원 조사 분석	Business Model 설계	시스템 Architecture 설계	현행환경 파악	경영모델의 방향성
정보기술 전략모델 분석	정보시스템 핵심 전략 개발/선정	투자비용 및 우선순위 선정	이행계획 수립	정보기술 발전방안 수립	정보시스템 구축전략

Ⅷ. 주요 산출물

호텔 정보화전략계획 수립을 위한 컨설팅 프로젝트 수행 중 혹은 완료 후 보고예정인 주요 산출물들의 내역 예시이다.

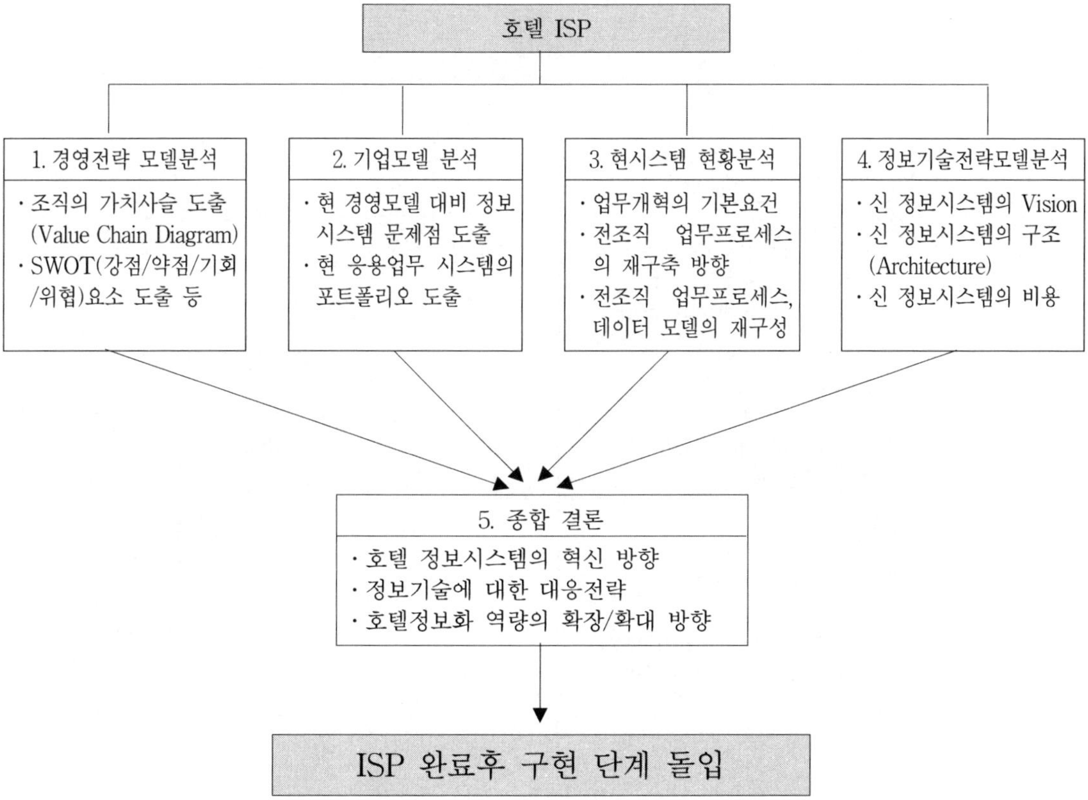

Ⅸ. 추진일정

호텔의 신 정보시스템체계 구축을 위한 컨설팅 프로젝트는 총 8주가 소요된다.

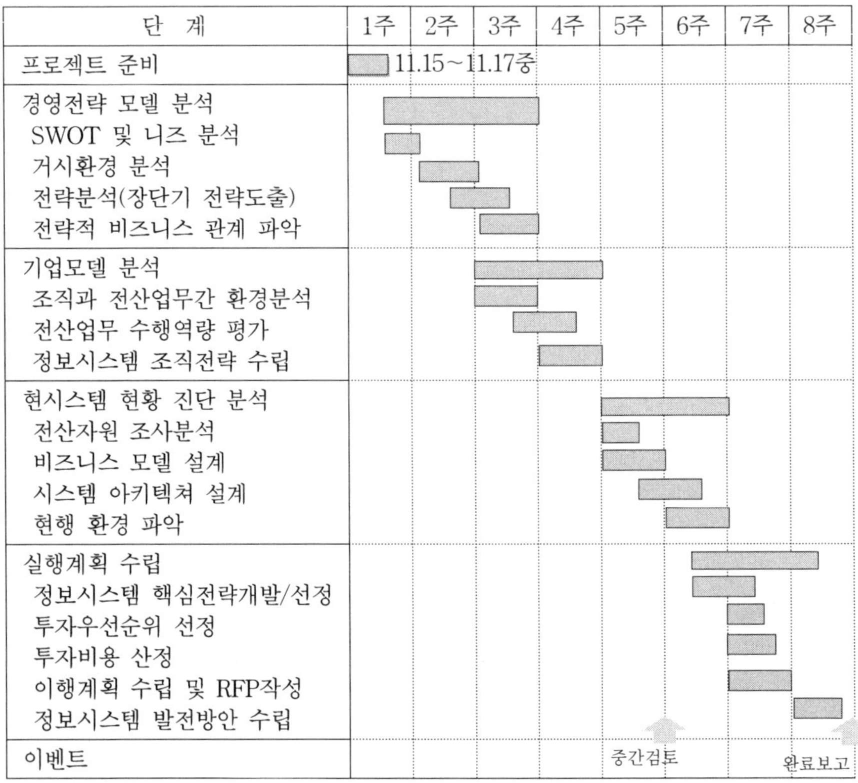

X. 추진조직

성공적인 프로젝트 수행을 위해서는 의사결정권자의 전폭적인 지지 및 적합한 현업 요원의 선정과 프로젝트 투입이 필수적인 요소로 고려되어야 한다.

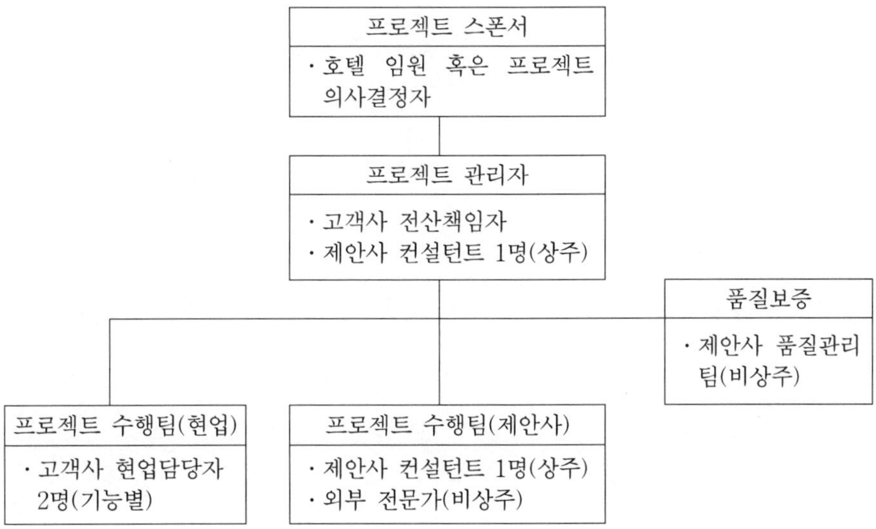

참고문헌

박수형, 호텔정보시스템, 대왕사, 1999.
허정봉, 호텔경영정보시스템, 백산출판사, 1996.
주장건, 관광정보시스템, 일신사, 1992,
천면중 외, 경영정보시스템, 대영사, 2000.
PWCC(이재규 옮김), IT 경영, 더난출판, 2001.
후지종합연구소(박선영 옮김), 손에 잡히는 IT 비즈니스, 삼각형 프레스, 2001.
노무라종합연구소, 정보기술이 기업과 행정을 어떻게 바꾸고 있는가(산업기술정보원 역), 1996.
일본경영교육학회, 21세기를 향한 경영혁신과 정보화(산업기술정보원 역), 1996.
일본중소기업정보화촉진센터, 중소기업의 정보활용 전략(산업기술정보원 역), 1997.
삼성경제연구소, 인터넷시대의 고객관계관리(CEO Information 262호), 2000.
한진정보통신(주), 호텔종합시스템.
한진정보통신(주), 호텔정보시스템 프레젠테이션(프론트오피스, 백오피스, IT Business)

신라호텔, 후론트 매뉴얼.
신라호텔, 사용자 매뉴얼(인사, 급여, 회계, 자재)
신라호텔, 원가관리 기초.
제주그랜드호텔, 호텔정보전략계획(ISP) 수립.
제주KAL호텔, 여신관리시스템.
제주KAL호텔, 연회예약시스템.
제주KAL호텔, 구매/자재관리 매뉴얼
호텔롯데월드, 객실 매뉴얼.
호텔롯데, 객실부문 서비스직무 교재.
호텔롯데제주, 객실 매뉴얼.

Kasavana, Michael L., Hotel Information Systems, CBI Publishing. Inc., 1978.
Bieber, Tammy P., "Guest-History Systems: Maximizing the Benefits", *The Cornell Hotel and Restaurant Administration Quarterly*, Vol.29, No.3(November 1988).
Neal, Geller A. "The Current State of Hotel Information Systems", *The Cornell Hotel and Restaurant Administration Quarterly*, Vol.26, No.2(May 1985).
Suzanne, stewart W., Hotel/Motel Operations, South-Western Publishing Co. 1989.

石原直, ホテル・旅館の情報システム, 中央経済社, 2001
井上博文, ホテル情報システム, 明賢社, 1996

저자소개

■ 양 창 식

제주대학교 행정학 전공, 행정학사
경희대학교 경영대학원 관광경영전공, 경영학석사
세종대학교 대학원 호텔경영전공, 경영학 박사
대한항공 호텔사업부 인사담당, 심사계장, 기획과장, 마케팅부장,
호텔프로젝트팀장 역임
한국호텔경영학회 이사
한국호텔관광학회 부회장
탐라대학교 관광학부 교수, 대학원장

[논 문]

호텔기업의 내부통제에 관한 연구 / 호텔기업의 이익예측에 관한 연구
방한관광객 수용예측에 관한 연구 / 호텔회계정보시스템의 내부통제 평가
호텔사업계획의 타당성 분석에 관한 연구 / 지역관광정책의 전략과제에 관한 연구
녹색관광의 활성화 방안에 관한 연구 / 제주국제자유도시 추진방안
관광환경의 변화와 관광정책의 방향 / '제주평화의 섬' 브랜드화 전략 외 다수

■ 박 충 희

고려대학교 경영대학원(경영학 석사)
경희대학교 경영대학원 관광사업경영(경영학 석사)
경기대학교 대학원 박사과정 수료(관광경영학 전공)
한국관광학회 이사
Skyline College San Bruno, California USA 방문교수
관광협회 관광편의시설업 심사위원

현) 계명문화대학 관광과 교수

호텔정보시스템

2004년 3월 10일 초　판 1쇄 발행
2015년 8월 25일 개정판 1쇄 발행

지은이 양창식 · 박충희
펴낸이 진욱상 · 진성원
펴낸곳 백산출판사
교　정 편집부
본문디자인 편집부
표지디자인 편집부

등　록 1974년 1월 9일 제1-72호
주　소 경기도 파주시 회동길 370(백산빌딩 3층)
전　화 02-914-1621(代)
팩　스 031-955-9911
이메일 editbsp@naver.com
홈페이지 www.ibaeksan.kr

ISBN 89-7739-602-6
값 17,000원